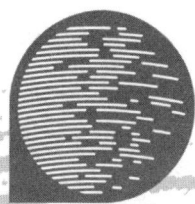

档案工作服务农村基层社会治理案例及文件汇编

dangan gongzuo
fuwu nongcun jiceng
shehui zhili anli
ji wenjian huibian

国家档案局经科司◎编

中国文史出版社

图书在版编目（CIP）数据

档案工作服务农村基层社会治理案例及文件汇编／
国家档案局经科司编. —北京：中国文史出版社，2022.12

　ISBN 978-7-5205-4058-2

　Ⅰ.①档… Ⅱ.①国… Ⅲ.①农村-档案管理-案例
-中国 Ⅳ.①G275.9

中国国家版本馆 CIP 数据核字（2023）第 060354 号

责任编辑：詹红旗

出版发行：**中国文史出版社**

社　　　址：北京市海淀区西八里庄路 69 号　　　邮编：100142
电　　　话：010-81136606　81136602　81136603（发行部）
印　　　装：廊坊市海涛印刷有限公司
经　　　销：全国新华书店
开　　　本：710 毫米×1000 毫米　1/16
印　　　张：25
字　　　数：435 千字
版　　　次：2023 年 7 月北京第 1 版
印　　　次：2023 年 7 月第 1 次印刷
定　　　价：68.00 元

编写委员会

主　任：付　华
副主任：李　忱
编　委：王　冰　马　琳　何鸿达

编写说明

自 2019 年起，国家档案局联合民政部先后在全国确定了两批 39 个试点地区，开展档案工作服务农村基层社会治理试点工作。试点开展以来，各试点地区克服疫情影响，在档案资源建设、档案利用服务、档案安全保障、工作管理体制等方面进行了有益探索和实践，取得了丰硕的成果，形成了许多各具特色的工作模式。

为进一步贯彻落实党中央、国务院关于乡村振兴重大战略部署，推进农村基层社会治理体系和治理能力现代化，充分发挥试点地区以点带面、示范引领的作用，我们选择了一批典型案例，以及各地制定的有关农业农村档案工作的指导性文件，汇编成册，供大家参考借鉴。

本书在编写过程中得到了有关试点地区党政领导及各级档案部门的大力支持，在此表示感谢！

由于时间仓促，水平有限，书中错漏之处在所难免，敬希读者批评指正。

目　　录

档案工作服务农村基层社会治理案例

探索档案服务新路径　点燃基层治理新引擎

北京市密云区

　　2019 年 11 月，北京市密云区被国家档案局确定为"档案工作服务农村基层社会治理"个别试点地区，确定了密云区东邵渠镇西邵渠村、古北口镇古北口村、北庄镇朱家湾村和溪翁庄镇尖岩村为试点村。在国家档案局和北京市档案局的指导和大力支持下，密云区充分结合档案部门机构改革新形势新任务新要求，采取局馆联动、精准分析、深入研判、统筹推进的方式扎实开展试点工作。经过一年多的探索实践，试点工作顺利通过验收。

一、案例背景

（一）基本情况

　　近年来，密云区委区政府高度重视农业农村档案工作，将镇、村档案工作列入政府工作报告、"折子工程"和镇街工作责任书，档案工作保障坚实有力。密云区档案部门履职尽责、创新理念，镇、村两级协同高效、狠抓落实，共同构建形成了各级领导重视、相关部门配合、基层单位支持的良好工作格局，涌现出一批农业农村档案规范化管理先进示范村。

（二）任务需求

　　为更好贯彻落实党中央、国务院关于实施乡村振兴重大战略部署和习近平总书记关于档案、"三农"、民政工作重要指示精神，密云区根据实际，按照《村级档案管理办法》要求，进一步规范村级档案工作，为实施乡村振兴提供更好服务；研究制定符合本区农村基层治理需求的村务管理档案基本目录（清单）；建立起区、镇、村密切配合的三级档案工作管理体系，建立有效的考核机制和管理体制；推进本区村级档案资源共建共享和利用服务；形成可复制、可推广的工作模式和管理方法，为提升农村基层社会治理能力提供有效服务。

二、具体做法

（一）加强组织领导，高位统筹推进

1. **成立领导小组**。成立以区委办主任为组长，区档案馆馆长、区委办副主任为副组长，试点镇、区民政、财政、农业农村等部门为成员的试点工作领导小组。领导小组下设工作指导组，为开展试点工作提供专业技术支持和业务指导。

2. **制定工作方案**。结合密云区实际，深入研究制定《试点工作方案》《试点工作计划》等文件，为进一步做好试点工作明确了任务方向。

3. **召开部署会议**。组织区民政、财政、农业农村等部门主管领导，四个试点镇、村相关领导、档案员参加部署会议，对试点工作的目标、任务、内容、方法、范围等环节进行解读并提出具体要求。

（二）健全协调机制，强化基础保障

1. **积极协调专项资金**。区财政专门拨付资金249200元用于购置计算机、密集架等设施设备和开展档案数字化工作。同时，镇、村筹集资金8万余元，用于档案用房改造等，为试点工作顺利开展提供了有力保障。

2. **加强局馆职能统筹**。机构改革后局馆分设，在工作推进中，区档案局积极争取领导支持，在协调专项资金和将档案工作纳入考核等方面充分发挥了党管档案的政治优势；档案馆利用专业优势，在档案分类、数字化和库房建设等方面发挥积极作用，初步形成了局馆齐抓共管的大档案工作格局。

3. **建立联席会议制度**。针对试点村档案工作现状、疫情期间业务开展和农村经济发展新要求等问题，定期进行座谈交流和问题研判。累计召开联席会5次、工作推进会10余次，推动试点工作协同开展、高效运转。

（三）强化监督指导，压实工作责任

1. **压实镇街责任**。一是借助新《档案法》实施的良好内外部环境，以"双随机"档案行政执法检查为抓手，加大镇（街）村（社区）档案执法检查力度。二是以档案工作纳入区级党风廉政建设党建考核责任制为抓手，从严从实打分考核，双管齐下压紧压实镇街责任，实现了档案工作"两手抓，两手硬"的全新局面。

2. **压实村级责任**。村级档案管理是县乡村三级档案管理体系的重要环节，也是压力传导的"最后一公里"，将村级档案工作纳入镇对村考核指标，同时坚持业务指导不代干，真正实现了授之以渔。

3. **压实指导组责任**。根据试点村分散特点，采取"一人一村，责任到

人，分片指导，协调推进"的方式推进试点工作。在统一标准，协同推进的基础上，形成了你追我赶、争先恐后、团结合作、勇于创新的良好氛围。

（四）坚持因地制宜，形成密云特色

1. 与时俱进，创新分类方式。研究制定4+X类档案目录清单，即：基层党组织建设类、村务管理类、产业发展类、家庭类+特色类，探索形成了符合密云区农村基层社会治理需求的村务管理档案基本目录。

2. 数字档案，与时代同频共振。确定将脱贫攻坚、农村人居环境整治、产业发展等重点领域和土地确权登记颁证、建房审批、低保五保等与百姓利益息息相关的档案进行数字化，提高了档案查阅效率，也加强了对档案原件的有效保护。

3. 家庭档案，完善治理神经末梢。构建由家庭基本信息、文化、建房、合同、兵役、健康、救助、奖惩等类型组成的家庭档案体系，采取网格员入户登记收集的方式，对文件材料进行收集，以一户一档方式进行整理归档，增强了档案服务农村基层社会治理的现实效果。

4. 一村一品，突出鲜明特色。根据各村特点，深挖特色亮点，加强专项文件材料收集整理，初步确定传统文化类、水库移民类、红色文旅类、共建类等特色档案。

三、取得成效

（一）科学规范，档案管理水平显著提高

紧紧围绕落实《村级档案管理办法》，建立了以档案局、馆为主导，试点领导小组成员单位协调配合为保障，镇党委为主体，村为重心的试点档案工作管理机制。及时修订文件材料归档范围和档案保管期限表等多项制度，确保各门类档案收集齐全、整理规范、保管安全、利用方便。协调办公用房，实现库房、办公阅览"两分开"，更换密集架，实现同等空间存档量更大，基本满足了未来二十年村级档案增量需求。配备档案专用电脑、档案管理软件等，让档案阅览更加方便快捷。

（二）简洁方便，目录清单实现"减负增效"

制定了《密云区村级档案基本目录清单》（永久和短期两类）。"永久清单"包括：基层党组织建设类14项、村务管理类19项、产业发展类13项、家庭类9项、特色类4项内容。"短期清单"包括换届选举上级文件、过程性工作材料和各类日常报表等21项内容。新版目录清单将原来近200余项归档内容精简为90项，做到了档案服务基层治理"真减负、减真负"。

（三）上下联动，档案管理体系更加健全

将档案工作纳入镇党委政府对村两委班子年度目标考核责任体系，村级考核率达100%。同时，组织、民政、农业等部门在村两委换届、美丽乡村建设、人居环境整治等专项工作中对档案收集整理提出明确要求，实现了档案工作与中心工作同部署、同落实、同考核。绷紧了村干部在开展工作中不忘档案的这根弦，实现了从年底仓促归整到日常用心管理的根本转变。

（四）资源共享，档案利用更加方便快捷

立足数据多跑路、群众少跑腿，开展村级档案数字化，为实现区、镇、村档案资源共享奠定坚实基础。累计完成档案数字化1575卷件、1252000页、著录50211条，并依托档案管理软件平台，实现了文书、会计、实物、声像等门类档案计算机检索，档案查阅高效便捷，服务村民群众取得良好效果。如在维护群众合法权益上，朱家湾某村民本应在2019年10月享受退休金待遇，但11月份仍未发放，经查阅档案，该村民得以顺利领取到退休金。

（五）发挥作用，档案服务基层治理更加有效

将村级档案服务纳入便民服务清单，档案原始凭证作用日趋凸显，为破解基层治理难题发挥积极作用。西邵渠村某村民于上世纪80年代在村东租赁地上建房，以看园子为名长期居住。2020年密云区开展基本无违建区建设，此房被初定为违建需要拆除。但村民坚称自己的房子有合同，受法律保护，不准拆除。村里因迟迟未找到有力证据，此事一直搁置。村档案员抱着试试看的态度查到当年会议记录中确实提到此事，显示租地期限20年，合同早已过期。当村干部拿着记录找到该村民时，他无话可说拆除了违建房。尖岩村某村民因土地纠纷引起官司，需要提供承包合同，村档案室及时为其找到了原始证据，为依法解决提供了有利的依据。

（六）传承发展，档案资源助力乡村振兴

密云拥有悠久的历史和厚重的文化，档案记载着乡村的发展和变迁，助力乡村振兴，档案发挥了独特作用。尖岩村为了更好地留住乡愁记忆，弘扬移民精神，建成尖岩村乡情村史展，生动形象地展现了移民文化和移民精神，再现了当年密云水库移民搬迁、水库建设发展历程。古北口村依托红色资源，推出"学党史·寻民族魂，再走胜利之路——古北口村红色之旅"等特色旅游项目，目前已经成为传承红色文化、弘扬抗战精神，面向党员干部、中小学生及社会各界人士的党性教育和爱国主义教育基地，年接待游客16万余人，实现旅游收入2300余万元。

服务基层社会治理 助力乡村振兴战略

内蒙古自治区通辽市

2019 年 10 月，国家档案局确定通辽市为"档案工作服务农村基层社会治理"首批试点地区，在通辽市扎鲁特旗乌日根塔拉农场以及第三分场和乌力吉木仁苏木及苏布日根塔拉嘎查、白音图门嘎查、召日格嘎查等地区开展试点工作。内蒙古自治区档案局、通辽市档案局通过摸底调研找准试点工作切入点和落脚点，通过协同配合解决试点工作难点和堵点，以示范带动形成工作创新点和闪光点。在自治区、市、旗、苏木（乡镇）、嘎查（村）五级档案工作人员的合力推动下，为试点地区 700 余户农牧民建立了统一规范的农牧户档案，在试点地区各苏木（乡镇）、嘎查（村）共收集整理 17 类档案资料 5 万多件，建立起符合保管要求的档案室，完成试点地区全部档案的数字化扫描工作，试点地区也成为全区首个实现村级档案信息化管理的地区。

一、案例背景

2018 年 12 月，内蒙古自治区通辽市积极响应乡村振兴战略号召，在扎鲁特旗乌日根塔拉农场建设起门类齐全、收集比较完整，检索利用方便，有各项管理制度和编研材料的全市首家规范化、标准化、数字化的综合村级档案室。截至目前，累计扫描并数字化村级基层党建工作档案、脱贫攻坚档案、基础设施档案、文化室图书等档案资料 4835 卷（件），总计约 15 万页，其中脱贫攻坚档案 712 卷（件）。乌日根塔拉农场数字综合档案室建设工作，为我市做好脱贫攻坚档案信息化工作提供了经验和模板，为智慧乡村、数字乡村建设工作做好数据和技术准备，也为进一步做好档案工作服务农村基层社会治理工作奠定了基础。

二、具体做法

1. **切实加强组织领导，狠抓任务落实**。在通辽市委、市政府大力支持下，通辽市档案局牵头成立了试点工作领导小组，下设综合协调组、业务指导组、信息技术组、哲北工作组和乌力吉木仁苏木工作组 5 个工作组。领导小组下设办公室，负责试点日常工作的组织领导和协调运转。经过走访调研、学习考察，制定了《通辽市档案局关于"档案工作服务农村基层社会治理个别试点"项目的实施方案》，并召开试点工作启动会议，自治区档案局和市委有关领导在启动会议上对试点各项工作任务进行安排部署，确保试点工作扎实有序开展。

2. **努力拓宽筹资渠道，加大资金投入**。在用好国家试点专项资金的基础上，通辽市档案局积极筹集资金，争取财力支持，切实解决试点工作经费不足的问题。通过项目资金捆一点，财政资金扶一点、包联单位帮一点的方式，共为试点筹集资金 88 万元，其中，扎鲁特旗委支持 31 万元，市水投公司支持 15 万元，市民政局投入 10 万元，市档案局支持 9 万元，扎鲁特旗委组织部支持 2 万元，乌日根塔拉农场自筹资金 21 万元，通过多方筹措，为试点工作顺利开展做好资金保障。

3. **注重密切协同配合，形成工作合力**。试点工作启动后，各有关地区、部门树立了"一盘棋"思想，共同推进工作落实，形成了党委政府领导，档案部门主抓，各部门密切配合，试点地区积极参与的工作机制。通辽市委始终高度重视试点工作，科学谋划、统筹部署；扎鲁特旗委坚决当好推进试点工作的坚强靠山，积极帮助试点地区协调解决工作中存在的突出问题。市旗两级档案部门和民政部门注重信息沟通对接，形成共识，一体化抓好试点工作的指导把关。试点地区党委政府充分发挥主体作用，及时成立领导小组，实行一把手负总责、分管领导负直接责任的管理体制，确保人员到位、措施到位。试点单位积极协调档案办公用房和相关设施设备，指定专兼职档案员。扶贫包联单位注重与试点地区的密切配合，加大物力、财力投入，帮助解决试点工作中的实际困难。

4. **突出督建帮建作用，提升试点成色**。通辽市档案局严格按照时间节点向自治区档案局报送试点工作情况，自治区档案局定期对试点工作进行督查指导，对村级档案整理规范、操作流程等进行业务培训，及时解决试点工作中发现的问题，为推进试点工作打牢基础。通辽市档案局组织选派市、旗县两级档案部门业务能手，多次深入试点地区，通过党员干部"带建"、业务培训"帮建",开展全市档案工作"百日攻坚见行动,助力扶贫下基层"主题党建活动,对试点地区的文书、照片、专业和实物等档案,进行了全面、系统、规范整理,为试点工作顺利开展提供了强有力的保障。

5. 探索村档乡管模式,加强妥善保管。由于乌力吉木仁苏木苏布日根塔拉嘎查、召日格嘎查档案管理基础条件有限,试点地区积极探索"村档乡管"的管理模式,实行村级档案集中管理、统一使用,对苏布日根塔拉嘎查、召日格嘎查在各种活动中形成的具有保存价值的文件材料应收尽收、应存尽存,对历年来形成的文书、会计档案进行全面的抢救性整理。实行"村档乡管"后,村里的土地延包、经济合同、粮食直补、退耕还林、财会档案以及村级民主选举、民主决策、民主监督等与农民群众利益密切相关的档案,得到了更为妥善地保管。

6. 加强档案数字化管理,铸牢共享基础。目前,乌日根塔拉农场三分场已经建成了门类齐全、收集比较完整,检索利用方便、管理制度健全的全区首家村级信息化档案室。其他试点地区参照乌日根塔拉农场三分场的先行经验做法,配备电脑、扫描仪、复印机等必要的信息化设施设备及符合国家标准的智慧档案管理系统,完成了试点地区永久、长期档案数字化扫描工作。此外,通辽市档案局积极在试点地区探索建立网络共享平台建设,为提供档案在线利用服务做好前期准备。

三、取得成效

1. 立足档案资源完整,推动农村档案工作水平整体提升。按照《村级档案管理办法》要求,通辽市档案局制定了档案整理规则及分类标准,按照"一户一档、集中保管、分级负责"原则,建立起统一规范的农牧户档案,明确了村级组织应该留存的档案资源的基本数量、基本类别、基本保管条件、基本管理手段等等,摸索出了检验试点任务完成质量的"量尺",使得村级档案存得下来、管得安全、用得方便。

2. 立足助力基层工作减负增效,制定符合农村基层治理需求的村务管理档案基本目录(清单)。通辽市档案局经过系统梳理试点地区主要村务管理活动,形成了符合试点地区农村基层社会治理需求的村务管理档案基本目录清单,目录清单能够满足村务公开、村务监督的基本需要,能够为村级组织履行农村牧区基层社会治理职能提供基本支撑。

3. 立足村级档案资源共建共享,促进城乡基本公共服务均等化。数字乡村是建设数字中国的重要内容,开展村级档案信息化建设,促进村级档案资源共建共享，推动城乡基本公共服务均等化，是我国村级档案信息化建设的发展方向。试点地区尝试借助互联网和现代化信息技术，向群众提供远程查询便民服务，将均等化档案公共服务实实在在地送到了村民的家门口和手中，当地农牧民对送到身边的便捷查档服务非常认可，纷纷称赞。

4. 立足档案实体安全，建立标准的村级综合档案室。 通辽市档案局在试点地区建立了村级综合档案室，配备了相关硬件设施和办公设备，满足档案保管相关要求，确保档案实体安全。同时，建立健全了相应的档案规章制度，制定各类工作簿册，确保档案收集、整理、保管、利用等工作规范化开展。

5. 立足人才队伍建设，提升档案人员业务能力。 通过推进试点工作，通辽市档案局在试点地区建立了覆盖市、旗、苏木（乡镇）、嘎查（村）的四级乡村档案工作管理网络，市、旗、苏木（乡镇）、嘎查（村）四级档案干部队伍进一步熟练掌握基层档案工作管理知识，自身素质和业务能力得到了有效提升，为试点工作提供了坚实人才保障。

优化村级档案工作　服务基层社会治理

吉林省梨树县

2019 年，吉林省梨树县 24 个乡（镇）304 个行政村被国家档案局确定为"档案工作服务农村基层社会治理"首批整体试点地区，2021 年 7 月顺利通过验收。省、市和梨树县档案部门坚持实事求是、因地制宜、分类施策，通过开展试点工作，充分挖掘村级档案资源的现实价值和历史价值，积累村级档案管理经验，取得了良好成效。

一、案例背景

近年来，梨树县结合农村实际、顺应形势要求、紧贴社会发展，聚焦农村基层社会治理的主要任务和实际需要，采用调查研究、培树典型、经验普及的模式，创新农业农村档案工作体制机制，一村一策、分类部署、分级落实，推动县、乡、村三级档案工作规范化建设取得积极成效。但在工作中还存在村级档案收集不完整、保管不集中、处置不规范、机制不健全等问题。特别是在村"两委"换届选举、村级建制调整等时间节点上，容易出现档案无人负责、随意处置等情况，为基层开展监督检查、村务公开、纠纷调解等工作埋下隐患。另一方面，如何将正常开展的农村档案工作与目前基层工作中出现的"过度留痕"等现象区分开来，增强《村级档案管理办法》在实施过程中的针对性和实操性，亟需进一步探索研究。

二、具体做法

（一）"党管档案"多级联动

省、市和梨树县档案局坚持以习近平新时代中国特色社会主义思想为指导，严格履行"党管档案"工作职责，认真落实国家档案局关于档案工作服务农村基层社会治理试点项目总体要求，制定实施方案，成立领导小组，先后6次深入全县24个乡（镇）304个行政村，围绕档案管理网络、体制机制、收集整理、服务利用开展专题调研，针对村级档案分类、归档范围、整理步骤、利用服务进行专项指导。梨树县委主要领导亲自赴现场调研指导推动试点工作，进一步落实各项工作任务。

（二）"因地治档"卓有成效

结合经济社会发展和农村工作实际，梨树县提出"因地治档"管理理念，形成"一个机制、一套制度、一批试点、一张清单"工作体系。印发《梨树县村级档案管理办法》《梨树县村务档案工作制度汇编》，明确了档案管理操作规范，梳理村级档案工作中6类230项归档范围，形成了符合农村基层社会治理需求的《村务管理档案基本目录（清单）》，使农村基层治理各项工作有档可查、有案可循。

着眼建立村级档案管理长效机制，切实做到"有领导、有考核、有保障、有创新"：

一是落实责任主体。明确县委常委、办公室主任分管全县档案工作，建立县、乡、村三级档案工作网络，解决档案工作中的实际问题。2019年以来，全县相继召开试点启动会、推动会、调度会、现场会、反馈会等各类会议8次，有力推动村级档案管理工作顺利开展。

二是加强监督考核。2019年至2022年，梨树县连续4年将档案工作纳入各乡（镇）、各部门年度考核指标。2020年，纳入党政领导班子和领导干部推进乡村振兴战略实绩考核。通过定期上报工作进度、现场检查指导、发放问卷调查，确保村级档案工作取得实效。

三是配齐人力物力。各乡（镇）、村设置专门档案室，配齐档案柜，配足无酸档案盒，配备防盗门窗、灭火器、遮光窗帘、温湿度计、监控系统、烟雾报警器等设施设备。指定一名专（兼）职人员从事档案工作，部分地区由大学生村官兼任。为调动基层人员工作积极性，在《梨树县档案事业发展"十四五"规划》中提出补贴方案，落实基层人员待遇，为农村档案工作开展提供强有力政策保障。

四是创新工作方法。在保证耐久性和实用性前提下，利用彩色打印技术将人工加盖归档章、编制档号的步骤改为电脑打印，兼顾美观和整洁，大大节省了办公成本，提高了工作效率。

（三）"以点带面"示范引领

一是找稳工作落脚点。档案部门"一把手"坚持问题导向，研究解决办法，保障责任落实，摸清村级档案工作现状、重点、难点，夯实基层档案工作基础。

二是找到工作突破点。在 304 个行政村中，选取 45 个档案工作基础较好的行政村确定为首批试点村，省、市、县档案局专家"手把手"、"面对面"以干代培、边干边教，循序渐进指导，全面解决档案收集内容、整理步骤、保管期限划分、编目检索、上架排列等问题，实现村级档案存得下来、管得安全、用得方便。

三是找准工作发力点。利用微信群、公众号等搭建档案工作沟通交流平台，以"互联网+档案"方式，实时开展业务指导，传递共享知识讯息。组织档案业务骨干到基层开展巡回培训，几年来共举办全县档案大会 5 次，县级档案培训 14 期，送培训到乡（镇）、村 160 余场，乡（镇）、村两级档案工作主管领导、档案员等共计 500 余人参加培训。疫情期间，利用网络平台发布视频教程，提高了档案人员业务水平，减轻了基层负担，取得了线上线下同频共振、相辅相成的效果。梨树县村级档案工作做法相继在《中国档案》《中国档案报》《兰台内外》上报道，2021 年 9 月 23 日在吉林省村级档案管理服务乡村振兴战略现场会上全面推广，为全省提供了典型经验。

三、取得成效

在国家档案局的统筹协调和吉林省、四平市档案局的精心指导下，梨树县农业农村档案工作水平稳步提升，在服务农村基层社会治理方面成效显著。

（一）档案助力"乡村善治"

一是广泛收集，丰富了档案内容。梨树县持续丰富档案内容，在原有文书档案、会计档案、实物档案基础上，将承包地确权档案、脱贫攻坚档案、扫黑除恶档案等列入村级档案收集整理范围。新冠疫情发生后，各村根据四平市档案局印发的《关于做好新型冠状病毒肺炎疫情防控文件材料收集归档工作的通知》要求，收集整理全部疫情防控档案，村级疫情防控档案实现从无到有、从有到全。截至目前，梨树县村级各类档案数量已超 30 余万卷（件）。其中，喇嘛甸镇梨树贝村通过广泛收集，室藏档案时间跨度已超过 40 年。

二是优化资源，助力了基层社会治理。妥善保管的村级档案为解决历史遗留问题提供了真实、准确、丰富、完整的凭证，既保障了村民的合法权益，有效化解了各类矛盾，又增强了政府行政行为的公信力，促进了社会和谐稳定。试点工作开展以来，全县通过村级档案解决土地、林权、租赁、合同等纠纷 77 起，为精准扶贫、核实工龄、落实待遇、婚姻变更等出具凭证 105 份，提供工作参考 211 次，取得了良好的经济和社会效益。

（二）彰显特色"打造品牌"

在档案部门的指导下，梨树县农业技术推广总站通过规范科技档案管理，围绕种子、农机、农技等，建立起一套"黑土地档案"。完整的科研档案记录为高质量完成万亩"黑土粮仓"科技会战建设任务，保护"耕地中的大熊猫"提供了基础性数据支撑。梨树县卢伟农机农民专业合作社将2011 年 11 月成立至 2020 年间，在生产经营管理过程中形成的章程文件、合同协议、会计账目、活动影像等文件材料收集齐全，并规范整理归档。其中会议纪要、经营决策、决算收益、分红明细等 19 盒 247 卷（件）档案，反映了合作社由最初 6 户成员逐步发展到包括 176 户成员、带动 600 多农户、拥有 54 台（套）大型农机具经济实体的创业历程，展示了合作社 10 年来成为"国家级农民示范社"的奋斗足迹。2020 年 7 月 22 日，习近平总书记在梨树县考察调研国家百万亩绿色食品原料（玉米）标准化生产基地时，来到卢伟农机农民专业合作社，听取生产经营情况介绍，专门翻看了相关档案资料，给予了充分肯定。

打造新型乡村档案善治"县域样板"

江苏省张家港市

　　以国家档案局"档案工作服务农村基层社会治理"试点工作为契机，张家港市顺应农村改革要求，着眼当前乡村治理中的短板弱项，构建以资源建设为根基、基层减负为要义、提升公共服务能力为核心的"共建、共治、共享"乡村档案治理体系，通过试点示范带动农村领域档案工作创新发展。

一、案例背景

（一）把准改革方向

　　如何适应农村基层社会治理需求，调整和加强乡镇档案工作，探索建立简约高效的农村档案工作新机制，激发乡镇档案工作新活力，发挥乡镇在县、村两级之间的业务指导衔接作用，值得研究。

（二）聚焦治理需求

　　张家港市是全国农村改革发展的前沿地区，基层社会治理工作一直走在前列。档案部门要聚焦农村基层社会治理实践需求，主动融入全市治理体制创新，积极跟进"规范村级组织工作事务""切实减轻村级组织负担""推进'放管服'改革"等事项，加快推进"四个转变"：从"重监督"向"多元治理"转变，实现以群体性力量推动乡村档案发展新格局；从"全覆盖"向"助力减负"转变，实现村级业务工作和档案工作"双赢"；从"被动等"向"精准推送"转变，推进城乡档案公共服务均等化；从"单一传统"向"智慧联动"转变，融入数字乡村发展大格局。

（三）推动科学发展

　　张家港市农业农村档案工作有着良好的基础，乡村振兴档案工作走在全省乃至全国前列。但也存在业务行政指导力量减弱，原有的管理思维、方法和手段急需转变等问题，需引入社会协同参与，打造县镇村（社区）一体，体制内外主客体、行政和事业之间高效联动的新型农村档案治理之路。

二、具体做法

（一）创新机制，适应农村改革要求

一是创新乡镇档案管理模式。政策引导，通过出台文件，完善农村基层档案工作发展的制度设计、政策支持、经费投入、人员保障和长效机制。模式创新，建成以综合档案馆为核心，涵盖开发区、镇、村（社区）、家庭的档案馆网体系，形成集群式规模效应。全市 10 个区镇全部建立档案机构，建有 7 个镇、村档案馆，所有镇属事业单位和涉农部门全部建立档案室。乡镇档案馆履行对内保管利用，对外监督指导职责。围绕国土、房管、市场监督等镇属资源的整合利用，张家港市选择两个镇（锦丰镇、金港镇）创新实施区域化档案集中管理。协同高效，紧扣农村基层社会治理的重点，充分发挥考核导向作用，建立市对镇、镇对村的绩效评价体系和年度评价体系，有效保障基层档案工作有序开展。

二是引入多元主体协同参治。在党建引领、政府协调下，充分发挥档案部门主体作用，引导社会力量参与基层档案治理实践，建成政府主导、社会协同、群众参与的乡村档案治理体系。推动实施乡村记忆影像工程，引导社会公众参与乡村记忆影像拍记，形成了动态反映乡村面貌的照片 26 万多张；全方位打造承载乡愁记忆的地情资料库，引导社会力量、民间组织主动参与家谱宗谱、老物件、老照片等珍贵档案史料的抢救性征集；深入开展口述历史档案采集，形成时长 6000 多分钟、100 万字"百村万户"和时长 3000 多分钟、80 多万字"我与沙洲共成长"口述历史档案成果；建成 681 分钟的乡音数据库。通过鼓励基层群众广泛参与民主管理、美丽乡村建设、文明创建、构建家族记忆等基层档案治理实践，增强治理内生动力。

三是运用法治方式推动发展。专项执法，围绕乡村档案管理体制、档案安全、合村并镇档案处置等，开展"双随机、一公开"行政执法检查，确保基层档案规范管理；定向督查，紧扣基层治理重点难点工作设置专题，争取人大、政协以及民主党派等监督力量开展专项督查，进一步凝聚基层管档治档力量。常态监管，开展档案年度评价、省星级测评工作，推动农村基层档案工作水平不断提升。通过依法监管，全市 10 个区镇、99 个社区、144 个行政村和相关涉农单位档案工作全部达省星级标准。全市涉农档案总量已达 35 万余卷 70 万件，为做好档案工作服务农村基层治理、助力乡村振兴提供了有力支撑。

（二）优化资源，助力基层社会治理

坚持乡村治理、民生优先、资政育人的价值导向，深入调研，在适应性和简便性上精准发力，研究制定符合基层治理需求的基层档案资源建设基本目录，打造凸显治理内涵、覆盖精准、助力基层减负的乡村档案资源新格局。

一是突出民生领域建档，以服务群众需求助力乡村治理。围绕基层群众最关心、最直接、最现实的利益问题，会同人社、卫生等部门，抓好农村社保、合作医疗、农村教育、劳动就业等民生领域建档工作，并加大接收进馆力度。目前全市基层单位建有 50 多类专业民生档案，已接收进馆 30 多类、30 余万卷，占馆藏档案总数的 45% 左右，档案在维护民权、服务民生、改善民计中发挥了重要作用。

二是突出民主自治建档，以推动规范履职助力乡村治理。依法将重大决策事项、农村产权制度改革、集体资产资源处置等各类记录全部归档，实现农村集体资产形成、积累、管理等全程明晰规范，各项工作依法开展，让村级权力在阳光下运行。目前全市形成相关产权制度改革档案共计 10.4 万余卷、16.2 万余件，这些档案为保护农民切身利益，维护村集体和村民权益提供了有效凭证。

三是突出民间文化建档，以引领乡风文明助力乡村治理。把历史人文、乡贤名人、家谱族谱、家训家风等体现张家港文明和地域特色的文件材料，作为乡村档案资源建设的补充和延伸，服务农村精神文明建设。开展"最美逆行者""抗疫先进"群体建档工作，为一批老党员、老兵建立了"红色档案"。"五色档案·伴你成长"的未成年人建档工作在全市全面铺开，近百名"身边好人""道德模范"建立了家庭档案，开展 48 位非遗传承人、300 多名乡贤建档工作。

（三）智慧引领，推进公共服务均等化

一是服务沉下去，"数字"聚起来，打造智慧服务基层"主阵地"。持续推进农村基层数字档案馆（室）建设，完成 300 余家基层馆（室）藏档案目录数据库和重要档案全文数据库建设。围绕助推全市"放管服"改革，启动开展"不见面审批的电子档案平台"建设，积极探索单套制归档方式。

二是平台搭下去，"共享"联起来，利用架构铺至群众"家门口"。数字技术升级传统档案信息利用方式。通过依托政务网，构建"1+10+X"（"1"即市档案馆，"10"即全市 10 区镇，"X"即全市若干个行政村和社区）市、镇、村三级查档服务平台，汇集婚姻、出生、招工、土地承包等民生专题数据库 13 类 200 余万条档案目录，接入 150 个村（社区）档案室，实现基层"就近查档、即时出证"。自平台开通以来，帮助群众化解矛盾纠纷、解决生产生活中实际问题近 5 万个。

三是阵地建下去，"人气"汇起来，治理温度传递百姓"心坎里"。一方面推进档案文化服务"空间转向"，以农联村为代表的村史馆、永利村为代表的"果园档案记忆空间"、常北社区"知青文化"为代表的主题公园相继建成，与农文旅多业态融合，档案文化成为塑造一村一风貌的公共文化空间的重要元素；另一方面推动档案信息文化"同屏共享"，借助新型媒介，通过公众号、直播平台和线上"家庭档案馆"等，构建"参与式的档案文化体验"，实现档案文化服务"实时在线、动态交互"。

三、取得成效

（一）调解纠纷，维护权益，档案谱写治理"和谐曲"

按照新修定的《张家港市村级档案管理目录（清单）》，全市村、社区年均形成 8 大类文书档案 285208 件，农村基层年均利用档案 12019 卷（件）次，帮助群众化解矛盾纠纷、解决生产生活中的实际问题万余个。"跑信访室不如跑档案室"逐渐成为基层群众的共识。

（二）强村富民，服务经济，档案铺筑发展"致富路"

引导永联村（永钢集团）等 50 多家民企、60 多家新型农业经营主体开展建档工作，通过挖掘利用档案中有关劳动力情况、农业科技等资料，为农民致富和产业振兴提供有效的信息服务。

（三）文化共识，凝聚乡情，档案架起村民"连心桥"

科学把握乡村差异性和发展模式，突出"一村一品"特色档案资源建设，开发一批具有地域魅力的文化产品，打造一批村史馆、"档案忆空间"等文化阵地，使其成为村民乡愁的"安放地"，凝聚乡情的"体验馆"，从档案中追溯乡村文化，实现以文强村。

（四）守护记忆，传承家风，档案托举港城文明"新高度"

树立"档案立家"理念，推动家庭档案助力农民生产致富、家庭生活管理、乡风文明提升。目前，全市建档家庭达 3 万余户，500 余户被评为建档示范户，有 16 户家庭被授牌"家庭档案馆"。

构建农村档案服务网络　数字赋能基层社会治理

江苏省金湖县

金湖县以国家档案局"档案工作服务农村基层社会治理"试点工作为契机，选择百年老村——塔集镇双庙村开展试点工作，围绕村级档案资源规范化、数字化、网络化建设，探索构建农村档案信息资源网络体系，让档案信息转变为农业农村发展的资源要素，为推动农村社会治理从粗放型管理向精细化服务转型提供坚实的数据支撑和高效的信息服务。

档案工作在服务农民致富、农村稳定、农业发展中发挥了重要作用，受到社会广泛好评。以试点村为示范，金湖县在 8 个镇（街）的为民服务中心、132 个村（居）的党群服务中心均建立了民生档案利用服务点，农村档案工作网络已实现村居全覆盖。全县各村（居）均可通过网络对本村各类档案进行管理和利用，实现农民不出村即可查阅到本人的民生类档案，全县约 6 万名农户受益。

一、案例背景

金湖县系革命老区，农业在地方经济发展中占据重要位置，连续多年获评全国粮食生产先进县，截至 2021 年末，非城镇涉农人口比例达 43.3%。相较于其他城市社区，金湖县农村档案工作在业务基础、资源投入和重视程度上均较为薄弱。档案工作整体水平和质量不够高，各村（居）还存在归档范围不明确、档案管理方式落后等问题，部分村（居）甚至仍使用全手工编目和检索档案。群众在镇、村常常查阅不到所需档案，需辗转县城各职能部门多处查询才能解决问题，档案利用很不方便。面对农村档案工作建档难、服务难等问题，金湖县选择塔集镇双庙村申报档案工作服务农村基层社会治理试点，希望通过典型示范、以点带面，从体制机制上解决农村档案工作遇到的难点和痛点。

二、具体做法

（一）试点做法

塔集镇双庙村作为百年老村，在抗战时期对敌斗争中发挥了重要作用。2020 年双庙村被纳入档案工作服务农村基层社会治理全国试点范围后，积极把握试点机遇，在县镇两级党委政府的全力支持下，着力加强档案工作规范化和信息化建设，取得了显著成效。

一是加大投入，保障安全。投入十余万元，完善档案室、整理室、阅档室、村史室的基础设施建设，配置烟雾感应器、温湿度感应器、视频监控等安全设施，确保档案安全。

二是坚持标准，规范整理。按照档案业务建设规范要求，制定分类方案，编制《文件材料归档范围和档案保管期限表》，累计整理文书档案 1093件、会计档案 802 卷、村民档案 608 件、土地确权档案 589 卷、党员档案 46卷、精准扶贫档案 63 卷、基建档案 5 卷、实物档案 37 件、照片档案 22 件118 张，并通过了省三星级档案工作规范化测评和省 AAA 级数字档案室评估。

三是立足便民，数字赋能。双庙村 9 大类 6598 件档案（除会计档案）已全部完成数字化扫描，形成档案目录数据共计 8110 条，接入遍布全县的虚拟档案室系统，可以实现远程档案管理与利用。在村党群服务中心，村民只需提供身份证明，通过民生档案共享利用平台提交申请，经县档案馆远程审核后，便可以查阅到本人的各类档案。

（二）创新亮点

金湖县以塔集镇双庙村试点为契机，着手构建农村档案服务网络体系，为基层社会治理赋能。

一是坚持高位统筹，注重系统谋划。试点工作开展后，金湖县以提升群众满意度为标尺，探索新时代档案工作服务农村基层社会治理的新机制。2021 年县委县政府将"深入推进档案工作服务农村基层社会治理国家级试点，探索民生档案全域远程利用机制，增强群众获得感"写入了《关于全面推进乡村振兴加快农业农村现代化的意见》（金发〔2021〕1 号），把档案工作服务农村基层社会治理作为金湖县乡村振兴和推进农业农村现代化的重要抓手之一，并在县委全会上进行部署推进，为进一步深化试点工作指明了方向。

二是坚持以人为本，注重便民导向。社会治理的重心在基层，治理重点在服务。金湖县在档案工作服务农村基层社会治理中，牢固树立"服务就是治理"的理念，聚焦群众急难愁盼和档案工作结构性问题，利用现代信息技术构建农村档案服务网络体系，为广大农民提供全面及时和高效的档案信息服务。这是新时代档案工作惠民生、暖民心的重要路径，也是档案部门在党委政府领导下保障和改善民生的有力举措。

三是坚持全域布局，注重示范带动。通过塔集镇双庙村的试点实践，金湖县档案工作逐步形成了资源集约、力量集聚、数据集中、管理集成的新格局，在信息化手段的加持下，高效便民的特点和优势得到充分彰显。以双庙村为范本，金湖县着力加强村居档案信息化建设，加快完善农业农村档案服务网络，进一步提升档案工作服务农村基层社会治理的能力和质量，积极探索新时代档案工作的创新实践。

（三）实施过程

一是高度重视、协调联动。省、市、县、镇多级联动，省档案馆业务指导处室、市档案馆和市委办档案专家多次亲临现场，指导试点工作开展。县委领导积极协调试点工作资金，多次赴现场协调解决困难问题。县档案局（馆）、民政局、农业农村局和塔集镇联合办公，把脉问诊、精准施策，为试点工作深入推进奠定基础。

二是加强调研、细化落实。试点工作开始后，金湖县组织学习《村级档案管理办法》，结合实际开展调研，制定发布《金湖县村务管理档案基本目录（2021 版）》，对《村级文件材料归档范围和档案保管期限表》进行优化，更加注重对组织管理、综合治理、集体经济组织经营等与群众利益密切相关的文件材料收集和档案管理。

三是下沉一线，破解难题。面对农业农村工作可变因素多、村干部政策水平不一致、具体农户情况差别大等复杂情况，相关职能部门主动到基层一线答疑解难，宣传农户通过档案解决土地纠纷、保障农民收益的现实案例，面对面帮助化解建档、归档工作中的各种矛盾，有效保障试点工作顺利开展。

三、取得成效

（一）服务经济社会发展

2021 年，双庙村通过党员电子档案，为第十二届村民委员会换届选举、村后备干部人才选拔提供重要依据。疫情防控期间，双庙村通过虚拟档案室系统快速查找 600 多份村民电子档案，及时准确掌握大部分村民的联系方式，为防范疫情扩散、保护村民健康争取了时间。两年来，双庙村为土地流转、农房改善、拆迁土地复垦项目等，提供土地确权电子档案 23 卷次，在服务地方经济社会发展中发挥积极作用。

（二）总结推广试点经验

为进一步加强村级档案管理，《金湖县国民经济和社会发展第十四个五年规划和 2035 年远景目标纲要》中将"强化乡村治理，推进档案工作服务农村基层社会治理国家级试点""打造江苏县域治理现代化样板区"等作为目标要求，在全县范围内全面推广试点成果。

（三）扩大档案工作影响

双庙村通过试点工作，将档案工作变成干群沟通的"连心桥"、留住乡愁的"同心锁"。金湖县率先在全市建成第一个村级特色档案馆——"横桥记忆乡愁档案馆"，将档案元素嵌入吕良镇湖畔旺屯"金湖农房馆"、金南镇幸福湾"人民兵工馆"等新型农村社区的展示中，进一步丰富乡村旅游内涵，助力乡村文化建设，档案工作在服务金湖乡村振兴中所起的作用愈发明显，获得了党委政府、社会各界和广大农民的一致好评。

创新农村档案工作机制　有力服务基层社会治理

浙江省磐安县

近年来，磐安县认真学习贯彻习近平总书记关于档案工作的重要论述，将村档案员纳入"山城办事员"工作体系和范畴，建立了一支人员队伍稳定、年龄结构合理、业务能力较强的村级档案员队伍，并将其作为坚持和深化新时代"后陈经验"、助力乡村振兴的重要举措，定人、定岗、定责，有效解决农村长期存在的"村档没人管、建档不规范、有档用不上"现象，为推进基层社会治理现代化作出了档案贡献。

一、案例背景

磐安作为浙江省 26 个山区县之一，受自然地理条件限制、外出人口众多等因素影响，村级档案员队伍不稳定、档案工作基础相对薄弱等问题较为突出，一些重要的文件材料没能够及时整理归档，有个别村甚至出现档案遗失等情况，引发一些矛盾纠纷。在推动高质量发展建设共同富裕示范区的大背景下，村级档案工作显得越发重要。近年来，磐安致力建立一支责任心强、业务水平好、人员相对稳定的村级档案员队伍，探索形成人岗相适、一岗多能、保障有力的运行管理体系，以及无缝对接、及时精准、全域覆盖的档案服务制度，以解决村级档案收集难、管理难和利用难问题，切实提高档案服务基层治理的能力水平。

二、具体做法和成效

（一）采取三项措施，建立年轻化、职业化、组织化的农村档案队伍

一是"赛马比拼"提升入职门槛。建立农村档案队伍"县招镇聘村用"管理机制，严格人员准入，按照行政村人口规模，核定村级档案员职数，原

则上一个行政村设一名专职农村档案员,人口在 3000 人以上的行政村,可设 2 名,县级统筹落实村级档案员的薪酬待遇和保障制度,使其吃下"定心丸"。完善农村档案工作人员"选、育、管、用"全链条闭环管理,对报名人员统一进行"赛马比拼",统一考核聘用,并注重在其中发展党员、评优评先。磐安吸引了一批高素质年轻人回村担任档案员,年龄结构不断优化,平均年龄由原来的 56 岁降到 50 岁,其中年龄最小的为 26 岁,学历水平大幅提升,其中学历最高为大学本科,高中(中专)以上占比 48.6%。

二是"以操代训"提升专业水平。制定农村档案员"以操代训"工作制度,将 14 个乡镇(街道)分为三个片区,由县级档案部门按季开展"点对点"现场教学,通过"以操代训"的方式,对全县农村档案员进行轮训,全方位提升业务水平。制定《磐安县乡村档案工作办法》,注重档案工作清单式管理,明确了镇村两级档案工作"收、管、存、用"的全流程,及时收集整理、完整接收推进共同富裕过程中的档案,使档案管理更科学、更规范、更完善。2020—2021 年,全县共新增各类村级档案 4000 余卷。原来有三分之一的村组属于"无档村"(无文书档案),现已规范开展了档案工作。

三是"一岗多能"拓宽成长空间。由农村档案员兼任村报账员、村便民服务中心代办员和"丰收驿站"办事员,成立"山城办事员"队伍,农村档案员既获得了多岗位综合锻炼机会,又获得了广阔的成长空间。全县245 名农村档案员中,有 164 名纳入了村两委干部后备人选,41 名被选为乡镇党代表和人大代表,2 名被选为县人大代表。

(二)出台三项机制,构建科学化、规范化、制度化的农村档案体系

一是构建三级组织机制。搭建县、乡、村三个层级的全新管理架构,县级层面成立"山城办事员(村档案员)"领导小组,统筹推进全县"山城办事员(村档案员)"管理改革工作;乡镇层面设立"山城办事员(村档案员)"管理中心,负责业务指导和管理;村级层面明确村支书为农村档案工作第一责任人,"山城办事员(村档案员)"具体负责本村档案工作,村务监督委员会主任具体负责监督档案工作落实情况。

二是完善责任落实机制。细化县乡村三级责任清单,建立领导小组工作例会制度,定期研判部署全县"山城办事员(村档案员)"队伍建设工作;建立乡镇(街道)档案工作季度例会制度,每季度分析研究解决乡镇(街道)在推进乡村两级档案工作中遇到的困难和问题。完善农村档案工作考核机制,将农村档案工作纳入县直机关部门、乡镇(街道)年度考核,纳入"五星三强"基层党组织建设内容,纳入县委巡察内容,将农村档案工作真正抓在手中、落实到位。

三是优化奖惩考核机制。县档案局和各乡镇(街道)共同管理和考核农村档案员队伍,建立星级评定机制,根据档案工作年度考核结果对农村档案员进行星级评定,将农村档案员的待遇、去留与评定结果直接挂钩,激发农村档案员干事创业热情。组织、纪委、档案等部门联合对乡镇(街道)农村档案工作落实情况开展督查,确保各项任务落细落实。

(三)推行三项制度,推动流程化、高效化、精细化服务基层治理

一是推行坐班制度,打通档案服务"最后一厘米"。实行坐班工作制和查询登记制,对村民提出的查档申请实行"立即办、承诺办、报送办",做到随到随查,查有记录,打通乡村查档服务"最后一厘米",打造精细化、精准化服务乡村治理新模式。迄今累计为基层群众提供档案服务13万余人次、查阅利用档案18.2万余卷(件)。

二是推行代办制度,提供档案人员"最贴心服务"。农村档案员结对联系年迈或因疾病行动不便困难群众,为其上门代办服务,代办事项涉及10个大项50个小项。目前,已累计为2万余户困难群众,办理各类代办业务20余万件。

三是推行共享制度,发挥档案信息"最权威作用"。"全覆盖+常态化"推进村级档案数字化,建立农村档案资源库。坚持主动靠前服务,将农村档案信息推送给重点项目、中心工作或矛盾调解一线,实现档案信息的第一时间共享,发挥档案信息"最权威作用"。在服务重点工程项目征迁、农村信访件处理等工作中,累计调阅档案2万余卷,协助化解各类矛盾纠纷4000余起,在创建"无信访积案县"四连创中发挥了独特作用。

数字赋能档案工作　全力服务农村基层社会治理

浙江省瑞安市

瑞安市以"三个走向"为根本遵循，围绕档案工作数字化转型总体思路，坚持"整体智治、唯实惟先"的理念，在温州档案部门的指导帮助下，构建乡村"大档案"资源格局，通过基层建档规范化、档案资源数字化、基层查档便捷化、部门协同高效化等方式，大力推进民生档案查阅服务改革，构筑上下贯通、齐抓共管、紧密协作的三级联动档案工作网络，有效维护村级档案资源安全完整，数字赋能农村基层减负增效，高水平推进档案工作服务农村基层社会治理。

一、案例背景

近年来，瑞安市认真贯彻落实习近平总书记关于新时代档案工作的重要指示精神，深入推进档案工作数字化改革，通过数字赋能档案工作全力服务农村基层社会治理，聚焦农村基层社会治理的主要任务和实际需要，积极探索大数据、人工智能、区块链等信息技术与基层档案管理的深度融合，谋划建设多跨协同应用场景，促进档案数字应用迭代升级，不断优化档案利用服务，构建符合瑞安实际的农村档案工作体制机制，推动《村级档案管理办法》落地实施，推进"村档乡管"工程和规范化档案室、数字档案室创建。

二、具体做法和成效

（一）加强监督指导，推动基层建档"规范化"

聚焦制度化、标准化、规范化建设，健全基层档案管理制度，构建"横向到边、纵向到底、不留空白"的乡村"大档案"资源格局，实现农村基层社会治理档案收集齐全、整理规范、保管安全、利用方便。

一是"村档乡管"全面铺开。印发加强农村基层组织档案工作的实施意见，建立健全村级文件材料收集归档和档案整理、保管、鉴定、保密、利用、统计、安全等各项制度，制定村级《文件材料归档范围和保管期限表》、村级档案分类方案等。在行政村档案所有权不变的前提下，明确将村级档案由所属乡镇（街道）代为保管，完成全市 411 个村"村档乡管"工作，确保村级档案管得住、用得好。

二是"小微权力"探索建档。围绕"基层治理四平台"建设和村级"小微权力"运行，全面梳理乡镇（街道）综治工作、市场监管、综合执法、便民服务以及行政村村务管理等农村基层社会治理相关工作流程，制定《瑞安市村级小微权力清单归档范围及保管期限表》，取得良好成效，现已推广到温州市全域县（市、区）借鉴学习。

三是"家庭档案"寄存试点。在曹村镇东岙村开展"家庭档案"建档寄存试点工作，有效保存村民土地、婚姻、社保等原始档案凭证，提高村民用"证"办事效率。

四是"乡贤建档"振兴乡村。积极收集整理为乡村发展作出贡献、受到乡亲们敬重和尊崇的新乡贤档案资料，建立新乡贤目录库，有条件的地方比如上望街道蔡宅村还建设了乡贤馆，汇聚乡贤智慧，提升乡村治理效能。

（二）数据集成共享，建设档案资源"信息库"

依托浙江档案服务网、数字档案馆室一体化平台，建成以数字资源为基础、安全管理为保障、远程利用为目标的数字档案体系。

一是加快档案载体信息化。全市数字档案室覆盖率达到 100%，其中示范数字档案室 26 家、规范化数字档案室 63 家。市档案馆被评为国家级数字档案馆，馆藏档案数字化率达到 99%，数据存储量达到 58TB，其中民生档案 53.49 万卷，占馆藏总量 80% 左右。对保管期限为永久、30 年的村级档案全部进行数字化，形成电子档案 2.34 万卷 13.92 万页 2034G，并在市档案馆、乡镇（街道）和行政村（社区）三级备份、在线利用。

二是实现数字档案模块化。将婚姻、学籍、地籍、出生医学证明、连续工龄、企业会计凭证等 25 类与群众生产生活息息相关的民生档案重新分类，按照不同类别归集数字档案，模块化搭建民生档案专题库 17 个，同步纳入民生档案自助查询。

三是推动档案管理集成化。建立数字档案馆室一体化平台，开展登记备份、网上年检、馆室数据无缝对接，全市共有 130 家立档单位、412 个行政村（社区）接入平台。建立档案馆馆藏档案资源管理系统，对馆内档案出入库、调用、流转等实行闭环管理。

四是加大档案利用开放化。市档案馆在自主查档区提供馆藏开放档案自主阅览和查询，并积极审慎推进到期档案开放鉴定工作，审核 248 个立档单位 1996 年前形成的 132.22 万件档案，向社会公众新增开放档案目录 15.2 万条。

（三）延伸服务触角，打造档案查阅"便民圈"

坚持以"村社就近查、镇街普遍查、市档案馆兜底查"为方向，将服务触角向基层不断延伸拓展，实现"民生档案查阅工程"全覆盖。

一是掌上查档。充分发挥市档案馆作为全省档案数据共享中心试点单位的优势，全力谋划馆室协同数字化改革项目，迭代升级数字档案馆室一体化平台，新增功能 10 项，特别是率全省之先在"浙政钉"上线"机关查档直通车"应用，可 24 小时随时随地提交查档申请，打破原有档案数据"孤立运行"的状况。

二是就近查档。高标准建设"2+23+X"市、乡、村三级查档服务体系，除市档案馆、市行政服务中心以外，方便群众就近到所在乡镇（街道）、行政村（社区）申请查档。

三是跨馆查档。将跨馆查档范围扩大至长三角区域，市档案馆可在 1 小时内办结，查询结果可通过邮箱发送、邮寄送达两种方式反馈给查询者，查档跨市跨省奔波已成为历史。

四是自助查档。率温州之先自主研发民生档案自助查询机，采用人脸识别技术进行"人证合一"对比，以"水印+自助查档专用章"保证出具档案的真实性与法律效力，已在瑞安市级、马屿镇、湖岭镇、曹村镇东岙村等行政服务中心试点投用，方便群众就近操作。

（四）加强部门协同，跑出档案服务"加速度"

针对档案分头存放、部门"各自为战"、群众查档"多头跑、来回跑"的问题，以改革撬动部门协同合作、档案信息共享、查档灵活交办，推动档案在部门间有序流转、便捷查询，年均减少重复查档 8000 人次左右。

一是部门档案共享互认。对分头存放在市档案馆与职能部门的民生档案，实行扫描共享、利用互认，实现群众查档"跑一地、跑一次"，较改革之前凭借申请处理结果办理查档业务、部门之间来回至少 4 次，效率大大提升。比如婚姻档案，以 2005 年为分界线，之前的存放于市档案馆，之后的存放于市民政局；实行数字档案共享互认后，打通了信息壁垒，实现了两个部门档案信息共享。

二是佐证档案部门代查。市档案馆为部门开通浙江档案服务网查档账号，部门通过"浙政钉"与市档案馆加强对接，并由部门为群众提供代查服务，查档结果线上流转直达部门，无需群众往返奔波，真正做到让数据多跑路、群众少跑腿。比如连续工龄档案查阅，此前群众到人社部门办理退休业务需要提供市档案馆出具的连续工龄档案用于佐证，现只需由人社部门代为查阅后即可办理退休业务。

三是档案馆兜底查档服务。市档案馆建立多功能查阅大厅，推出全年无休查档服务，群众凭借个人身份证件即可查阅馆藏已有的本人相关档案。对于尚未接收进馆的档案，由市档案馆对接档案所在部门协调查阅，为群众提供全时段、全区域、全类型的档案查阅利用服务，实现档案服务"最多跑一次"。

（五）强化组织保障，拧成档案工作"一股绳"

以机构改革和新修订档案法贯彻实施为契机，加强党对档案工作的领导，进一步完善档案治理体系，为档案工作服务农村基层社会治理提供坚强保障。

一是建立档案工作机制。建立由市委领导分管，市委办公室（市档案局）牵头抓总，乡镇（街道）综合管理，行政村（社区）具体落实的三级档案工作长效机制，逐级压实责任，强化组织保障。市委办公室（市档案局）档案监管科充分发挥党办政治优势，深入开展业务指导和监督检查，督促各地针对问题补短板、强弱项。

二是强化考核奖补激励。市委市政府将档案工作纳入全市考绩考核，乡镇（街道）将村级档案工作纳入基层党建工作责任制考核，市财政局将农村档案规范化建设工作经费列入政府财政年度预算，确保档案工作与业务工作同部署、同检查、同考核、同发展。

三是形成齐抓共管合力。建立档案局、馆领导月联席办公会议制度，实行"五个一"工作法，局、馆工作一盘棋、分工不分家。民政、农业农村等部门密切配合，协同督促各项工作落实。各乡镇（街道）会同行政村（社区）共同履行档案管理责任主体职责，切实解决经费、人员、档案库房等问题，合力推动档案工作高质量发展。

围绕提效提质构建乡村档案管理与基层社会治理双向驱动新模式

浙江省宁波市海曙区

2020 年以来，宁波市海曙区紧抓"档案工作服务农村基层社会治理"试点工作契机，在"顶层设计"上打破条线制约，以"清单式"为抓手、以"数字化"为指引、以"共享率"为目标，分批推进治理型乡村档案建设。目前，海曙区已全域完成试点工作，建成"乡镇云上数字档案馆"，乡村档案管理与基层社会治理双向驱动的新模式业已形成。

一、案例背景

2016 年底海曙区区划调整，新增 7 镇 1 乡及 1 涉农街道，区域档案管理工作也随之新增村级档案管理内容。2012 年浙江省开展行政村规范化档案室创建活动以来，村级档案工作不断加强，但因村档案员平均年龄大、兼职多，业务水平普遍不高，导致村级档案整理不规范、保管不到位、利用率较低；农村工作规范化程度不高，基层中心工作档案收集不完整、档案治理效果不明显；村级档案信息化设施设备配置低、无统一软件平台、档案数字化率低，造成查阅利用不便，山区村档案利用还需要驱车数小时前往档案馆查阅。

2020 年，海曙区被确立为档案工作服务农村基层社会治理试点区。区委区政府高度重视，提出以服务乡村振兴、推动基层治理为目标，围绕乡村档案核心业务，把握"以点带面、扩面提升"的节奏，紧扣"提效提质"，全面建立起档案工作服务农村基层社会治理的"海曙乡村档案清单"，依托村镇档案一体化平台，重塑档案归集流程，做到"人人都能是档案员"，从源头上抓好了基层治理档案的形成与归集，为推动基层治理工作良性发展、维护群众合法权益留下可靠凭证。

二、具体做法和成效

（一）"清单管理"建立归集闭环，提升基层档案管理和社会治理的互动执行力

针对档案工作服务农村基层社会治理试点工作，海曙区档案部门和涉农主管部门经反复调研，2020年出台了"1个标准化档案管理清单+N种个性化特色档案专题清单"的《海曙区乡村档案清单式管理目录》（以下简称"清单式目录"）。经过近三年的实践，乡村档案清单式管理目录已成为海曙区行政村多项工作的履职参考。"任务清单"形成治理齐抓管格局。"清单式目录"与基层治理流程、履职行为记录等内容融合统一，并根据基层工作内容变化进行年度更新，其既是档案收集的重要依据，又是工作规范的参考标准。随着"清单式目录"的推行，乡村档案逐渐形成基层工作的新导向，年底"清单"项目捋一捋，"清单"目录查一查，年度工作完没完成，工作程序到不到位，村级档案一目了然。"标签管理"重塑档案专特强分类。清单式目录将特色档案管理进行积木式分类重组，在标准化档案归集基础上进一步强化乡村特色档案外延收集、数据标注及管理，并通过档案目录造册、数字化覆盖、主题汇集、实体征集等方式层层向上集中汇聚，打破档案单一合集的模式，把展示海曙区历史沿革、民俗文化、重大事件、改革奋斗、共同富裕等资料、资源根据利用需求进行组合，从而有效提高了乡村档案利用效率。目前，海曙区164个行政村共建立专题特色档案50余种，3500多件，数字化成果69.5GB，实物档案5100余件，数码照片3200多张、音视频10.1GB。

（二）"数字赋能"推动流程再造，提升基层档案管理和社会治理的双向监管力

2020年以来，海曙区将数字改革融入基层社会治理，先后投入250余万元经费用于乡村档案规范化建设，目前乡村档案电子目录共计57.9万条，扫描件共计107.5万余页，扫描总容量1055.9GB，条目著录率达100%，重点档案数字化率达100%。通过档案数字监管，提高社会治理真实性和规范性。依托村镇档案一体化平台的智能统计功能，区级主管部门通过清单覆盖率判断各具体事项在镇村的治理流程完整性和档案归集全面性。乡镇通过对所辖各村档案清单覆盖率统计，分析出某个村哪些工作存在缺失、哪类工作正在弱化。对于村本级，也可通过查看覆盖率，有针对性地开展查漏补缺，归档意识也得以提高，区镇村三级形成"以档带治，以治推档"的互动模

式。目前海曙区行政村清单覆盖率已超过 80%，村级组织换届、工程项目建设等重要档案已实现全流程归集。2022 年起，海曙区委巡察办在对古林镇、章水镇等乡镇巡察工作中，充分利用村镇档案一体化平台，快速检查分析镇村工作，判断工作管理的规范度，实现区级部门对农村基层社会治理的高效监督，确保乡村档案安全性和有效性。海曙区不断推进乡镇"云上数字档案馆"建设，定期完成行政村数字档案进馆，实现数字档案资源归集与共享，村档案员通过在线的方式，一键申请档案数据进馆，待乡镇层面确认接收后，这部分档案数据就接收进入乡镇"云上数字档案馆"中，有效确保了进馆档案数据的安全性和可靠性，实现了数字时代的"村档镇管"。目前，9 个涉农镇（乡）街道已全部建立"云上数字档案馆"，馆藏量达到 21 万多卷，11 万多件，数字化成果 3217.2GB，照片 1.7 万多张，实物 7700 多件。

（三）"共建共享"强化公共服务，提升基层档案管理和社会治理的全面影响力

数字共享全面推广。海曙区以村镇档案一体化平台用户为基础，覆盖"区-镇（乡）街道-村"三级人群，建立数据档案"共享池"，全面共享各行政村文件目录及部分数字化全文，推动村级档案走向开放。目前，海曙区村镇档案一体化平台已涵盖区、镇、村三级的全部单位，"共享池"有行政村共享档案 36 余万条，共享率达 62%。如今，各行政村不但能通过线上查档功能，直接申请利用区档案馆馆藏、乡镇档案，还能查找上级部门通过"共享池"发布的普惠性政策文件、重要涉民档案资源等，信息更加互通共享。仅 2021 年，通过数字共享平台利用档案 300 多件，如鄞江镇某职工参加工作时间不明，通过发放工资凭证，明确工龄保障了退休待遇；光溪村村民家庭财产受损，通过村统一投保单，维护个人经济权益；雅渡村村民土地征用安置存在纠纷，通过发放经费单据，解决货币安置争议等。在线考核减负增效。平台智能编研功能有效解决农村基层工作考核多、创建多、专项工作多的困境，通过模板化操作设置封面，在中心提取对应档案资料，点击按键即可生成包含封面、目录、正文的专题电子台账，而各级考核、检查部门可通过电子台账的内容直观地了解各业务条、工作线开展情况，实现部门-基层双向减负。仅 2021 年，就有 200 多个电子台账经平台编辑生成，及时展现条线检查结果。特色档案资政育人。"1+N"档案管理模式致力于挖掘各镇（乡）街道、各行政村在实现共同富裕示范区过程中的档案记录和资源，规范科学的归集为特色档案开发提供了多样素材。龙观乡在打造"生物多样性"体验地的同时，建立包含四明山特有的"生物多样性"档案，让公众亲身体验，让档案走出馆室，教学育人。古林镇茂新村的数字农业档案记录了大数据、云计算、物联网等现代信息技术与农业深度融合的过程，为农业科技创新与推广提供资政依据。

随着档案工作服务农村基层社会治理与数字化改革的深入推进，海曙区在乡村档案资源收集、档案监管实效、查档利用普及等方面工作得到显著提升，日渐形成"乡村档案做得好，基层治理必定好；基层治理有进步，乡村档案必提升"的良性循环模式。海曙区将继续完善清单式目录与数字化相结合的模式，加强与区级部门的协作，将业务工作与基层档案工作有机结合；监督乡村特色专题档案资源归集，建成一批具有海曙标识的档案数据仓，以网上展厅等形式展示宣传海曙特色；深化乡村档案资源数据化共享，探索"一网通晓"的村民民生信息库，进一步助力乡村基层治理。

"135" 工作机制提升农村基层档案治理效能

福建省三明市

2019 年，三明市被国家档案局确定为"档案工作服务农村基层社会治理"整体试点地区，全市各级档案部门以此为契机，深化提升农村档案工作成果，形成了"突出党对农村档案工作领导一条工作主线，抓牢三级档案管理网络、'村档乡管'、农村档案信息化建设三个业务抓手，提升基层党组织建设、农村共建共治、经济产业经营、社会民生保障、特色文化文明五项资源建设水平"的"135"农村档案工作机制，为农村基层档案治理赋能增效。

一、案例背景

（一）地区基本情况

三明地处福建西部，总面积 2.29 万平方公里，辖 1 市 2 区 8 县，全市共有 141 个乡镇（街道）、1927 个行政村（社区），户籍人口 287 万人，常住人口 249 万人。

（二）试点前档案工作现状

试点前三明市已通过全面铺开"村档乡管"工作奠定了较好的农村档案工作基础。2016 年三明市委、市政府在全市范围建立了"一个机制、一套制度、一批节点、一张网络"的农村档案"村档乡管"工作模式，实践了"乡管村用、换届托管、十年进县"的村级档案管理理念，省档案局主要领导指出"村档乡管"工作是新形势下农村档案工作的新要求、新探索，是三明市先行先试的创新品牌，对全省工作很有借鉴意义。省档案局于 2018 年 11 月在三明市建宁县召开福建省"村档乡管"工作现场会，向全省推广三明经验。

（三）试点需求

为深化提升"村档乡管"工作成果，三明市各级档案部门以"档案工作服务农村基层社会治理"试点为契机，着力加强农村档案工作制度建设，加深档案服务农村基层社会治理探索，加大农村档案工作机制保障力度，加快农村档案信息化建设，调动市、县、乡、村各级档案部门的能动性，全面提升农村基层档案治理效能，更好地为乡村振兴战略服务。

二、具体做法

（一）创新重点

1. 强化顶层设计，全市"一盘棋"抓好农村档案工作

三明市委、市政府始终高度重视农村档案工作，2020 年召开档案工作服务农村基层社会治理试点动员会部署工作，市委办公室、市政府办公室下发《关于推进档案工作服务农村基层社会治理的通知》推动落实。2022 年，市委乡村振兴办与市档案局联合印发《抓好农村档案工作服务乡村振兴的意见》，将农村档案工作全面融入三明市乡村振兴总体工作布局，进一步完善乡村振兴档案资源体系、服务三明市乡村振兴再出发"六大行动"，着力打造一个乡村档案服务窗口、完善一个农村档案管理系统、落实一套农村档案规范制度、守稳一条档案安全保管底线、建好一支基层档案工作队伍。

2. 健全工作机制，上下"一张网"强化基层业务管理

三明市以乡镇档案室为重要节点，上联县级档案部门，下达村级档案员，形成一张密切配合的县、乡、村三级档案管理网络。全市 141 个乡镇（街道）均依托党政办建立档案室，成立了档案工作领导小组，配备了经过业务培训的专职档案员，全市 1927 个行政村（社区）明确了村文书或村会计为本村兼职档案员并视同"农村六大员"享受待遇，做到了"工作有机制"。在将农村档案工作列入县级对乡镇年度绩效考核内容的基础上，市政法委进一步将农村档案工作纳入平安建设考评，市委、市政府还推动将档案工作纳入县乡村整体规划、农业农村工作计划和考核评价工作体系，与乡村振兴工作同部署、同实施、同发展，做到了"目标有考核"。市、县档案部门分别联合本级督查室、农业农村局等单位针对农村档案工作情况开展多轮次督查，对乡镇挪用档案室业务场所、档案安全保密隐患、档案电子目录著录不规范等问题进行现场协调和"回头看"督促，做到了"任务有督查"。

3. 完善收集清单，入村"一张表"覆盖村务管理全局

三明市档案部门到涉农单位和乡、村一线开展实地调研，制定了符合农村基层治理需求的村务管理档案基本目录（清单）。清单围绕基层党组织建设，指导村级组织加强支部工作、党员教育管理工作、党风廉政、主题教育活动等文件材料收集；围绕农村共建共治，指导村级组织加强基层自治、平安建设、矛盾纠纷排查化解、乡贤及社会组织建设、安全生产等文件材料收集；围绕经济产业经营，指导村级组织加强产权改革、资产项目、资金管理等文件材料收集；围绕社会民生保障，指导村级组织加强精准扶贫、低保救助、妇女儿童、优属敬老等文件材料收集；围绕乡村特色文化，指导村级组织加强美丽乡村、振兴老区苏区、民俗文化、绿色生态、精神文明等文件材料收集。这份清单既能保障农村基层村务管理规范运行，又能减轻基层干部群众"过度留痕"负担，对基层组织开展农村档案工作具有很强的指导作用。

（二）工作措施

1. 制度先行，以科学管理推动基层工作长效化

三明市档案部门结合农村档案工作实际，制定了《三明市"村档乡管"工作管理办法》和《"村档乡管"工作手册》，县档案部门进一步将其细化，指导乡镇档案室制定了切合自身工作需要的规章制度，涵盖了文件材料收集归档和档案的整理、保管、保密、鉴定销毁、借阅利用、托管交接等工作全流程。通过规范制度，乡、村档案员确保在整理立卷过程中，归档文件材料签章手续完备，使用的载体、书写材料和装订用品、装订方式符合档案保护要求，各门类、载体档案收集齐全完整，内容真实、准确、系统，收集范围符合相关规定。同时，在按时归档的基础上，常态化执行"村档乡管"制度，对由行政村移交乡镇档案室托管的村级档案，规范移交托管流程，严格履行交接手续，保留签章明确的交接记录文据，将文书、照片、基建项目、录音录像、实物、电子等各门类、各载体档案在乡镇档案室集中统一保管。

2. 保障支撑，以加大投入提升规范化建设水平

2017 年以来，三明市辖县、乡两级财政共为农村档案工作提供经费保障 415 万元，各乡镇档案室按照标准化建设的要求设立库房和档案查阅场所，保障库房面积能满足 10 年以上档案量的存放要求，并实现库房、查阅、办公"三分开"，同时配备符合"八防"要求的保管设施设备。通过落实规范化建设要求，全市所有乡镇（街道）均增加了档案查阅室，80%的乡镇（街道）调整扩大了档案库房，一半以上档案室更新了档案装具和空调设备。2019 年至 2021 年，全市各乡镇（街道）购买五节铁皮柜 1121 组、密集架 40m^2、档案卷皮 2 万余个，计算机 25 台，打印机 20 台，复印机 2 台，空调 37 台，除湿机 11 台，手持灭火器 260 余个，火灾自动报警系统 6 个，

监控探头 45 组，防盗门窗 54 扇（套）。

3. 统一平台，以信息化网络带动督导管理网络

为方便乡镇档案室日常管理并对基层档案员进行业务指导，三明市建立了全市统一的农村档案管理系统，通过政务信息网连接市县各级涉农部门和所有乡镇档案室，具备处理百万条目级数据库及相应数量原文图像存储、传输的能力，可以实现市、县、乡、村四级档案按权限查询利用、管理台账统计和对各级档案员进行在线监督指导。目前该平台已将全市的乡镇级、村级各门类档案数据以及脱贫攻坚、美丽乡村建设等涉农专题档案数据传输上线，并针对基层档案员文化水平不高、对计算机知识了解不多的实际情况进行优化，使之操作简单、易学易用。

三、取得成效

（一）农村建档工作更加扎实

通过深化提升"135"农村档案工作模式，三明市夯实了农村档案工作基础，2017 年以来村级组织建档率达 100%，并将所有档案在农村档案管理系统上著录了电子目录，一些县还根据自身实际情况对部分乡村档案原文进行了数字化。全市共形成村级文书档案案卷级目录 47493 条、文件级目录 535201 条、会计档案目录 78110 条、实物档案目录 934 条、数码照片档案目录 5074 条，还将全市各县（市、区）9417 个农村建设项目、20091 个建档立卡贫困户、66235 份脱贫攻坚等涉农档案录入系统并实现原文数字化。

（二）档案管理业务更加规范

档案工作人员上岗培训覆盖到乡镇档案人员，档案实操业务指导覆盖到村档案员，2016 年以来举办县级培训 26 场，送培训到乡、村 159 场，乡镇档案分管领导、乡村两级档案员等共计 2708 人次参加培训，乡村档案意识显著增强，基层档案管理逐步走上制度化、科学化、规范化的轨道，档案业务水平得到了显著提高。

（三）基层档案保管更加安全

三明市开展"村档乡管"工作，探索实践"乡管村用、换届托管、十年进县"的做法，为村级组织档案的最终归属流向提供了保障。目前，全市乡镇档案室共保管由行政村（社区）移交托管的村级档案 11.5 万卷。在2018 年、2021 年的村级组织换届工作中，三明市由于实施了"村档乡管"，提前将村级组织档案收归乡镇，全市 1927 个村级建档单位未发生档案损毁或丢失，充分体现了"村档乡管"的安全保障作用。

(四) 档案利用服务更加周到

村级档案由乡镇统一代管，改变了部分档案史料沉积在村级组织中变为"信息孤岛"的状况。2017年以来，全市各乡镇档案室共提供村级档案利用6109人次，调阅档案8911卷次，出具证明1561份，解决山林、土地、合同、选举资格等纠纷325起，较好地化解了各类矛盾，为确保社会安全稳定贡献了档案力量，取得了良好的经济和社会效益。

"三同共进" 强化基层档案人才队伍建设 提升档案服务乡村振兴新效能

福建省永安市

治理有效是乡村振兴的基础。如何立足档案部门职能特点，推动农村基层治理现代化，更好的在全面推进乡村振兴中发挥积极作用，强化农村档案人才队伍建设是关键。近年来，永安市档案局、档案馆以"档案工作服务农村基层社会治理"试点工作为契机，不断巩固拓展"村档乡管"机制优势，创新"三同共进"档案人才队伍培养模式，助推档案服务乡村振兴取得新成效。

一、案例背景

永安市下辖 15 个乡镇（街道），262 个村（社区）。试点前，全市农村档案管理基础薄弱，村级建档率低，无法完全反映乡村发展全貌。乡村档案工作人员普遍存在综合素质不高、创业劲头不足等问题。档案工作在基层治理方面发挥作用不明显。主要有三个方面：

一是农村档案工作者专业化程度较低。专业人才缺乏是制约乡村档案事业发展的一个重要因素。试点前，档案工作者普遍缺乏系统性培训，特别是在基层组织换届、乡镇班子成员调整等重要节点，档案工作没有及时融入，导致农村档案工作者大多业务不熟，实操能力较弱，档案工作出现脱节、停滞等状况。同时，档案部门属于"清冷"单位，人才引进较为困难，档案工作创新所需的专业人才严重缺乏。

二是农村档案工作者队伍结构不尽合理。基层对档案工作不够重视，村级档案工作者大多为兼职且流动性大，导致农村档案管理不够规范，村级档案收集不够齐全。同时，大多数档案员年龄偏大、学历较低，与档案信息化、数字化发展的新要求不相适应，在一定程度上影响了档案工作的质量和成效。

三是农村档案工作者干事创业精气神不足。档案工作常在"幕后"，较少直接参与经济社会发展等中心工作，档案工作者很难在日常工作中干出显著成绩，因而得到的重视和支持较少，缺乏激励机制。同时，从事档案工作容易"一干定终身"，成长空间狭窄，致使部分档案工作者容易满足现状，缺乏创造性开展工作的意识和魄力。

二、具体做法

近年来，永安市档案局、档案馆坚持问题导向，奋力改革突破，围绕"打造三类课堂、建强三支队伍、突出三项引领"，创新"三同共进"模式，推动人才培养由"大水漫灌"向"精准滴灌"转变，队伍结构由"单一扁平"向"多元立体"转变，工作作风由"墨守成规"向"实干争先"转变。

（一）兰台讲坛、实践课堂、特色课堂，"三类课堂"同轴共转

聚焦农村档案工作实际需求，推行"菜单式点课"＋"实战式演练"＋"交互式教学"模式，实现干部培养常态化、精准化。

一是开设"兰台讲坛"。每周开展"兰台讲坛"，组织档案干部轮流上台授课、交流经验，以讲促学、以学促干，打造档案工作者双向交流、双向提升的互动平台。2022年1—8月，举办"讲坛"21期，围绕新修订《档案法》《档案检查工作办法》等37个专题进行了深度讨论。

二是开设"实践课堂"。以"一对一、老带新"形式开展"定制"培训，2021年以来安排7个乡镇（街道）档案人员同步参与归档整理、库房管理、监督检查等"实战"工作。同时，坚持重心下移，深入乡镇（街道）开展农村档案数字化、农村档案管理系统使用等实操演练，推动业务培训与中心工作同频共振。

三是开设"特色课堂"。开展"档案教学进党校"特色活动，充分融入全市干训计划，聚焦村级组织负责人、乡镇（街道）领导干部、乡村振兴青年人才等"关键少数"，依托"村（社区）党组织书记培训班、中青年干部培训班、科级干部进修班、乡村振兴专题班"等重点班次开展全覆盖、系统性培训，全面提升基层依法管档水平。

（二）专家队伍、网格队伍、基层队伍，"三支队伍"同向发力

针对农村档案人员相对不足、队伍结构不够合理、专业人才较为匮乏等问题，通过"请进来、沉下去、融进去"的方式，打造多元参与的"立体式"档案人员队伍。

一是延伸"专家队伍"。统筹文旅部门、史志部门、博物馆、融媒体中心等专家及"民间收藏家"资源，加强与高等院校合作，引导"专业人才"

参与农村珍贵档案收集、保护、科研、利用等工作，"横向"延伸农村档案专业人才队伍。近年来，重点围绕永安红色档案资源优势，依托"专家队伍"打造了中央红军标语博物馆、北上抗日公园陈列馆、安砂苏区陈列馆等一批优秀革命文化教育阵地。

二是建强"网格队伍"。推行网格挂包协作机制，将全市262个村（社区）划分为三大网格单元，依托档案监督服务专班和档案专家人才库，定时定点深入挂包网格，协助开展档案管理、安全整治及信息化建设等工作，帮助解决农村档案工作存在的难点问题，"纵向"弥补农村档案人员配备不足的问题。

三是配优"基层队伍"。强化工作调研，摸清一线档案工作者日常表现、工作成效及队伍现状，建立健全村级档案人员履职台账。同时，抓住基层组织换届有力契机，加强与乡镇（街道）党委沟通，争取主要领导支持，结合年龄、专业、学历等要求，对档案工作分管领导、业务人员配备提出人选建议，推动队伍结构优化提升。

（三）党建引领、示范引领、实干引领，"三项引领"同步提振

聚焦树立实干导向，强化农村档案工作者日常管理，进一步提振干事创业精气神。

一是突出党建引领。积极融入省委"提高效率、提升效能、提增效益"行动，结合"兰台先锋"党建品牌创建，成立党员先锋队、设立党员示范岗，开展"三亮三比三看"（亮身份比奉献看表率、亮职责比担当看成效、亮服务比攻坚看战果）活动，通过党员示范带头，引导全市档案干部主动下沉一线服务农村基层治理，帮助解决基础设施建设、疫情防控、矛盾化解等问题。

二是突出示范引领。结合"档案专家""档案工匠"评选，组织开展基层档案工作者技能"大练兵"活动，选派1名干部参加全省首届数字工匠技能大赛。深入开展基层"最美档案人"评选及档案服务乡村振兴示范点创建，通过树立身边典型，推动基层档案工作水平整体提升。出台《档案人员日常工作绩效考评办法》，试行"积分制"管理，考核结果作为干部评优评先、选拔任用、职称评审的重要依据。

三是突出实干引领。坚持问题导向，以档案馆业务建设评价工作为抓手，对于在"档案专班"日常工作指导及专项执法检查中发现的问题，加大整改力度，发挥市委督查室权威影响力，适时通过"回头看"进行督查，督促受检单位迅速整改到位。2022年共对24家部门单位反馈问题146个，提出整改建议96条。

三、取得成效

一是各级党委、政府部门更加重视档案队伍建设。依托"专班"联动机制，邀请市委办、市委督查室等部门领导干部共同参与档案工作调研，与乡镇（街道）主要领导沟通交流，及时反馈档案队伍存在的问题，切实提高了基层党委、政府的重视程度。2020年以来，各乡镇（街道）都重新调整了档案工作领导小组架构，明确综合素质高的领导干部分管档案工作，加大经费投入力度，为农村档案队伍建设创造了良好条件。2020年至2022年，全市档案经费预算逐年分别提高34%、68%。

二是档案人员队伍建设体系更加完善。从任前调研、推荐、确定，到任中档案业务培训、专业能力提升，再到任后职称评聘指导、专家队伍培育，逐步形成了覆盖岗前-岗中-岗后的全过程、全链条农村档案队伍建设体系。目前，全市农村档案人员队伍结构更加合理，换届后实现"一降两升"，即平均年龄下降4.2岁，大专以上学历占比提高13%，专职档案人员占比提高13%；档案专业人才队伍更加壮大，全市现有中高级职称37人，初级职称43人，1人获评全省档案系统先进工作者，居三明市前列。

三是农村档案管理水平更加规范。通过加强档案人员队伍建设，农村档案保管、保密、利用、鉴定、销毁、统计、移交等管理更加规范高效，乡镇（街道）档案室安防建设进一步完善，"八防"设施设备配齐配全，安全巡查规范有序开展，档案实体和信息安全得到有力保障。同时，农村档案资源体系更加健全，全市各行政村（社区）建档率达100%。项目建设、土地确权、农村改革等重点工作以及脱贫攻坚、疫情防控等重大活动档案实现"应收尽收、应归尽归"，农村典籍文献、民俗乡约、口述历史等特色档案资源更加丰富。

四是进一步提升服务乡村振兴水平。通过"多渠道、多元化"充实农村档案专家队伍，档案服务乡村振兴战略的成效愈发突显。近年来，通过收集整理农村改革、土地确权、移民搬迁等民生档案，为解决住房、山林、养老等矛盾纠纷提供了原始凭证。通过开发利用村情档案及老物件等实物档案，打造了"村情馆""民俗馆""乡愁馆"等网红打卡点，有力助推了乡村振兴，曹远镇霞鹤村年接待游客达3万余人次，被授予"省级金牌旅游村"。通过挖掘、利用档案资源，申报了永安大腔戏、杂剧作场戏等35个非物质文化遗产，打造了银元小镇、中国民间文化艺术之乡等特色名镇，其中，青水畲族乡年累计接待游客5万余人次，旅游产值达2000万元。

信息化助力档案利用
打通服务群众"最后一公里"

福建省明溪县

　　小档案连着大民生，民生连着民心。明溪县档案部门始终坚持以人民为中心的发展理念，用心用情用力做好"村档乡管"工作，从培养"肯干事、能干事"的乡村档案管理员、打造"五心"窗口服务品牌、把档案室建在群众"家门口"等方面努力创新服务机制和服务形式，充分发挥档案工作服务乡村振兴和基层社会治理作用。自 2016 年实施"村档乡管"农村档案工作模式以来，全县各村（社区）档案工作规范化管理水平显著提升，9 个乡（镇）、96 个行政村（社区）建档比例达 100%，农村基层档案实现了"存得下来、管得安全、用得方便"。截至 2022 年 7 月底，各乡（镇）档案室已为 810 余人次提供 2585 卷（件）档案调阅查询，出具档案证明 274 份，通过查档开展巡察 112 次、落实扶贫等相关政策 323 人、解决纠纷 202 人次、维护个人权益 329 人次，为各类展览活动提供档案 1300 余份。档案在服务群众生产生活、化解社会矛盾纠纷、弘扬传承乡风文明、助力乡村振兴等方面的作用日益凸显。

一、案例背景

　　明溪位于三明市中部，与三明市 9 个县（市、区）交界，全县辖 4 镇 5 乡，有 88 个行政村 8 个社区居委会，面积 1729.85 平方千米，人口 11.6 万。三明市于 2016 年创新推广"村档乡管"农村档案工作模式，明溪县随即在全县范围全面铺开"村档乡管"工作。至 2018 年底，全县 9 个乡镇的"村档乡管"暨乡镇档案室规范化建设全部以优秀成绩通过验收。2019 年 11 月，三明市被国家档案局确定为"档案工作服务农村基层社会治理"整体试点地区。2021 年 7 月，明溪县作为试点项目现场验收点之一，高标准通过验收。

"村档乡管"工作的全面铺开，使农业农村档案得到规范化管理，也为档案服务利用打下了坚实基础。但是从现实来看，由于基层档案员队伍不稳定、业务水平不高以及档案信息服务不均衡等种种原因，基层档案服务利用工作总体来说距离人民群众的要求还有差距。档案工作价值的实现主要来自于档案服务功能的有效发挥，其重点就是资政服务和民生服务。因此，做好基层档案服务利用工作，使档案更好地服务于人民、服务于农村基层社会治理意义重大、影响深远。

二、具体做法和成效

（一）"增待遇、强业务、比绩效"，给基层档案员添动力、提能力、施压力

基层档案服务利用工作水平的提升关键在人，明溪县从提升乡村档案管理人员的稳定性和积极性入手，培养"肯干事"的乡村档案管理人员。明溪县是三明市首个将"村档乡管"工作经费列入同级财政预算、将村级档案员视同"农村六大员"给予津贴的县。在县级财政薄弱的情况下仍每年增拨农村档案工作经费 1.88 万元，并按"农村六大员"标准给予各村（居）档案员每月 100 元的补助。同时，注重乡村档案管理人员能力提升，培养"能干事"的乡村档案管理人员，加强对基层档案工作人员的培训力度，特别是在镇村两级换届后，及时组织各乡（镇）、村（社区）档案员开展"村档乡管"业务集中培训，深入乡镇、村（社区）开展"手把手"业务指导 50 余次，使基层档案员熟练掌握文件材料的收集、整理、归档等专业知识，有效提升基层档案员专业素质和服务水平。此外，健全完善乡村档案服务制度，鼓励基层档案室参照县档案部门的做法，打造"五心"窗口服务品牌，即：红心永向党、热心待群众、用心显作为、暖心优服务、细心守原则，为群众提供高效、便捷、安全的档案服务利用；强化管理人员的责任心，将"村档乡管"工作纳入各乡（镇）绩效考评和村级年终评比重要内容，通过开展实地考评并采取"一乡（镇）一策"下发整改通知书的方式，使基层档案员能够及时"对症下药"补齐工作短板，有效提升乡村档案工作整体水平，为提供优质档案利用服务奠定良好基础。

（二）"信息多跑路，群众少跑腿"，档案服务利用手段逐步实现转型升级

随着信息技术的发展，传统的档案管理模式和服务利用方式正在逐渐转变，明溪档案部门结合档案信息化发展趋势，优化档案管理软件系统，配置

信息化基础设备，为档案管理数字化发展奠定坚实的基础，力争将档案室建在群众"家门口"。一方面加快农村档案信息资源网络建设，依托"三明市农村档案管理系统"平台，以乡、村为单位建立农村档案信息管理和服务系统，实现农村档案数据信息集中管理、分布式利用，对利用率较高和涉及民生的档案进行信息化管理，通过管理平台实行全天候全覆盖的线上业务即时指导，有效提高基层档案员业务水平和查档效率，优化农村基层档案服务利用能力；另一方面指导督促乡镇全面铺开传统载体档案数字化工作，鼓励条件允许的乡镇将档案数字化工作延伸到村一级，我县在全市范围内率先启动乡村两级档案数字化工作，全县各乡（镇）累计投入 62 万余元完成 9 个乡（镇）本级、58 个村级纸质档案数字化工作，乡（镇）纸质档案数字化率达 100%，村级纸质档案数字化率达 60%。县档案部门在保障数据安全的基础上，备份一套"村档乡管"的纸质档案数字化成果副本返交给村里。明溪县将民生档案利用服务向村级便民服务终端延伸，推动数据下沉到村，得到了村民的一致点赞。坪地村是瀚仙镇最为偏远的一个行政村，自瀚仙镇实施村级档案数字化后，真正实现了村民"查档不出村"，打通了服务群众的"最后一公里"，有效提升了群众查档满意率。

（三）"有纠纷查资料、有疑问找档案"，一纸档案成社会治理好帮手

对村民而言，保管在乡（镇）档案室的村级档案增强了档案的公信力。近年来，村级档案的利用率明显提高，运用档案维护自身权利、解决矛盾纠纷的案例越来越多。盖洋镇的吴女士十几年前原是镇村办幼儿园的代课教师，近年县里出台妥善解决辞退代课教师养老补助的政策后，吴女士在盖洋镇档案室找到了她 1981 年至 1998 年在幼儿园工作的花名册，为她 17 年的代课工龄提供了有效证明，顺利领取到了每月 510 元的补助金。2020 年胡坊镇朱南村某村民代表到镇信访办上访，反映怀疑村干部克扣了某矿山公司付给村民小组的租金 2 万元。由于 2007 至 2015 年期间换了 3 次村民代表与小组长，小组长工作移交时只有存折，无账目明细，且时间跨度长，当事人对账目记不清。于是，镇信访办干部在镇档案室查阅了朱南村 2007 年至 2015 年会计档案，复印并核对矿山租金分成款的转账凭证。经核查，证实账目无误，打消了村民的疑虑，解决了信访矛盾，拉近了干群关系。

（四）不断"深挖细掘"，让村级档案资源"活起来"

"村档乡管"工作开展以来，各乡（镇）围绕乡村振兴和乡村治理，不断拓展村级档案新内容，收集了胡坊茶花灯民俗文化、御帘红色文化、龙湖杨时文化、紫云贡茶、温庄贡米、旦上观鸟产业等各具特色、内容丰富的农业农村档案资源。实施乡村振兴，做好乡村文化是关键。近年来，各乡（镇）结合镇情、村情和美丽乡村建设，加强对档案资源的挖掘利用，深入挖掘脱贫攻坚、生态文明、红色故事、乡愁记忆等档案内容，培育打造了如夏坊乡扶贫馆、盖洋镇温庄贡米主题馆、胡坊红色文化展馆、御帘村爱国主义教育展厅、枫溪乡官坊村民族团结进步示范馆、沙溪乡梓口坊村侨乡文化展示馆等乡村档案文化阵地 14 个，拍摄了各类宣传视频 10 余个，有效活化了基层档案资源，将档案文化服务下沉到基层，以档案和档案文化激发动力，增强乡村振兴的文化自信和文化自觉，同时有效带动了乡村文化旅游，使档案工作既在服务民生上有新作为，又在助推村集体经济发展上有新贡献。

一五一十聚四力　乡村盛开兰台花

江西省新余市

2019 年 12 月，新余市被国家档案局确定为"档案工作服务农村基层社会治理"整体试点地区。2021 年 7 月，经过市、县、乡、村四级档案人员两年多的不懈努力，新余市实现了全市 414 个行政村档案室标准化建设、合格建档、收集整理全覆盖，顺利通过验收，乡、村档案意识大为提升，为推进乡村振兴、服务基层治理夯实了档案基础。

一、案例背景

新余市地处南昌、长沙、武汉 3 个省会城市三角中心地带，辖分宜县、渝水区和国家高新区、仙女湖风景名胜区 2 个功能区，总面积 3178 平方公里，人口 118 万。试点工作开展之前，新余市乡村档案工作虽有一定基础，但仍普遍存在档案管理体系不够完善、档案人员队伍不够稳定、档案基础设施不够健全、档案数字化程度不高、档案工作保障不足等问题。主要表现为有些档案在村干部手中长期保留，档案收集不及时，造成了档案缺失；有的村委会换届，档案交接不及时，导致档案年代断层；有的村委会条件差，没有固定的档案柜，档案随意堆放、处置，导致档案损坏等。近年来，随着乡村经济社会的发展变化和乡村旅游业的蓬勃兴起，乡村档案在记录历史、传承文明、发展经济、解决纠纷等方面的作用越来越突显。在市委主要领导大力推动下，新余市成功申报并启动了档案工作服务农村基层社会治理试点工作。

二、具体做法

坚持全市"一盘棋"推进，明确村级档案室"五有"标准，多渠道保障村级工作经费，多层次发挥各方面积极性，多举措聚合各领域力量，主要

做法可以概况为"一五一十聚四力":

(一) 坚持全市"一盘棋",确保试点工作整体有序

新余市将试点工作纳入全面实施乡村振兴战略的整体规划,纳入全市农业农村工作考核内容,从政策、制度层面实行统一设计、统一指导、统一要求、统一标准、统一推进的"五统一",并成立领导小组,召开试点工作动员暨业务培训会,建立试点工作分片指导机制、"市档案局、市档案馆双周工作协商机制"和市县两级每周督导工作机制等,形成市级协调、县(区)统筹、乡镇负责的监管体系。

(二) 紧扣"五有"标准,确保档案管理安全可靠

结合本地区实际,制定"有档案室、有档案柜、有管理制度、有管理人员、有信息化设备"的村级档案工作"五有"标准,既不拔高标准、也不降低要求,规范化提高全市 414 个行政村的档案管理水平。同时因地制宜,对于确实无法达到标准的村,采取在村公共服务中心设置档案查询窗口等方式提供档案查询利用服务。

(三) 解决"一万元"工作经费,确保帮扶资金投入到位

统筹解决经费难题,明确各行政村的市、县(区)帮扶挂点单位要加强试点工作指导,提供不少于 1 万元的资金帮扶或相关物资支援,经费不足的由县(区)统筹安排,减轻基层负担。其中,仙女湖区财政投入 54 万元,统筹为全区 52 个行政村、2 个社区分别安排 1 万元试点工作经费。经费主要用于购置档案室所需的硬件设备、档案整理等。同时,要求乡镇在财政预算中合理安排档案整理费用,为档案整理提供长效保障。

(四) 突出"十必收"重点,确保村级档案应收尽收

把"颐养之家""拆三房建三园"等反映新余市特色工作的资料纳入档案收集目录清单,并提炼出"十项重点收集事项"(党群工作、村务管理、村级集体经济、精准扶贫、基建项目、设施设备、其他专项工作文件材料以及音像、实物、财务),指导基层开展收集归档工作,同时鼓励各村在收集工作中体现村级特色。分宜县钤山镇防里村文化底蕴厚重,在收集清单中专门增加了家谱类及有重要保存利用价值的实物类。

(五) 聚合"四股力量",确保各项工作同向发力

通过整合力量、优化资源,推动试点工作上下联动、形成合力。

一是发挥档案职能部门主导作用。试点过程中,市县两级档案部门经常沉到一线,加强调研指导,对资金落实、档案室建设、档案整理、环境整治等情况严督细查,发现问题立即现场整改。

　　二是发挥乡村干部主力军作用。建立健全全市村级档案员网络，每个村指定一名相对年轻、具备一定文化素质、有一定计算机操作基础的人员为兼职档案人员，并保持相对稳定。同时各乡镇积极发挥主观能动性，推进本辖区各村试点工作。如仙女湖区九龙山乡通过组织全乡党建信息员组成档案整理"娘子军"的方式，自主完成了全乡7个行政村的档案整理工作，锻炼出一支平均年龄轻、人员结构稳定、业务操作熟练的档案员队伍。

　　三是发挥大学生"档案秘书"生力军作用。渝水区创新思维，结合大学生志愿者暑期"三下乡"社会实践活动，向暑期在家的渝水籍在校大学生发出倡议，招募150名大学生组建乡镇"档案秘书"小分队，帮助11个乡镇158个行政村完成档案整理工作。

　　四是发挥专业公司重要补充作用。试点过程中，一些乡村通过购买服务的方式，引入具有资质的社会力量开展档案整理服务，市县档案主管部门加强业务指导，弥补人员力量不足，确保档案整理质量。

三、取得成效

　　试点过程中，新余市注重强化目标导向、效果导向，通过各级努力，实现村级档案存得下、管得好、用得上，农村档案更是成为服务基层社会治理的利器，"档案必须收好""档案非常有用"成为干部群众共识。

（一）农村档案管理有了新规范

　　通过村级档案室"五有""八防"建设，实现了村级档案室标准化、规范化；通过推出"十必收"清单，规范收集目录和重点收集事项，全市414个行政村做到档案应收尽收；通过建立六项基本制度，保证了村级档案的安全规范保管。同时，加强村级档案工作组织管理，414名村级档案员、39名乡镇档案员全部经过市或区级培训，全市乡村干部对农村档案工作有了更为系统、全面的了解，在增强乡村干部档案意识的同时，更有效提升了村级档案管理水平。

（二）基层社会治理彰显新风貌

　　档案工作存史资政育人。村级档案室建立后，村级档案成为解决村民争端、促进社会治理的重要"物证"，"有事查档案"成为基层干部管理村务、化解群众纠纷的新武器。珠珊镇花田村两户村民2001年因宅基地发生纠纷，经调解达成协议。去年，两家后辈又因此事闹起矛盾，村干部得知后，从村档案室调出当年调解协议，纠纷随即平息。花田村档案室，规范、完整地保存了 1973 年以来的各类档案，通过对档案的查阅利用，有效服务了地方发展和人民群众需求。人和乡辉江村村民反映自家宅基地审批面积小，怀疑是村干部故意为之，并表示要上访解决。村委得知该情况后，立刻到档案室查阅相关档案，在"白纸黑字"面前，为村民明确了在政策范围内允许建房的面积，也做通了其他村民的工作，迅速平息了村民纠纷。这些年，新余市利用档案解决山林、土地、合同、选举资格、党员干部退休待遇等纠纷 60起，其中，跨乡镇区域查档 10 余次，出具各类凭证 30 余份，有效促进了社会治理，化解了基层矛盾。

（三）乡村振兴工作实现新发展

这些年，新余在推进脱贫攻坚、乡村振兴过程中探索出了一些行之有效的经验做法，推出了农村"颐养之家"、拆"三房"建"三园"、城乡供水一体化、农村"厕所革命"等民生品牌。通过健全村级档案工作，收集留存了一大批记录和反映新余民生的档案资料，在服务基层社会治理和推进乡村产业发展中发挥了积极作用。洋江镇山田村通过查阅档案，厘清了土地边界，找回了古老的龙舟设计和龙舟赛故事，顺利建成了"龙舟"小镇田园综合体，昔日贫穷落后的小山村，已变成了休闲旅游"网红"村。

（四）乡村文化旅游增加新元素

以试点工作为契机，一批村史馆、民俗馆建立起来，为村级文化传承搭建了平台。通过查阅族谱、走访老人等形式，各村村史馆收集了历代故事传说和各种农具家具，见证了文化、凝聚了乡愁，有效记载了乡村的历史。目前，新余市已建成村史馆 120 余家，覆盖全市三分之一的行政村。有的村史馆因物件保存完整、文化底蕴深厚，成为市民网红打卡地。据不完全统计，开展试点工作以来，全市村史馆共接待游客 80 余万人次。其中，仙女湖区孝头村史馆、渝水区下保村史馆年接待游客近 10 万人次，不少村史馆已成为青少年开展乡土文化教育的第二课堂。

探索"建""管""用"三三工作法

山东省沂源县

2020年7月以来，沂源县以国家档案局"档案工作服务农村基层社会治理"试点工作为契机，充分结合县域档案工作实际，成立试点工作领导小组，出台《关于在全县开展档案工作服务农村基层社会治理试点工作的实施方案》，围绕"镇（街道）、村（社区）普遍建立起规范的档案服务体系，确保村级档案存得下来、管得安全、用得方便"这一工作目标，按照"三级联动、以点带面、分类施策、突出特色"的总体思路，着力破解基层档案工作在"建""管""用"等方面的短板弱项，以试点创建带动基层档案工作全面提升。

一、案例背景

1996年始，沂源县认真开展了村级文件材料整理工作，对全县642个行政村（社区）工作中形成的文件材料进行了整理归档，2013年被评为全省新农村建设档案工作示范县。近年来，在上级档案部门指导下，我县按照"突出重点、树立典型、全面覆盖"的要求，深入推动《村级档案管理办法》的贯彻落实，指导全县镇、村档案工作规范化建设，现已实现村级建档全覆盖，2个镇被评为档案管理科学化测评先进单位，10个镇（街道）达到合格标准。

二、具体做法和成效

沂源县探索创新"建""管""用"三三工作法，以试点推进带动基层档案工作全面提升。

（一）构建"三维框架"，在"建"上谋篇布局

聚焦档案工作主责主业，构建基层档案工作框架，完善基层档案工作管理体系，提升档案管理规范化水平。

1. **统一标准，让村级档案"整起来"**。贯彻落实"四个标准化"建设，印发《关于实行村级档案管理"五统一"的通知》，全面提升档案管理规范化水平。统一归档内容标准，制定《沂源县村务管理档案基本目录》，按照必须归档 10 类 79 项、视情归档 5 类 24 项的统一要求，明确基本标准，减轻基层工作"过度留痕"，确保档案齐全完整；统一档案整理标准，严格要求档案整理各环节人员层层把关，从分类、组卷、装订、盖章、目录编制等方面制定统一标准，开展专项培训，进行精准指导；统一硬件设备标准，充分盘活存量闲置资产，大力改善基层档案工作用房，镇级档案室全部达到"三分开""九防"标准，面积达到 100 平方米以上，并严格按照"六有"标准统一配备了门牌、电脑、打印机、电脑桌、档案柜以及档案用品；统一管理制度标准，做到"严格规范流程"与"因地制宜创新"相结合，制定收集、保管、利用、保密、鉴定销毁等制度，各镇村还自主制定了符合自身实际的 25 项制度，推进依法治档、按制管档；统一档案保管标准，对不具备保管条件的村，将档案统一接收到镇综合档案室，各镇采取业务指导和镇级接收相结合的方式助力提升村级档案管理水平。

2. **一村一特，让村史档案"活起来"**。在全县范围内选取文化底蕴深厚、修志基础较好、村"两委"班子战斗力强的 9 个村，着力打造主题突出、内涵丰富、特色鲜明的村史馆。通过深入挖掘村情村史，充分体现乡土文化和民俗风情的独特底蕴，充分展示人民群众奋斗创业的光辉历程，不断丰富乡村振兴文化内涵。沂源县西里镇张家泉村依托"人民楷模"朱彦夫事迹，将"红色文化"与"档案文化"有效衔接，改造朱彦夫事迹党性教育基地，布展图片 2200 幅、实物 860 件，全面展现朱彦夫感天动地、可歌可泣的英雄事迹，累计接待参观 5 万余人次，已成为区域性党性教育、爱国主义教育和革命传统教育的前沿阵地。

3. **村档镇管，让村级档案"存起来"**。针对农村档案基础薄弱、管理不规范、档案资料不全等问题，在明确村级档案产权不变的前提下，积极探索"村档镇管"模式，建立了镇、村两级档案工作"收、管、用"全流程管理制度，形成了有效联动、长效运行的工作落实机制，明确了村级档案的归属流向，村级档案得到了妥善保管。目前沂源县已在全县各村推行了"村档镇管"，土地确权、脱贫攻坚、民生项目、工程建设、集体资产处置等村级档案均已交由镇综合档案室代管。

（二）突出"三级联动"，在"管"上协同发力

坚持县镇村三级齐抓共管、联动协作，形成了横向到边、纵向到底、上下一体的档案管理网络，为推动档案工作服务农村基层社会治理建立了较为完善的工作体系，提供了坚实的基础保障。

1. 做好"统筹推进"，确保试点"起好步"。召开全县试点工作动员会，印发试点工作实施方案，指导镇街同步制定实施方案，因村制宜研究工作方案，统一思想、明确责任，确保试点工作顺利推进。健全财政投入长效机制，建立县财政拨付、镇村自筹相结合的投入模式，多元化筹措资金，保障镇综合档案室及村史馆的建设。

2. 健全"组织架构"，确保试点"行得稳"。成立由县委分管领导任组长的专项工作领导小组，具体负责政策制定、培训指导、舆论宣传等工作。各镇街均成立档案工作机构，并落实专门办公场所，明确分管领导和专职管理人员，通过购买服务、以干代训、大学生实践等方式先后调用1100人次参与试点工作。各试点村创新探索档案专（兼）职人员、驻村干部、村干部"三员合一"改革，从制度上固化农村档案员的身份和职责，确保档案工作有人管、有人干。

3. 建立完善"督考机制"，确保试点"落得实"。坚持全过程抓督导，县级分管领导定期到一线督导调研，靠前督战指挥；建立常态化评估督导调度机制，县督导指导组通过实地督查、调阅台账等方式，跟进了解进度，帮助协调解决困难和问题，推动试点建设不跑偏、不走样；重视"管过程、看结果"，将试点工作推进情况纳入镇街综合考核，出台《档案服务基层社会治理考核办法》，周调度、月汇总、季通报，倒逼工作落实；在档案管理工作较好的乡镇召开观摩推进会，通过"解剖麻雀"，立起标准和样板，带动全域高质量管档治档。

（三）创新"三种模式"，在"用"上提升质效

认真践行"以人民为中心"的发展思想，找准档案工作与基层社会治理的结合点，做好"档案+"文章，加强村级档案利用，充分发挥档案在服务农村基层社会治理中的积极作用。

1. 探索"档案+治理"模式，服务农村自治。充分发挥档案原始凭证作用，破解乡村治理难题。

一是促进民主公开。下发《加强村级"四议两公开"档案管理通知》，各村均按程序对"三资"管理、村务、财务、会议等档案进行公开公布，既有效保证村民知情权，也搭建起了村民和村委信任的桥梁，促使村民更加支持配合村内各项工作。基于财务档案的及时整理、保管与公开，沂源县正在有序推进"清廉村居"建设，引导群众参与村级事务监管，确保村级工

作阳光运行，为推进农村规范发展、有效治理打下坚实基础。

二是化解矛盾纠纷。注重村级档案，特别是群众关心关切的承包合同、"三资"处置等民生档案的有序管理，发挥档案凭证作用，化解大批积怨已久的历史矛盾纠纷，给群众明白、还干部清白，让村干部履职有了"防火墙"。沂源县中庄镇青龙官庄村在打造"'苹'水相逢乐其中"乡村振兴示范片区的拆迁过程中，因产权不清涉及多户群众利益，村委通过查找档案，找到当年签订的承包合同等档案资料，有力保障了拆除工作顺利进行。

三是维护群众利益。充分发挥档案在身份识别、"三龄两历"认定、待遇落实等方面原始凭证作用，为群众提供全面、准确、权威的档案信息服务，切实维护了群众的合法权益，有效避免了基层矛盾纠纷，让乡村治理更有效。沂源县石桥镇建立基层民兵档案1300份、退役军人档案910份，为相关人员在接续工龄、获取优待、享受政策等方面提供了参考支撑。

2. 探索"档案+民生"模式，服务农村群众。 始终坚持"民生所想，就是档案工作之所向；民生所需，就是档案工作之所趋"的理念，创新"档案+民生"机制，提升基层群众幸福指数。

一是助力脱贫攻坚。将精准扶贫档案管理纳入脱贫攻坚工作的重要内容，对全县所有贫困户住房进行建档立项，甄别、改造危房10234户。沂源县中庄镇通过查找档案，收回大沟村一处闲置宅基地，投入30万元扶贫专项资金帮助本村15户贫困户建成煎饼坊，年收益2.8万元。

二是助力医疗救助。结合全县"我为群众办实事·走千村进万户""大走访大排查大提升暨我为沂源建言献策"活动，为全县独居老人、困难家庭等建立专项档案，配合民政部门做好有关救助工作。沂源县燕崖镇拨付救助金5.8万元，为1200名60岁以上老年人建立"一人一档"健康档案。

三是助力乡村养老。沂源县东里镇沂河南村根据村闲置荒废宅基地档案记录，回收土地40亩，流转土地200亩，建成总面积4000平方米的互助幸福院，入住80岁以上老人37人，探索出一条"以地养老"的农村集体养老新模式。

3. 探索"档案+产业"模式，服务农村发展。 聚焦产业发展，主动为农村企业、合作经济组织等提供档案服务。

一是帮助市场主体建档。围绕企业现实需要，有的放矢开展档案业务调研，全方位指导企业对各类材料进行整理归档。沂源县张家坡镇前瓜峪村开展合作社股份制改革，对合作社在筹建、设立、管理、生产、经营、服务过程中形成的各种文件、记录、合同、协议等进行整理编目，提升合作社规范化水平。

二是助力村集体增收。结合实施村集体经济"清零倍增"专项行动，充分发挥承包合同档案原始凭证作用，创新开展以"清理合同、清算往来、规范监管"为主要内容的农村集体承包合同清理规范工作，理清账目、摸清家底、盘活资源、增加收入，切实为各村解压减负。沂源县中庄镇中庄村在清理规范农村土地承包合同过程中，充分发挥档案作用，共追缴190户、500亩承包地承包费58万元，促进了村集体经济增收。

三是促进"三资"融合。在行政村规模调整中，指导各镇村对"三资"原始凭证、会议记录、资金使用申请单、合同、招投标文书、验收资料、照片等原始资料进行系统整理，摸清存量资产资源底数，精准推动农村集体经济发展。建制调整后的南鲁山镇流水村，整合2个村的资源，以其特有的"高锶水资源档案"为切入点，打造以苹果、草莓为主的"流水锶乡"高锶农业产业示范园，带动村民人均年增收1万余元。

下好档案治理、利用、保障"先手棋"
全力服务农村基层社会治理

山东省昌邑市

2020 年 8 月，潍坊市被国家档案局确定为"档案工作服务农村基层社会治理"个别试点地区，昌邑市柳疃镇常家庄村、后官村，龙池镇瓦东村、马渠村，卜庄镇大陆村、姜泊村被确定为试点村。2021 年 9 月，试点工作顺利通过验收。试点工作的开展有力推动了昌邑市农业农村档案工作制度化、规范化、标准化建设，有效提升了档案安全保管和利用服务水平，助力农村基层社会治理。

一、案例背景

昌邑市是潍坊市下辖县级市，有 6 个镇、3 个街道、1 个经济发展区，690 个行政村，常住人口 56.5 万，拥有"丝绸之乡""苗木之乡""溴盐之乡""华侨之乡"之美誉，是纺织产业基地、铸造产业基地、大姜产业基地、水产养殖基地，先后荣获全国文明城市等多项国家级荣誉称号。在试点开展之前，昌邑市虽然档案工作基础较好，但村级档案管理方面还存在一些问题和不足，主要是：农村社会档案意识不强，对红色档案资源挖掘不够，档案保管和利用工作水平需要进一步提升；档案管理不够规范，有的村没有设置专门的档案室，没有配备专职档案管理人员，容易造成档案资料遗失；档案资料不完整，部分村档案资料收集不齐全、归档不及时；个别村因土地确权、社保补缴、扶贫材料等原始凭证资料缺失引发的矛盾纠纷不断，影响了农村社会和谐稳定，迫切需要对农业农村档案进行规范化管理。

二、具体做法

昌邑市以开展"档案工作服务农村基层社会治理"试点工作为契机，坚持目标导向、问题导向、结果导向，加强组织领导、明确目标任务、细化进度安排，不断提升农村档案整体水平，推动农村档案工作实现新突破、取得新成效。

一是高位推动聚合力。昌邑市委高度重视试点工作，高规格召开全市档案工作会议，第一时间组建县、镇、村三级试点工作领导小组和工作专班，成立县级业务指导小分队，形成了上下贯通、齐抓共管、紧密协作的组织领导体系。制发《昌邑市档案工作服务农村基层社会治理试点工作方案》，明确工作目标、实施步骤、工作要求和保障措施，确保工作有章可循、有序推进。

二是示范引领强驱动。对全市 10 个镇街区、690 个行政村的档案管理情况进行全面摸底调查，选择工作基础较好的 6 个试点村精心打造，推动试点村档案工作实现"从有到优"的转变，进而引领全市村级档案工作规范化实现"从点到面"的转变。

三是突出重点补短板。针对农村档案工作中普遍存在的收集不完整、保管不集中、处置不规范、缺乏长效机制等问题，以"资源建设""安全保管"作为关键突破点，明确村级档案管理基本目标，加强收集、简化整理、完善保管，推进村级档案工作提质增效。突出抓好重点档案保护，指导马渠村、姜泊村通过去污、重拟案卷标题、更换档案装具等方式，抢救重点档案116 卷。狠抓档案安全，各试点村全部建立了档案室，档案库房配置满足档案保管保护需求的空调、湿度控制器和消防用具等设施设备，全部满足"九防"要求，实现建档无盲区、存档有场所、管档有专人。同时，加强档案信息化建设，试点村全部利用计算机开展档案管理，2000 年以后形成的档案均已完成数字化。

四是强化培训促提升。研究制定培训指导方案，安排专人每周到试点村开展培训指导，对档案分类、排序、编页等环节进行具体讲解和现场操作示范，着力提升村档案员工作技能，形成符合治理要求、契合村务管理、满足群众需求的档案业务管理模式。

五是真督实导抓落实。把试点工作列入市级重点督查事项，在试点启动阶段、重点推进阶段、经验总结阶段采取分片指导、下发通报等方式督导推进，让指导督查成为引导试点镇村发挥作用的"号令枪"、督促党员干部履职尽责的"加压器"，有力推动试点工作稳步向前。

三、取得成效

一是服务化解农村矛盾纠纷能力进一步提高。充分发挥与群众利益切实相关的土地确权、社保补缴、精准扶贫等档案的作用，明确权益归属，维护村民合法权益，助力农村社会和谐稳定。参与试点的 6 个村通过查阅村集体建房、租赁合同、产权转让档案，解决矛盾 50 余起，为明确产权关系提供凭证，有效避免了多起纠纷矛盾隐患。

二是红色档案资源保护利用能力进一步提高。在村级档案整理中，深入挖掘村级红色档案资源，加强系统保护和整理，建设了龙池镇渤海走廊革命斗争陈列馆、柳疃镇太平集村徐迈事迹陈列馆、火道村李福泽事迹陈列馆和下乡知青纪念馆，以及姜泊村史馆、瓦东村史馆等红色村史馆 110 余个，这些红色档案宣传阵地在全市开展的党员干部党性教育、中小学爱国主义教育中发挥了重要作用。

三是服务农村产业发展能力进一步提高。注重在文旅产业发展中植入档案元素，进一步提升乡村旅游产业的竞争力和影响力。饮马镇山阳村深入整理博陆山、千年梨园的档案资料，加大宣传引导力度，成功打造 AAA 级旅游景区，累计接待游客 150 多万人次，实现旅游收入 3000 多万元。注重在农村土地利用、项目开发等方面提供档案支持。柳疃镇青阜村在灌溉水网改造建设过程中，先后利用有关管道线路勘察、设计档案 35 卷 700 余件，水库、涵洞、泵站原始资料、图纸 65 卷 305 件，在节省人力、物力、财力的同时，推动项目早投产、早达效，有效提高经济效益。同时，深挖数字档案资源，在生产数据预测、先进设备使用维护保养上下功夫，成功打造柳疃镇青阜村现代农业发展综合体，蹚出了一条农业提质增效、农村美丽宜居、农民增收致富的乡村振兴之路。

四是服务乡村文化振兴能力进一步提高。立足村情实际和特色，深挖村级档案资源，对村居历史沿革、乡贤名人、文明村、文明家庭、族谱等档案资料及时收集整理，进一步完善了文书、实物等档案，留存乡村记忆，充分发挥档案宣传教育功能。参与试点的 6 个村充分利用档案资料，全部建设了村史馆，编研出版了村志、族谱等，并带动全市 150 多个村依托档案资料出版村志，龙池镇编撰的《瓦东村志》被省委党史研究院评为优秀基层志。

规范基层档案管理   提高档案治理效能

河南省长葛市

2020 年 7 月,长葛市全市 12 个镇、4 个街道,363 个行政村(社区)被确定为"档案工作服务农村基层社会治理"第二批整体试点地区。长葛市档案局在上级档案部门和长葛市委的正确领导下,紧紧围绕中心工作,以"档案工作服务农村基层社会治理"试点工作为契机,健全完善农村档案管理体制机制,强化档案业务监督指导,全面提升全市农业农村档案治理能力,取得了良好成效。

一、案例背景

农业农村档案涉及范围较广,试点工作开始前,长葛市村级档案管理水平相对落后,存在档案没有集中统一管理,档案安全保管设施设备不全,档案人员短缺且业务能力较弱等问题。为贯彻落实党中央关于实施乡村振兴战略的重大决策部署以及加强和完善农村基层社会治理的有关要求,长葛市档案局根据国家档案局对档案工作服务农村基层社会治理试点工作的总体部署和省档案局的具体要求,以试点工作为抓手,采取有力措施推进农业农村档案工作步入规范化、科学化、法治化轨道,努力探索研究新时代农业农村档案工作的新模式、新方法,不断提升档案工作治理效能,使基层档案工作与农村基层社会治理同频共振,为乡村振兴战略的实施添砖加瓦。

二、具体做法

(一)高位谋划,统筹推进

长葛市成立由市委副书记任组长的试点工作领导小组,建立试点工作专班,采取分片包镇、包村的方式,及时指导,发现问题、解决问题,统筹推进试点工作。扎实开展前期调研工作,组织档案局、馆业务骨干深入 16 个镇（街道）对档案工作基本情况进行摸底排查深入调研，了解掌握村级档案工作基本现状；赴全国第一批整体试点地区考察，学习先进经验。在此基础上，结合长葛市档案工作实际，制定《长葛市档案工作服务农村基层社会治理试点工作方案》，明确工作目标、工作内容、实施步骤、工作要求等，作为开展试点工作的基本遵循。把档案试点工作纳入市委市政府重点工作督查事项，开展专项督查并形成督查通报10期，先后4次在市委常委会通报档案试点工作督查情况，责令有关单位限期整改。为确保档案试点工作有力有序推进，长葛市制定试点验收方案，以镇为单位进行考核验收，并将验收情况纳入到各镇年度目标绩效考核评分指标。通过在问题上指导、在进度上督导、在机制上保障，全方位统筹推进档案工作服务农村基层社会治理试点工作。

（二）示范先行，以点带面

长葛市按照"1-44-363模式"（"1"是打造一个样板村，"44"是在16个镇办建立44个示范村，"363"是在全市363个行政村全面铺开试点工作）分三步走，循序渐进开展试点工作。第一步，集中专班工作力量，先行把坡胡镇水磨河社区打造为全市试点工作的样板村，组织各镇（街道）开展观摩推进活动，现场教学、现场答疑，深入学习和广泛推广水磨河社区工作经验和方法。第二步，在全市建立44个示范村，打造标准化档案室，编制《档案工作服务农村基层社会治理试点工作手册》，明确档案收集、分类、编页、装订、排序、著录等程序，整理1999年以前档案217盒，443卷；2000年—2020年档案3292盒，15441件；照片档案39盒；基建项目类档案33盒；疫情防控档案22盒。第三步，在做好以上工作的基础上，以点带面，在长葛市所有镇（街道）、村（社区）迅速铺开试点工作，确保整体试点工作快速有序推进。

（三）规范引领，夯实基础

长葛市成立县、乡、村三级档案工作领导小组，镇（街道）党委书记为第一责任人，村支部书记为具体责任人，形成村档村管、镇（街道）统管、市级监管的三级管理网格，聚焦规范化建设，夯实基层社会治理的档案工作基础。

一是建好制度促规范。依据新修订《档案法》《村级档案管理办法》要求，结合本地实际，修订完善《档案人员岗位职责》《文件材料归档制度》《档案库房管理制度》等9项制度，做到依法治档，按制度管档，规范和提高档案管理水平。

二是列出清单明方向。由长葛市档案局牵头，联合组织、宣传、民政、农业农村、司法等部门，深入研究基层组织建设、村民自治管理、民生保障治理、村重大事项活动等各类工作档案资料，出台《长葛市村务管理档案基本目录（清单）》，目录清单包含7类107项，明确村级归档文件目录及保管期限，确保村级档案收集完整、归档准确、管理规范、利用便捷。

三是灵活培训提能力。精心制定培训指导方案，改变单纯教学模式，畅通镇、村互动交流渠道，采取现场观摩、实地查看、分片培训等方式现场教学。选取业务骨干分片包镇、包村，以镇（街道）为单位，把镇（街道）、行政村（社区）档案人员集中到一个村进行示范讲解、操作实践。先进村对后进村、老档案员对新档案员进行"传帮带"，确保档案人员熟知工作流程、掌握工作方法、提升工作效能。

（四）立足实际，形成特色

长葛市找准档案服务乡村治理着力点，立足各镇、村特色文化、产业和档案资源禀赋，突出"一村一景"，加强特色档案的建立和收集。在矛盾调解、乡村产业、文化历史等方面积极探索档案服务基层社会治理新模式。老城镇辘轳湾社区探索"百姓查档不出村"模式，结合"说事评理议事"、"经济纠纷"、"老人赡养"内容，建立"矛调中心"专题档案，村民不出社区就能找到依据、解决民生问题；董村镇高车贾村收集整理从明朝万历年间至今制作木杆秤的工具建立木杆秤制作技艺展藏馆，完整展现木杆秤的制作过程，从纯手工打造到精准机械制造，展现衡器之乡的发展历程；增福镇增福庙社区、大周镇后吴社区以档案为支撑倾力打造集村史展示与乡村文化旅游景点于一体的村史馆，收集村民和人居环境老照片、老物件、本村规划建设图等，通过今夕对比，记录村容村貌和村民生活的巨大变化，全面展现改革开放以来农村发展变化历程；长社办事处刘麻申社区根据集体经济、文化戏曲、人文环境、公益事业档案资料，建立文化艺术村史长廊、健康主题公园、村史荣誉室，成为文明乡风和民俗文化传播的重要场所。

三、取得成效

通过试点工作，长葛市12个镇、4个街道、363个行政村（社区）实现档案室标准化建设全覆盖、合格建档全覆盖、收集整理全覆盖，有力提升档案服务农村基层社会治理水平。

（一）基层档案管理更加规范

长葛市村级档案工作组织管理得到强化，档案管理职责更加明确，基层干部群众对农村档案工作有了系统全面了解，村两委工作效能提升明显。村级档案室"五有""十防"建设均已达标，各村文件材料归档制度、档案保管制度等村级档案管理制度进一步完善细化，村级档案规范保管得到有力保证。通过大范围的培训指导，乡村两级基层档案工作人员业务能力得到锻炼提升，较好掌握了档案工作的专业技能，为常态化开展村级档案工作打下良好人才基础。

（二）档案服务基层社会治理更加有效

长葛市所有镇（街道）、行政村（社区）建立了档案目录数据库，为本村各类组织及村民提供档案查阅利用服务，做到了管用并重。棚户区改造、征地拆迁、不动产登记、土地承包经营权确权登记等保障农村居民切身利益的档案资料得到了及时全面规范的收集、整理和保存，有效推动化解各类矛盾纠纷600余起。建成村史、民俗、新乡贤荣誉室36个，年均接待参观5000余人次，乡村历史得到了有效记载与传承，满足农村基层治理需要的同时，为群众增添了更多的归属感、获得感和幸福感。

（三）档案服务基层经济发展更加有力

长葛市聚焦乡村产业兴旺，通过挖掘搜集整理村集体经济档案和新乡贤档案资料，为农村合作经济组织、企业提供档案支持。如长社办事处刘麻申社区有效利用土地承包、集体经济档案，与40余家优质企业签订租地协议，带来年均经济效益30万元；大周镇双庙李村在外经商新乡贤回乡办厂创业，筹资200万成立集体经济股份合作社，带动全村100余人就业；新魏庄村在外从事规划设计工作的新乡贤，对村内河堤绿植造型和沿河景观进行设计，使其成为全镇一道靓丽风景线。

推进村级档案规范化建设
积极服务农村基层社会治理

湖北省大冶市

近年来，大冶市经济社会快速发展，基层社会治理水平不断提高，档案在规范基层治理、化解社会矛盾中的作用日益凸显，人民群众的档案意识也日益提高。但农村基层档案工作中依然存在资源收集不完整、保管不集中、处置不规范、缺乏长效机制等问题。针对这些难题，大冶市聚焦农村基层社会治理，在还地桥镇实施推进了"档案工作服务农村基层社会治理"试点建设，坚持高站位谋划，将试点工作作为档案工作服务决策、服务发展、服务群众的重要抓手，切实做优顶层设计、创新工作方法、强化制度建设，创造了可复制可推广的大冶经验。

一、案例背景

大冶市是黄石市代管县级市，位于湖北省东南部，国土面积 1566 平方公里，辖 10 个乡镇、4 个城区街道办事处、1 个国家级高新区和 1 个国有农场，总人口 96 万。按照国家、省和黄石市档案主管部门的安排部署，大冶市持续推动工作重心向基层倾斜，以村级档案规范化建设为抓手夯实农村基层档案工作，提升档案共建共享水平，以点带面推动档案工作服务农村基层治理能力现代化建设，助力乡村振兴。

二、具体做法

（一）加强组织领导，强化支持保障

黄石市高度重视档案工作服务农村基层社会治理试点工作，把试点任务安排在大冶市还地桥镇开展，在该镇下辖的 33 个行政村（社区）全面铺开。大冶市、还地桥镇和镇辖 33 个行政村（社区）加强三级统筹协调，畅通协作运行机制，压实工作责任。

一是坚持高位推进。黄石市委主要负责同志专门作了批示部署，成立了由大冶市委市政府分管领导任组长，档案、民政、农业农村、财政、还地桥镇等部门为成员的试点工作领导小组，印发了《大冶市档案工作服务农村基层社会治理试点项目实施方案》，形成了"党委政府领导、涉农部门合力推动、市镇村联动落实"的推进机制。

二是突出上下贯通。大冶市将档案工作纳入年度工作绩效考核内容，与经济社会发展同部署、同推进。建设"市—镇—村"三级档案管理网络，形成密切配合、上下互动、整体贯通的运行机制。档案部门强化上下沟通、综合协调，制定了农村基层档案业务建设联动协作服务制度，做好村级档案管理工作的衔接协调、联系沟通、信息共享，促进村级档案共建共享；加强业务指导，开展联合检查调研，共同解决村级档案管理工作中的难题。

三是强化支持保障。针对基层档案工作基础薄弱、意识不强、人员不稳等问题，着力落实资金保障、加强队伍建设和提升业务能力，强基固本、砥砺拓新。大冶市列支 22 万元村级档案建设以奖代补资金，还地桥镇投入了200 余万元专项工作经费，用于试点建设。还地桥镇各村（社区）明确了档案工作管理责任，配备专兼职档案管理人员，积极作好档案"收、存、管、用"工作。档案部门通过现场教学、专题辅导等形式对 33 个行政村（社区）开展全流程业务指导，切实提升了档案管理人员业务水平和法治意识，确保试点工作有序推进。

四是建立长效机制。积极探索、建立完善村级档案工作长效机制，档案部门与农业农村局、民政局联合出台《关于加强我市农业农村档案工作的意见》，确保村级档案工作有章可循、有规可依。印发《关于进一步规范农村基层档案管理工作的通知》，明确了村级档案建设的总体要求、原则目标、建设标准、结果运用等内容，确保村级建档工作持续在规范化、标准化的轨道上运行。

（二）坚持整体推进，夯实基层基础

按照"抓示范、树标杆、带整体"的思路，制定时间进度表、任务路线图，扎实推进镇村档案规范化建设。

一是创新管理模式。通过实地走访、座谈交流等形式深入开展调查研究，全面掌握村（社区）档案管理工作基本现状、难点问题和建设需求，在此基础上综合梳理分类，按照"标准化+数字化"要求，确定规范化档案室、"五有"档案室和"村档镇管"三种模式，解决村（社区）档案怎么建、如何管的问题。

二是加强基础建设。以还地桥镇档案馆为平台，推行镇村一体化档案管理体系建设格局。坚持因地制宜、规范管用的原则，镇级和33个村（社区）投入资金，重点建设村级规范化档案室3个、"五有"档案室27个，3个村实行"村档镇管"，总计建成档案库房30间、面积1200余平方米；配置必要的档案柜、目录柜、除湿机、电脑、空调等设施设备，切实解决了村级档案"存得下来、管得安全、用得方便"的问题。

三是制定目录清单。结合《村级档案管理办法》，针对村（社区）党务、村务、财务等基层管理治理事项，建立村级档案基本目录，实行一村一清单。制定了《大冶市村级基层治理档案基本目录》《大冶市村级档案分类方案、文件材料归档范围和档案馆保管期限表》《大冶市村级档案工作业务建设规范》，还地桥镇和各村结合实际制定了相关制度。

四是优化档案资源。引导镇村抓住档案资源这个关键，对村（社区）形成的文件材料进行有效收集保管。目前还地桥镇档案馆馆藏档案34797件（卷），其中，文书档案22013件、专业档案8740卷、实物档案920件。33个村（社区）共收集整理各类档案83437件（张），其中文书档案51719件、专业档案22837件、实物档案2913件、声像档案2037张。镇村两级档案全部进行了数字化处理，推动了档案信息化工作。

五是筑牢安全屏障。构建人防、物防、技防三位一体的安全防范体系，强化档案室"十防"措施，加强档案数字化建设和管理，筑牢档案工作基础，全面提高镇村两级档案工作规范化水平。

三、取得成效

（一）发挥试点示范作用，提升档案工作水平

档案工作服务农村基层社会治理试点工作的开展，在大冶市农村产生示范带动效应，村级档案工作基础得到夯实，促进了农村基层档案事业发展。

一是示范引领作用得到凸显。还地桥镇试点工作经验为大冶市做好农村档案工作注入了活力，提升了档案工作社会影响力，基层档案意识不断提升、档案工作热情不断激发。大冶市抢抓机遇、趁势而上，以还地桥镇试点工作为基础，实施了农村基层档案建设"三年行动计划"，大力推广复制试点工作经验。档案部门积极指导各乡镇、街道办事处全面抓好村级（社区）规范建档，有效推动了《村级档案管理办法》《城市社区档案管理办法》在基层贯彻实施。

二是村级档案工作基础不断稳固。以提升村级（社区）档案规范化建

设为总要求，全面总结推广"还地桥模式"。2021年底大冶市完成全部322个行政村、59个社区的档案规范化管理工作，建成2个乡镇档案馆。目前，大冶市全面落实"市—乡—村"三级档案管理体系，乡镇和街道办事处强化档案工作目标管理考评机制，村（社区）全面压实档案管理责任，试点工作成果不断巩固。12个乡镇（街道）通过档案工作目标管理省一级考评、2个通过省特级考评，12个村（社区）通过省一级考评。

三是农村档案工作服务水平不断提升。通过村级档案规范化建设，基层组织的档案工作能力、档案管理服务水平和广大群众的档案意识得到全面提升，村级档案在服务基层社会治理、助力乡村振兴等方面的积极作用得到进一步发挥。比如金山店镇火石村利用档案展厅展示地方特色农副产品，开通"直播间"，助力群众增收。刘仁八镇大董村利用特色档案资源，打造乡风文明宣传主阵地，发挥了爱国主义教育作用。

（二）服务社会治理，助力乡村振兴

积极发挥村级档案在基层治理体系中的重要作用。

一是档案凭证作用更加突出。近年来，镇村两级对脱贫攻坚、疫情防控以及家庭承包地、宅基地、林权制度改革等文件材料进行收集、整理归档，解决了群众在房屋拆迁、土地确权等工作中的实际问题，将多起纠纷问题化解在萌芽中。大井村杜某某兄弟二人通过查询土地确权档案，解决了家庭承包地的继承问题；郭桥村胡某某通过查询村档案，完善了工作履历，顺利地办理了退休手续。

二是档案服务经济更有活力。积极探索"档案服务+社会治理+产业发展"模式，为群众致富提供档案服务。土库村在成立水产养殖合作社时，通过利用村级档案，解决了水域归属问题，建成了一个百亩水产养殖基地，年收入达30万元。

三是档案文化活力更加彰显。注重发挥档案文化在推进乡风文明，保护乡村传统文化，促进精神文明建设方面重要作用。土库村挖掘民间文化档案，动员村民保管好村规民约、历史名人、文化礼堂等文化资源，全面盘清村落家底，主动收集、记录村落的各类原生态信息，充实本地特色档案资源，编撰了《土库村村志》。大井村收集展示了拳谱、武术名人资料、习武道具等实物档案百余件，完善了村史、组织沿革，擦亮了"传统武术之村"文化符号。军山村展陈了村民根雕、书画作品，展现了地方深厚文化底蕴。这些做法对提升基层群众文化自信、留住乡情、记住乡愁起到重要作用，为农村基层精神文明建设注入了内涵和活力。

多元融合助推档案升级　共建共享服务基层治理

湖北省宜都市

近年来，湖北省宜都市城乡融合发展快速推进，群众利益诉求更加多样，基层社会治理形势更加复杂，档案在化解社会矛盾中发挥的作用更加凸显。宜都市以推进长江经济带乡村建档试点为抓手，持续推进基层档案治理体系和治理能力现代化，不断满足基层治理和群众需求，形成了以"绿档""数档""志档"融合为特色的档案服务基层治理新格局。

一、案例背景

宜都市是宜昌市代管县级市，位于湖北省西南部，长江中游南岸，辖10个乡镇（街道），123个村、32个社区，常住人口38万人。近年来，宜都市先后荣获全国文明城市、国家森林城市、全面建成小康社会优秀城市等称号，位居全国县域经济百强榜单第68位。

2011年，经国家档案局、民政部、农业部评审，宜都市成为全国第一个社会主义新农村建设档案工作示范市，实现全市123个行政村"七有"目标（有档案室、有陈列室、有档案装具、有档案、有制度、有人管、有档案管理系统），基本实现了农村档案资源共享。

《村级档案管理办法》颁布实施后，在省、市档案主管部门的指导下，宜都市以长江经济带乡村建档为抓手，加强村级档案工作，将长江沿线的陆城街道、枝城镇、红花套镇、高坝洲镇、姚家店镇及所辖村（社区）纳入建档范围，以落实中央办公厅、国务院办公厅《关于加强和改进乡村治理的指导意见》为契机不断探索，形成"一镇一品"特色档案工作格局。

二、具体做法和成效

（一）做优顶层设计，凝聚齐抓共管群智合力

一是科学规划，构建责任体系。宜都市将加强民生档案工作纳入本地

档案事业发展规划，建立以宜都市档案馆为核心，乡镇、部门为节点，村（社区）为末梢的民生档案管理体系。在开展长江经济带乡村建档工作中，进一步完善机制，按照档案工作统一领导、分级管理原则，发挥党管档案优势，由市委常委、市委办公室主任统筹，市委办公室分管副主任牵头、档案馆馆长主抓；乡镇一级由镇长负总责，分管镇党委委员直接抓；村（社区）一级由书记领办，档案员具体负责，同时明确 1 名资料员，设立 AB 岗，全面构筑上下贯通、齐抓共管、紧密协作、执行有力的三级联动档案工作网络。

二是部门协同，凝聚工作合力。加强对乡村历史面貌、发展过程、人口、土地、地质地貌、水文、生态治理、民风民俗、著名人物等档案资料的收集，联合民政、农业农村、自然资源和规划等部门制定民生、村镇建设、环境治理等领域档案工作业务规范，推动农村档案工作规范化、标准化建设。

三是因地制宜，打造建档品牌。针对各乡镇不同情况，因地施策、分类指导，在完成乡村建档工作任务基础上，形成了"一户一档"融合文明诚信建设的陆城街道家庭建档模式、全镇集中发包购买中介服务的红花套镇档案工作模式、有效推动镇村志文化工程的高坝洲镇志档结合工作模式、"乡管村用、换届移交"的姚家店镇乡镇档案馆建设模式、发掘本土文化联村共建村史馆的枝城镇渔民记忆成果模式，通过立典型、推做法，引导地域文化、经济条件相近的镇村复制成功经验，建立地域档案特色品牌。

（二）"绿"档融合为基，稳步拓展共建共享内涵

通过长江经济带乡村建档试点，宜都市 5 个乡镇 20 个村形成并收集档案信息数据及实体档案 10.61 万件，视频 161.5GB，照片 4100 张，其中特色档案 64 卷，声像照片 577 张，视频 26 个，总数据 9.15GB。在此基础上，宜都市进一步探索开展生态文明建档工作，由前期注重收集沿江镇村落实"共抓大保护、不搞大开发"精神，开展长江大保护工作的成果资料，向丰富基层文化、方便群众利用理念转变，从生态文明档案含绿量向服务群众含金量跃迁。

一是拓宽基层建档范围。通过发放问卷调研，找准群众查档办事痛点、堵点、难点，围绕基层群众最关心、最直接、最现实的利益问题，抓好农村社保、合作医疗、农村教育、劳动就业等民生社会事业领域的档案资源建设，确保群众用档查得到。同时围绕基层群众上学、毕业、工作、入党、结婚、退休、死亡等全生命周期，规范建立学籍、工龄认定、婚姻、离退休、殡葬等门类档案，确保群众事情办得好。陆城街道尾笔社区在宜都市政法部门和档案部门的指导下为 1445 户居民全部建档，参照人事档案管理，形成以家庭为单位集居民家庭成员信息、享受政策情况等内容的民情档案，同时记录家庭成员文明诚信行为及违规失信行为。截至 2022 年 5 月，陆城经验已推广覆盖宜都市 155 个村（社区），117511 户家庭。

二是丰富基层建档主体。从仅靠档案员收集资料，到依靠规范制度建立管理组织，同时通过"魅力宜都"图片资料征集、家庭建档、方言建档、楚菜建档等多样活动，村（社区）志愿者、居民农户都被纳入建档主体范畴，形成"人人都是档案员"的良好氛围，引导各类主体参与到基层档案治理实践中去，推动工作向基层下移。通过引导社会力量、民间组织主动参与家谱宗谱、老物件、老照片等珍贵档案史料的抢救性征集，打造承载乡愁记忆的地情资料库。如位于陆城街道红春社区的宜都正国红色博物馆总建筑面积 4467 平方米，展厅面积 3667 平方米，总投资 3000 多万元，馆藏历史文物、革命文物、民俗文物三万余件。在档案部门指导下，建成宜都红色记忆展厅，展出红色藏品 500 余件，成为当地的红色教育基地。

三是找准建档重点领域。紧紧围绕产业兴旺，抓好生态农业、绿色农产品、乡村旅游、农业科技创新、新型农业经营主体等建档工作；围绕生态宜居建设要求，做好农田水利、乡村道路、农村电网、小城镇建设、美丽乡村等档案建设；围绕乡风文明，建好村规民约、乡贤名人、民俗文化、古镇名村等档案。2021 年宜都市档案部门探索建设地方名人馆，收入"中国好人"、中国民间故事家徐荣耀同志 80 卷册 1031 件（张）珍贵家庭档案，并指导正国民俗博物馆设立"徐荣耀故事人生"专厅，接待参观逾 1000 人次，在群众中营造知贤、颂贤、学贤、崇贤风尚，更好发挥乡贤名人智库榜样作用。

（三）"数"档融合为媒，互联互通发挥平台效应

长期以来，宜都市坚持数字带动战略，积极推广覆盖全市 10 个乡镇（街道）、155 个村（社区）的宜昌市县乡村文档一体化系统，并以此为依托持续推动国家示范数字档案馆建设，主动融入宜昌市跨馆查档服务体系和全国档案查询利用服务平台，以档案资源数字化为基础、档案共享利用为目的，将查档服务延伸到乡镇（街道）、村（社区），将村级档案利用纳入便民服务事项清单，实现"一口受理、一站服务、10 分钟出查档结果"三个"1"服务模式，让数据多跑路、群众少跑腿，打造老百姓家门口的档案馆和数据归集、查阅中心。截至 2022 年 6 月，宜都市档案馆馆藏档案 62 万卷

（件），数字化率达 81%，其中涉农部门和各乡镇档案 3.5 万卷（件），招工、婚姻等民生档案占比 41%。同时完成馆藏 1990 年以前共计 45156 卷档案的开放鉴定工作，延期向社会开放 8675 卷。自"宜昌市县乡村文档一体化系统"上线以来，已提供档案查阅 3.8 万人次，出具相关证明材料 2 万余份，为群众解决矛盾纠纷、生产生活、创新创业等实际问题 1 万余个，真正发挥社会治理"档案小脑"作用。

（四）"志"档融合为径，文化赋能讲好宜都故事

依托基层新时代文明实践中心建设，整合盘活档案史志资源，找准切入口，推进建档与修志工作共促共进，形成立体式乡村记忆。通过出版镇村志书、家谱传记等文化产品，展示农村发展变迁、家族兴衰、人物成长等历程，其中高坝洲镇《青林寺村志》入选首批中国名村志，有效打响镇村知名度。同时，通过以档修志、以志存史，引导建成了一批反映历史文化、传统民俗、特色产业的乡情村史陈列室、乡村记忆展示馆，丰富了农村精神文化生活。枝城镇白水港村以渔民上岸后形成的实物档案打造出"渔民陈列室"，独具特色的渔文化场所记录了百年渔村历史，展现出渔民过去的生活和退捕上岸的历程。湖北省档案局组织全省档案行政管理工作培训班参训人员在此进行现场教学，获得一致好评。此外，通过借助科研机构等多方力量，有效利用基层档案资源，开发各类文化创意产品和影视产品，借助"融媒体"，将档案文化延伸至更广空间，实现乡村文化和历史的永久保存和跨时空传播，唱响宜都好声音。

"三个下沉"创示范

湖南省长沙县

长沙县地处长株潭"两型社会"综合配套改革试验核心地带，是全国18个改革开放典型地区之一，在全国县域经济与县域综合发展中排名第5位，连续15年荣获中国最具幸福感城市（县级）。2020年3月以来，长沙县作为"档案工作服务农村基层社会治理"第一批试点地区，按照新修订的《档案法》和习近平总书记关于档案工作四个"好"、两个"服务"的重要批示精神，立足县域实际，积极创新工作举措，着力将档案工作、信息技术、社会治理有机融合，不断拓展服务领域，丰富服务内容，深化服务效果，切实打通档案服务基层群众"最后一公里"。

一、档案治理体系下沉到村一级，提升管理效能

（一）健全村级档案工作制度

县档案局通过制定一系列文件，建立档案工作的政策支持和长效机制。制定《长沙县档案工作服务农村基层社会治理试点工作实施方案》《长沙县档案工作服务农村基层社会治理遴选方案》，采取镇村自愿申报，县档案局组织遴选会邀请专家评审的方式，选取基础好、保障强的村开展工作，形成"申报—遴选—评审—实施—验收"的闭环工作流程。根据《村级档案管理办法》，结合实际制定村级档案工作分类大纲、村务管理档案基本目录、文件材料归档范围和档案保管期限表，健全村级档案工作制度。

（二）健全档案工作三级管理网络

长沙县通过建立完善的县、镇、村三级档案工作服务农村基层社会治理管理体系，形成了一级管一级、层层抓落实的良好工作局面。在县级层面由县委办主任领头抓，县档案局局长负责抓，县委办档案科具体抓；在镇街层面由镇街行政一把手领责落实，分管班子具体推进；在村级层面由村党组织

书记领办、档案员执行，切实打通县、镇、村管理壁垒，实现村级档案工作有人负责、有人来管。

（三）健全目标绩效考核机制

明确至 2025 年全面完成全县行政村（社区）档案工作服务农村基层社会治理标准化建设的目标，通过建立健全试点效能考核机制，将考核结果与年底镇村绩效考核挂钩、与村级档案工作经费支持挂钩，县档案局对县直机关、镇街绩效考核占全县考核 2 分分值，档案工作服务农村基层社会治理考核结果分为优秀、合格、不合格三个层次，分别给予 20 万、10 万、不予补助三个层级的激励，极大地调动了镇村两级推动档案工作的积极性。同时还将试点工作纳入县委推动高质量发展专项行动项目，强力夯实农村档案工作基础，确保既定目标任务顺利完成，切实提升档案工作服务农村基层社会治理效能。

二、档案资源建设下沉到村一级，拓展广度深度

（一）保障到位，有序推动档案工作全覆盖

长沙县将档案工作服务农村基层社会治理明确写入档案工作"十四五"规划，每年将投入专项经费不低于 300 万元，按照条件成熟一批建设一批的原则，计划五年时间实现全县档案工作服务农村基层社会治理专项工作村级全覆盖。经过 2021 年、2022 年两年试点工作，目前已经有 68 个村（社区）顺利开展相关工作。同时，县档案局选派专业人员驻村帮扶，全程指导村级档案管理、档案室改造、展厅设计等工作，及时解决遇到的困难问题，全面加强村级档案收集、整理、保管、利用和信息化工作。

（二）建设平台，高效推进档案资源共建共享

2020 年，长沙县投资 1200 万元，建设全县档案数字化平台，投入 200 万元启动"区块链+全国示范数字档案馆建设"。充分利用"区块链+政务协同办公平台"，在 AK 环境下探索档案一键归档模式，加快电子文件归档工作进程。在试点工作中，长沙县立足县级层面的档案数字化平台，创新开展"家门口档案馆"建设，利用区块链技术优势，将脱敏后的群众婚姻档案、林权档案、土地档案等档案数据"上链"，在村一级部署自助查询终端平台，通过电子政务网进行安全联通，村民不出村即可查询并打印所需档案资料。

（三）广泛宣传，普遍提升基层群众档案意识

长沙县推进村级档案工作之余，还不断探索加强村级档案理念宣传工

作，让档案工作从"养在深闺人未识"到"飞入寻常百姓家"。例如长沙县果园镇结合智慧果园建设项目，在电信网络电视端口设置"走进档案"栏目，制作档案科普宣传片，惠及群众2.6万余人，实现档案网络入村入户，村民档案意识不断增强。

截止2021年底，长沙县共收集整理了各类村级档案超过11万卷（件）、2.4万余盒，为服务乡村振兴、推进村务公开、提升社会治理能力打下了良好的资源基础。

三、档案开发利用下沉到村一级，提高服务质量

（一）深挖红色资源，讲好红色故事

长沙县始终牢记"要把蕴含党的初心使命的红色档案保管好、利用好"，坚决履行守护好、传承好红色档案资源的历史使命和政治责任，不断用好用活红色资源，讲好红色档案故事。开慧镇葛家山村依托全国最早的农村党支部——杨柳坡支部，举办了"我的代号是'杨柳'红色葛家山史迹陈列"展，以"坚定理想信念""诠释绝对忠诚""不忘初心使命"3个篇章呈现葛家山杨柳坡支部党员群众的光荣过往，让革命遗址遗迹"活"了起来。北山镇利用档案讲党的故事，精心筹划了"档案话北山——赵一曼英雄事迹"进机关、进社区、进校园专场宣讲活动，通过档案故事让英雄形象深入广大群众心中。果园镇田汉社区拥有国家AAAA级旅游景区、湖南省爱国主义教育基地——田汉文化园，内设"杰出的人民艺术家"田汉生平业绩陈列展，布展面积达2630平方米，综合运用实体档案、影像档案，全面展示田汉同志生平业绩、人格风范和文学艺术成就，通过深挖活用红色档案资源，唱响了爱党爱国的"好声音"。

（二）围绕社会关切，服务村级治理

找准制约基层社会发展的矛盾点与基层人民群众的关切点，发挥档案存史资政育人功能，为村级治理提供决策参考。新冠肺炎疫情防控初期，各村级档案室通过档案资源寻找2003年防控SARS的工作举措、经验做法，为上级党委政府研判决策当好参谋助手。在巡视巡查、审计全覆盖的常态下，村级档案室充分利用财务、会计档案，为巡查审计工作依法依规高效开展提供了原始依据。果园镇新明村整理的土地确权档案，在解决土地流转、征收、村民安置等问题，服务地方规划建设与经济发展方面，起到了关键作用。近5年来，通过数字化平台以及自助查询终端查档的群众超过了5万余人次，调阅档案8万余卷次，大量社会问题得以解决，群众切身利益得

以保障。

（三）彰显地方特色，传承历史民风

长沙县鼓励各镇村发挥各自地理优势、人文优势，广泛收集或动员村民捐赠有价值、有特色的实物档案，吸引社会力量参与，在具备条件的村（社区）打造了一批"一村一特"展览点。金井镇双江社区利用当地民间独特的传统艺术和丰富的文娱生活，创新打造了非遗实物档案展厅，展出了历史悠久工艺精美的滚灯车、锣鼓亭子、狮头面具、火龙等一系列非遗实物档案，通过档案彰显了地方特色，保护了非物质文化遗产，传承了民间传统艺术。果园镇新明村建成了民生实物档案展厅，收集实物档案200多件，从"红色传承""文化延绵""农耕传承""岁月留痕"四个方面进行展示，至今已接待参观群众近4000人次，成为保护民俗文化、传承乡风文明的重要阵地。

"五四三"工作法

湖南省浏阳市

　　加强村级档案管理和开发利用是档案事业发展的重要内容，也是提升基层治理水平的有力抓手。浏阳市地处湘东，辖 32 个乡镇（街道）、326 个村（社区），面积 5007 平方公里，人口 149 万。2021 年以来，浏阳市对标国家档案局开展"档案工作服务农村基层社会治理"试点工作要求，以全面推进村级档案管理规范化、示范化建设为抓手，创新开展村级档案管理服务乡村振兴和农村基层社会治理工作，充分发挥档案工作在服务民生、助力乡村振兴和基层治理中的重要作用。

一、推动"五纳入"，在强化统筹中凝聚档案工作合力

　　浏阳市委、市政府高度重视村级档案管理，以"五纳入"为切入点，统筹推进村级档案管理规范化、示范化建设，为档案工作更好服务乡村振兴和农村基层社会治理打下了坚实基础。

　　一是将村级档案管理规范化示范化建设纳入浏阳市"十四五"发展规划，明确到 2025 年完成全市 326 个村（社区）全面建档和村级档案室规范化示范化建设，增强了全市档案工作的整体性、协同性。

　　二是将村级档案管理服务乡村振兴和农村基层社会治理工作纳入浏阳市年度重点改革任务，分批推进。2021 年完成了 16 个示范化档案室、50 个规范化档案室建设，为村级档案管理规范化示范化建设的全面铺开提供了蓝本。

　　三是将村级档案室规范化示范化建设纳入浏阳市政府投资计划，市财政安排 1000 万元奖补资金，分 5 年拨付到位，为村级档案室建设提供了强劲支撑。

　　四是将村级档案管理工作纳入浏阳市人大《中华人民共和国档案法》

执法检查重点内容，针对存在的问题和薄弱环节，提出书面整改意见，跟踪督办，有力推动了村级档案的依法管理。

五是将村级档案管理纳入浏阳市纪委乡村振兴监督执纪的重要内容，对村级党建、财务、小微工程项目等档案工作提出了明确要求，不定期开展执纪检查。

二、做到"四规范"，在强基固本中提升档案工作水平

浏阳市将村级档案管理规范化示范化建设作为乡村振兴战略实施中的一项基础性、支撑性工作来抓，坚持"一张蓝图绘到底"，推动村级档案工作向制度化、规范化、现代化迈进。

（一）规范档案收集整理

按照"应收尽收、应归尽归、突出重点、彰显价值"原则，浏阳市对村级档案的收集范围、保管期限、分类方案、整理标准等内容逐一明确细化，对档案的收集、整理、交接等环节进行统一规范，实现了村级档案工作全程有章可循、依规而行。同时，按照"一村一品突出特色、五有一集中全面覆盖"的要求，对村落历史变迁、民俗文化等资料进行了收集整理归档，真正做到将村级档案全面收集好、保管好、留存好。大瑶镇杨花村为每家每户建立了乡风文明诚信档案，将移风易俗、志愿服务等行为终身记录下来，凝聚乡村振兴正能量。北盛镇乌龙新村注重旧农具等"老物件"的收集，并利用这些实物档案重现了"稻鱼共生系统"运作模式及本地农耕文化历史。

（二）规范档案室建设

对标新时代档案事业发展要求，不断完善村级档案室的硬件设施，努力打造标准化、数字化的档案管理阵地。针对部分村（社区）仅有一层或两层办公楼的现实条件，选派专人到现场进行踏勘，指导村（社区）科学选择档案用房、科学布置档案展陈。截至目前，浏阳市已创建的规范化、示范化村级档案室，均实现了档案库房、查阅用房和整理用房"三分开"，档案装具、温湿度调控、防火防盗等设备符合国家标准，并配备有计算机、打印机、存储设备等全套办公设备，为后续村级档案信息化工作的开展奠定了基础。

（三）规范档案保管与查阅

召开全市村级档案管理服务乡村振兴和农村基层社会治理工作会议，组织全市乡镇（街道）、村（社区）档案员前往浏阳市档案馆，在档案库房和

查阅大厅现场观摩，学习借鉴其在档案保管与查阅方面的科学做法。目前，浏阳市镇村两级在档案保管方面已做到档案室内消防设施齐全，档案资料排列整齐、美观规范，并有管理人员定期对档案室及档案进行安全检查和维护；查阅方面做到索引标示清晰准确、检索工具标准实用、查档手续及时完备、数据存储安全可靠。

（四）规范档案人员培训与指导

建立健全市、镇（街）、村（社区）档案管理网络，形成有效规范的村级档案管理工作机制。每年集中开展全市新任档案员业务培训、"6·9"国际档案日专题宣传等活动，采取理论授课与案例教学相结合的方式分级分类培训、按需精准施教。在村级档案员微信群上传档案知识和业务操作视频，实时解答村级档案员在工作中遇到的困难与问题。强化指导与检查，督促镇（街）档案管理人员加强对辖区村（社区）档案的收集、整理、保管、移交、利用等工作的监督指导，确保村级档案管理人员熟悉档案业务，制度落实到位。

三、力求"三做活"，在优化服务中促进档案开发利用

浏阳市档案部门紧紧围绕全市经济社会发展大局，加大档案开发利用力度，更好地服务党和国家工作大局、服务人民群众。

（一）做活"最多查一次"便民文章

着力打造"家门口的档案馆"，建设村级查档平台，积极推动村级民生档案数字化，让村级档案查阅更加高效便利。同时，通过"互联网+政务服务"平台，实现数字档案的跨部门查阅和在线接收，并依托"浏阳掌上档案馆"实现了档案信息服务利用、政府公开信息查询向村（社区）延伸，村（居）民凭有效证件可自助查询开放档案目录、政府公开信息以及婚姻档案、山林确权档案、退役军人档案等与自身利益相关档案，真正做到了主要民生档案查阅不出村（社区）。

（二）做活"乡村记忆"传承文章

紧紧围绕"乡村记忆"主题，指导各村（社区）进一步挖掘档案蕴含的文化内涵，将独具特色的乡村传统民俗、历史文化资源进行整合，着力打造"一村一品"的档案文化品牌。永安镇西湖潭村用好用活集体经营性建设用地入市档案，建成了以土地改革为主题的文化馆展厅。永和镇狮子山村深入挖掘红色档案，复原"浏阳县工农兵第一次代表大会旧址"，通过丰富的图片资料与实物陈列，重现了浴血奋战的战争岁月。沙市镇秧田村充分整

合历史档案建成"耕读文化馆""博士墙"等标志性建筑,用档案留住村庄最初的记忆、最美的乡愁。

(三) 做活"史实见证人"矛盾化解文章

档案为村所留,更为村所用。随着经济社会快速发展,基层社会治理不断有新的问题和矛盾凸显。浏阳市通过用好用活土地确权档案、村级资产资金台账、人口户籍登记等村级档案资源,为化解权属纠纷、界址纠纷等基层矛盾开辟新路径。2020年5月,荷花街道在天马山隧道征地时,荷花园社区兰家组村民因田土界线不明确,发生权属纠纷。荷花街道立即联系市档案馆查找出了相关档案,为明确村民权属提供了重要依据,纠纷迎刃而解,有效发挥了档案在化解社会矛盾中"史实见证人"作用。

固本强基　提质增效　档案赋能
农村基层社会治理的"佛山实践"

广东省佛山市

2020年初，广东省佛山市被国家档案局确定为"档案工作服务农村基层社会治理"试点地区。试点工作开展以来，佛山市始终坚持以习近平新时代中国特色社会主义思想为指导，在国家、省档案局的关心指导和市委、市政府的正确领导下，按照档案工作服务农村基层社会治理试点工作部署要求，深入践行以人民为中心的发展理念，努力找准村级档案工作与基层社会治理的结合点，全面加强村级档案资源收集、管理与利用，充分发挥档案在村务公开、权益维护、矛盾化解等方面重要作用，探索实践出新时代档案工作赋能农村基层社会治理、服务人民群众的新途径新方法新模式。

一、案例背景

佛山是粤港澳大湾区重要节点城市，国家重要的制造业基地、国家历史文化名城。本次试点在禅城区南庄镇紫南村、南海区桂城街道东约社区、大沥镇凤池社区，顺德区容桂街道幸福社区、陈村镇绀现村等5个村（社区）开展，试点村（社区）合计面积达12.55平方公里，常住人口近7.69万人。相关试点村（社区）历史积淀浑厚，村脉传承渊远，其中紫南村于南宋年间开村立基，距今800多年，绀现村保存档案最早可追溯至20世纪五六十年代。

近年来，佛山市深入贯彻落实中央全面实施乡村振兴战略决策部署及强化农村基层社会治理工作要求，持续推进完善"村改居"工作，各项改革发展成果不断显现，涉及组织建设、经济发展、民生保障、民主自治等方面档案大量产生，这些档案是农村改革、发展、稳定各项工作的原始记录，更是维护和发展好人民群众根本利益的重要凭据。做好村级档案工作，对推动农业产业现代化、保障群众合法权益、强化农村基层治理具有重要意义。立足服务农村基层社会治理的使命担当，佛山市积极探索符合试点村（社区）

实际的档案资源建设管理与利用服务新模式，全力推进档案赋能农村基层社会治理"佛山实践"。

二、具体做法和成效

（一）紧盯目标任务，强化"四级联动"

佛山市委、市政府高度重视试点工作，研究制定试点工作实施方案，明确"普遍建立村级档案工作、研究制定档案资源基本目录及其管理模式"两项主要任务，以及确保村（社区）档案"存得下来、管得安全、用得方便"工作目标，建立"市区镇村"四级联动工作机制，构建由村"两委"分管干部、村委和村民小组专（兼）职档案员组成的村级档案工作网络，形成了上下贯通、齐抓共管、紧密协作的工作格局。各试点村（社区）倒排工期、挂图作战，逐月压实任务，逐项跟踪落实，确保试点工作有序开展，推动建立了"档案工作有领导分管、档案业务有专人负责、档案管理有经费支持、档案安全有措施保障"的制度矩阵、系列举措、长效机制，为打造新时代自治、法治、德治"三治合一"的基层组织提供了强有力支撑。

（二）加强监督指导，下足"绣花"功夫

一是建立"市统筹、区对接、镇（街）参与"的督导机制，充分发挥市与区、局与馆、镇与村的联动作用，通过"一季一复盘、一月一督导、一周一落实"，强化标准解读、规范解释、实操演示，织牢业务保障兜底网，帮助解决村级档案业务建设中遇到的各种问题。

二是成立局、馆档案业务骨干专项指导服务工作组，以现场交流、培训等形式开展分类分层讲评，从建设标准到人员配备，从收集整理到开发利用，对试点村（社区）进行点对点服务、面对面指导、手把手教学，全面提升村级档案人员业务知识和实操水平。

三是坚持"专项+常态"检查工作方式，市委办分管负责同志带队下沉指导，多次到试点村（社区）现场检查调研督办共性问题、重点问题，专项检查疫情防控、土地确权、换届选举等村级档案的收集、整理和保管工作，及时通报存在问题，督促整改落实。

四是发挥好考核"指挥棒"作用，推动将试点工作逐级纳入绩效考核体系，通过全链条压实责任、全过程强化管理，做到指导服务有力、考核督促有序、提升转化有效。

（三）坚持因地制宜，减轻基层负担

结合各试点村（社区）实际，市档案局会同民政、农业农村部门及试

点区共同研究，科学制定《佛山市村（社区）文件材料基本归档目录（清单）》。《基本归档目录》聚焦农村基层社会治理的主要任务和实际需要，充分考虑佛山市"村改居"背景和工作实际，以村（社区）党组织、村（居）民委员会、经济合作社等基层组织文件材料为主要内容，通过规范流程、统一标准、简化目录，切实增强了《村级档案管理办法》落地实施的针对性和实操性；坚持民生优先的价值导向，做好内容优化"加减法"，将具有本地工作特点的股权管理档案、流动人口及出租屋管理档案、外嫁女权益档案等列入《基本归档目录》，同时将参考、凭证作用不大的文件资料移出目录，既确保档案工作不缺位、档案资源不缺失，又着力减轻了基层组织"过度留痕""痕迹主义"困扰，实现了归档清单"合规范、有特色、能落地、可复制"的良好效果。

（四）提升资源质量，筑牢安全阵地

高标准严要求规范试点村（社区）档案管理工作，在档案收集整理与保管利用等各环节落细落实各项措施，打造功能完备、配置齐全、符合标准、满足需求的村级档案阵地。

一是立好资源建设"新标杆"，组织指导各试点村（社区）按照文件材料归档范围和分类办法，认真抓好党群工作、村务管理、村级集体经济、换届选举、疫情防控等重要事项的建档工作，确保村务文件材料应收尽收、应归尽归，同时防止重复归档和随意扩大归档范围。据统计，5个试点村（社区）室藏文书档案达2477卷又15201件，基建档案798卷，会计档案23891卷，土地管理档案3968卷又462件，股权档案978卷又6175件，档案资源内容丰富、结构合理。

二是打造安全保障"新样板"，严格落实"管得安全"要求，各试点村（社区）抓好硬件改造与设备配置，全面落实"三铁""八防"要求，不断强化档案设施设备保障，增置打印机、刻录机、扫描仪，安装监控设备、防爆灯，升级惰性气体消防设施等，多个试点村（社区）在试点期间进行档案库房扩建，其中紫南村档案库房面积达100平方米，档案保管条件显著提升。

（五）用活档案资源，助力乡村振兴

佛山市深入贯彻落实习近平总书记关于"让历史说话，用史实发言"的重要指示精神，充分发挥档案独特资源优势，推动村级档案利用服务深度融入乡村振兴发展。知古鉴今、以史资政是实现档案价值的有效路径。紫南村充分利用室藏档案，做好"档案室+"文章，从中挖掘文化底蕴，助力编

撰《紫南村志》与建设具有现代风格和历史韵味的村史馆；凤池社区利用档案中的文书资料、数据记录、声像图片等作为农村党建、经济发展、村貌提升的支撑材料，编写图文并茂、乡愁满怀的《凤池志》。各试点村（社区）从群众最关心、最迫切、最直接的问题入手，将"档案室+"服务延伸到基层，提升了群众获得感、幸福感和满意度。幸福社区、绀现村先后对室藏档案进行数字化处理，为档案利用创造更好的条件。自开展试点工作以来，两村共提供查询利用服务350多人次，查阅利用档案2813卷（件）次，为土地股权纠纷、耕户权益保障、港澳同胞寻亲等提供档案凭证；东约社区充分利用档案服务民主议事等工作，"跑信访不如查村档""查档案不出村"成为村民共识，档案的基础性支撑性作用得到进一步发挥，有力维护了基层稳定与地区发展。

（六）固化试点成果，推广治理经验

佛山在全面完成三区五村（社区）试点工作任务基础上，着力强化经验总结、抓好成果落实，结合全市农村基层档案工作特点，组织专项经验总结培训活动，全面推广国家级试点村（社区）档案工作方式方法。市档案局支持和指导未参加国家级试点的高明区、三水区开展档案工作服务农村基层社会治理市级试点，在佛山大地铺开试点工作模式，指导出台实施强化镇（街）村（社区）档案工作实施方案，结合佛山市"村级工业园改造"专项改革积极开展档案服务，推动村（社区）两委换届相关文件材料归档工作，有力有序推动试点工作提质扩面，努力做到"写好后半章，走好下半程"。

佛山市将深入贯彻落实习近平总书记关于做好新时代档案工作的重要指示批示精神，充分发挥党管档案工作的制度优势，建立健全农村基层档案工作的长效机制和创新举措，推动档案公共服务深入基层、深入群众，为全市乡村振兴高质量发展发挥档案工作更大作用。

打通档案工作服务群众"最后一公里"

重庆市武隆区

按照"档案工作服务农村基层社会治理"试点要求，重庆市武隆区紧紧围绕农村基层社会治理的重要任务和实际需求，夯实档案工作基础，提升档案利用服务能力，深化试点工作成果运用，真正打通档案工作服务群众"最后一公里"，为提高农村基层社会治理能力提供有效服务。

一、案例背景

重庆市武隆区积极申报"档案工作服务农村基层社会治理"试点工作，2019 年 12 月被国家档案局确定为"档案工作服务农村基层社会治理"首批试点地区。同时武隆区完成机构改革，档案部门转隶党委系统，档案工作行政职能划转区委办公室，党管档案的工作机制建立，党对档案工作的领导进一步加强，党管档案的制度优势为试点工作顺利开展提供强有力的组织保障。重庆市乡村振兴战略行动计划启动一年多来，武隆区乡村振兴取得重要进展，档案工作服务农村基层社会治理具有一定的基础条件，又具有较为紧迫的的现实需求。武隆区的试点工作，对于重庆市探索提升农业农村档案工作水平，服务乡村振兴战略具有重要的意义。

二、具体做法

（一）深化认识，精心谋划

武隆区委、区政府高度重视试点工作，深刻认识试点工作的重大现实意义和探索档案工作服务中心工作能力深度提升、跨越式发展的重大历史意义，将试点工作作为机构改革后党管档案工作的重要实践，精心谋划试点方案，紧扣服务农村基层社会治理需求和武隆实际，制定《武隆区档案工作服务农村基层社会治理试点工作实施方案》，明确 1 项工作总体目标、4 项重点任务、11 个试点乡镇、3 个阶段的进度安排，以及 3 个重点保障措施，为试点工作顺利开展提供了路径图。

（二）突出重点，高效推进

一是抓村级档案工作体系建设。强化组织领导。乡镇（街道）、村（社区）明确一名班子成员分管、一名工作人员具体负责档案工作。强化基础设施。深入贯彻《村级档案管理办法》，统一标准，对 11 个试点乡镇村（社区）开展"六有"档案室建设，即有独立档案室、有专用档案柜，有灭火器、有温湿度计、有空调、有除湿机。强化制度建设。组织乡镇（街道）、村（社区）档案人员到武隆区档案馆学习档案管理、收集整理规范等相关业务知识，建立健全文件材料收集归档，以及档案整理、保管、保密、鉴定销毁、利用、统计、工作人员岗位责任制等制度。强化基础业务。各试点乡镇、村（社区）及时完成各门类档案收集、整理和归档工作，实现门类较为齐全、整理比较规范、集中统一管理。

二是抓村务管理档案基本目录（清单）制定。区档案局高度重视清单制定，组织区档案馆专业人员以《村级档案管理办法》为基础，紧扣农村基层社会治理需求和工作实际，突出针对性和实操性，形成涵盖村委会换届选举、村务（财务）主动公开、乡村振兴、村级矛盾纠纷调解等方面的村务管理档案基本目录（清单），村级档案收集工作有据可依，避免村级档案"收集不全"。试点行政村（社区）对归档的文件材料进行梳理，参照清单，结合实际，制定或修改本行政村（社区）文件材料归档范围和档案保管期限表。

三是抓村级档案资源共建共享。加强与有关区级部门协作，达成共识，形成合力，整合档案资源，实现共建共享。区委组织部将农村基层党组织建设档案纳入村级档案管理体系，在规范组织设置、落实"三会一课"制度、开展支部主题党日活动及村级班子和党员队伍建设等方面加强档案收集的指导、督促；区民政局将基层群众自治体系和自治能力建设纳入村级档案管理体系，在村民自治、村务管理等方面加强档案收集的指导、督促；区农业农村委将"三农"工作和乡村振兴试验示范工作纳入村级档案管理体系，在深化农村改革，推进发展农村经济、农村社会事业、农村公共服务、农村基础设施和乡村治理工作中加强档案收集的指导、督促；区规划和自然资源管理局、区林业局协助做好试点行政村（社区）土地、林权等有关数据的共享，确保村级档案收集齐全，档案资源丰富完整。建立起村级林权林管、林权制度改革、第二轮土地承包、土地确权、退耕还林、婚姻、户籍等涉及民生的档案电子目录和全文数据库。

四是抓村级档案多渠道便捷利用。"5 个 1"织密档案利用网络，即"一个平台"：区级建设国家数字档案馆，打造"重庆市武隆区档案资源共享平台"；"一个系统"：乡镇通过电子政务办公系统在线查询土地确权档案，便捷高效服务群众；"一台机器"：村级便民服务中心配置档案自助查阅一体机供群众查阅开放档案和本人档案；"一个盒子"：村民通过广电网络电视机顶盒查阅公开档案，及本人土地、林权等涉及民生的档案资料；"一台电脑"：村民服务中心 PC 客服端为村民提供更多档案利用服务，真正实现老百姓在家门口查阅档案。

（三）强化领导，有力保障

一是高规格建立领导机制。成立以区委副书记任组长，区政府副区长、区委办公室主任任副组长，区委组织部、区财政局、区农业农村委、区民政局、区规划和自然资源局、区林业局、区档案馆、各试点乡镇（街道）主要领导为成员的档案工作服务农村基层社会治理试点工作领导小组（以下简称"领导小组"）。领导小组不定期召开联席协同会议，解决试点工作中的实际困难和问题，落实专项工作经费 80 余万元，争取项目资金 500 万元，为试点工作顺利开展提供有力组织保障。

二是高质量开展业务培训。武隆区档案局、馆扎实做好档案人员培训工作，对《村级档案管理办法》进行逐条解读，开展文书、照片、实物、脱贫攻坚等门类档案业务培训，组织专业人员到村（社区）实地开展操作培训、业务指导，组建试点工作 QQ 群、微信群，随时在线答疑解惑，进一步提升村级档案人员业务能力，切实解决村（社区）档案管理工作中的实际困难。

三是高标准落实监督检查。试点乡镇（街道）将试点工作列入年度工作计划，纳入综合目标考核范围，村级档案工作纳入村（社区）年度综合目标考核内容，村级档案工作与中心工作同部署、同检查、同考核、同验收，村级档案工作成为行政村（社区）评优选先和主要干部政绩认定的重要依据。

三、取得成效

（一）党管档案优势得以体现

武隆区各级党委（党组）以及村（社区）党组织进一步认识到档案工作的历史意义和价值，扛起党管档案的政治责任，切实履行牵头抓总领导职能，充分发挥协调各方的部门优势，各级各部门在档案工作中思想更加统一、协作更加紧密、管理更加规范，党管档案的氛围更加浓厚。

（二）村级档案工作机制得以建立

乡镇（街道）、村（社区）明确村级档案工作职责，明确分管领导和档案工作人员，档案工作纳入了工作计划和监督考核。

（三）村级档案业务基础得以夯实

村级档案工作制度健全，档案保管条件极大改善，档案人员业务技能提升，档案门类更加健全，档案整理较为规范，档案利用渠道丰富、方便快捷。农村基层党建、乡村振兴、脱贫攻坚、乡村治理、村民自治、村务公开、村容村貌变迁、产业发展、深化改革等方面文件材料得到全面收集、规范整理、安全保管。试点村 17714 件文书档案、718 盒分户档案、613 张照片档案、191 件实物档案得以收集整理保存。文复乡兴隆村文书档案共 124 盒 3182 件 22857 页，其保管的档案最早可追溯到 1967 年，为村级档案资源的开发利用提供有效支撑。羊角街道永隆村收集整理户籍档案 583 户，为基层治理提供有力保障。

（四）村级档案服务作用得以凸显

通过试点工作，尤其是实现档案资源共建共享，档案在服务村务工作、纠纷调解、村级文化建设、经济发展中的作用逐步凸显。后坪乡文凤村对每家每户的土地、林地等重要文件材料进行整理、确认和归档，并上传至档案查阅系统，村民随时都能查阅核对，有效化解了村民与村干部在征迁补偿分配问题上的矛盾。沧沟乡打造基层社会治理沙台铺"三治和院"，建立房地林记忆所，村社干部便捷快速查询调阅档案，针对性解决群众土地、林地、宅基地纠纷等问题，做到"查档不出村，矛盾不出村"；沧沟乡驻村工作队将电子档案发给律师，帮助村民获得工伤赔偿 24 万元。长坝镇大元村、黄莺乡复兴村、后坪乡文凤村利用文书、照片、实物等门类档案建立起内容丰富的村史馆，为村民守住记忆、留住乡愁，成为村民乡愁的安放地、游客游览的打卡地。沧沟乡大田村依据"一楼九堡十三铺"驿站档案资料，成功打造大田湿地人家乡村旅游示范点，带动周边农户发展旅游产业，以旅游巩固脱贫攻坚成果，实现旅游和集体经济增收。2021 年，大田"湿地人家"接待团体 100 余批次，累计接待游客约 20 万人次，新增当地消费 900 万元左右，带动直接受益农户 320 余户 1210 人，年收入增长 15% 以上。武隆区充分开发利用村级档案资源，内部出版《口述武隆党史》《图说武隆党史》，撰写《亿万年的石头开了花》《喀斯特大地盛开旅游富民之花》等优秀档案故事，收集整理了一批馆藏革命历史红色档案资料，不断活化档案资源，充分发挥档案宣传阵地作用，为农村基层精神文明建设注入了内涵和活力。羊角街道艳山红村充分挖掘档案资源编纂《艳山红花开》文集，记录保存了村落的基本信息和历史风貌，让传统文化融入档案并得以传承延续。

武隆区以档案工作服务农村基层社会治理试点为契机，积极探索新时代农村档案工作的新模式、新方法、新路径，推动农村档案管理提档升级，打通档案工作服务群众"最后一公里"，为农村基层社会治理贡献档案力量。

实施"三三三"工作法
构建档案工作服务农村基层社会治理新格局

四川省隆昌市

一、案例背景

隆昌是"中国石牌坊之乡",境内置县史可追溯到唐代,距今已 1400 多年。2017 年 4 月,隆昌撤县设市。隆昌市总面积 794 平方公里,乡镇行政区划调整和村级建制调整改革后,辖 11 个镇,164 个村,总人口 78 万人。隆昌距成都 210 公里、重庆 138 公里,拥有以装备制造、食品饮料、玻陶、稻渔、文化旅游为主的现代产业体系。

试点工作开展以来,隆昌认真贯彻落实中央、省市决策部署,创新档案工作体制机制,全面规范镇(街道)、村(社区)档案管理,加强档案资源体系建设,改善档案保管保护条件,档案工作服务农业、服务农村和服务农民的质量和水平不断提升。全市已完成村级建档的村(含农村社区)196个,建档率达 100%。

二、具体做法

(一)健全"三大体系",加强领导抓统筹

一是健全组织体系。成立以市委副书记为组长,市委办主任为副组长,各镇(街道)负责人为成员的试点工作领导小组,构建"市、镇(街道)、村(农村社区)"三级联动机制,推动各项试点工作全面有序开展;明确由市档案局、市档案馆统筹负责开展试点工作。建立"月度盘点、季度调度"工作机制,截至目前,累计召开领导小组会、工作调度会 28 次,研究解决试点推进中的重难点问题 30 余个。

二是健全责任体系。印发《关于实施档案工作服务乡村振兴战略的指导意见的通知》《隆昌市"档案工作服务农村基层社会治理"试点工作方案

的通知》等文件，明确试点工作责任主体、时间期限和工作要求。成立3个专项工作小组，结合村级建制调整改革、脱贫攻坚、乡村振兴等内容，对各镇（街道）、村（农村社区）开展督导60余次，压紧压实镇村工作责任，及时纠正档案收集不齐全、组卷不合理、装订不规范等问题110余个。

三是健全考核体系。将试点工作纳入市本级对镇（街道）、镇（街道）对村的年度综合目标绩效考核重要内容，与职务职级、经济待遇挂钩。同时，出台《隆昌市镇（街道）及经济社会发展相关部门党政主要领导干部综合能力评估办法（试行）》《隆昌市关于开展科级领导班子成员综合能力评估的工作方案》，把试点工作成效作为镇（街道）主要负责同志和分管负责同志的综合能力评价内容。

（二）突出"三大举措"，紧盯重点提水平

一是抓实资料收集。聚焦村务公开与民主管理、农业生产经营活动、农村基础设施建设、维护农民合法权益（特别是户籍、农村社保、二轮土地延包）等方面，对村级组织在工作中形成的各类具有查考保存价值的档案资料进行收集，对市级部门、镇（街道）、行政村的文件材料进行补充收集，对反映农村历史文化、民间艺术、村规民约等特色内容的资料进行重点收集。

二是抓实档案整理。编制《隆昌市村级档案管理制度》《隆昌市村级档案分类方案》《隆昌市村级文件材料归档范围和保管期限表》等，各镇、村结合自身特色和重点工作修订完善档案工作制度、基本目录和保管期限表。坚持"简便易行、操作性强"的原则，明确村级档案按卷进行分类组卷、简化保管期限划分、可自行整理也可通过政府购买社会服务的方式进行整理，共形成乡村治理、民生保障、土地确权、乡风民俗等档案1.3万卷、8.25万件，形成《隆昌市农村基层社会治理文件材料目录清单》6个方面42条。

三是抓实示范推广。按照试点先行、整体推进的原则，及时总结档案工作服务农村基层社会治理中有示范性、典型性、可复制性的工作经验，着力发挥典型示范效应，以点带面、示范推广，推动整体工作上台阶。重点打造了隆昌市古湖街道古宇村示范点，通过观摩交流会等方式，大力推广示范村的好经验、好做法，在各镇（街道）形成示范带动、典型引领、提质增效的良好氛围。

（三）完善"三大保障"，夯实基础促质效

一是强化人员力量。高度重视档案专业人才队伍建设，充分调动档案专兼职人员、驻村干部、村"两委"干部三大群体，做好村级档案的收集、整理、归档工作。制定档案干部提能计划，按月轮次抽调镇村相关干部到市档案局、档案馆上挂学习，培养熟悉档案工作的年轻村干部 26 名，组建"业务骨干队"13 支，共计 52 人。

二是强化业务指导。组织召开隆昌市档案工作服务农村基层社会治理试点培训暨推进会，对试点工作进行专题培训。在乡镇行政区划调整和村级建制调整改革及做好"两项改革"后半篇文章等重要节点，由市试点专班的同志，对全市 13 个镇（街道）分管负责同志、党政办主任和档案人员，以及行政村档案人员进行村级档案专题业务培训，共 460 余人次。抽调局、馆专业人员组建 3 个业务指导组，采取"分片培训+蹲点指导"方式，对 196 个村（含农村社区）档案管理工作进行面对面讲解、手把手指导，有效解决了档案收集、分类、组卷、编目等业务难点问题。

三是强化物资配备。建立经费投入机制，市级财政统筹落实试点业务培训、学习考察等经费，镇（街道）具体落实档案工作设施设备等经费，联系镇村的帮扶单位加强试点工作经费支持。目前，村级组织普遍配有档案室、档案柜、温湿度计、灭火器等基础设施设备，有条件的村配备了空调、除湿机等保管保护设备，基本实现村级档案存有地、管有人、用有档。全市共投入资金 116 万余元，各镇（街道）、行政村共购置档案柜 547 个、电脑 209 台、温湿度计 210 个、灭火器 230 余个、档案盒 1.4 万个。

三、取得成效

随着试点工作的有效开展，隆昌基层档案工作意识进一步增强，工作保障得到落实，镇、村两级档案基本达到资源多样化、设施标准化、服务专业化和管理规范化，在服务基层治理、服务脱贫攻坚、服务产业发展、服务文化建设等方面发挥了积极作用。

（一）服务基层治理

全市村级试点工作共形成档案 13645 卷、82512 件。其中：文书档案 13068 卷、82512 件，会计档案 260 卷，照片档案 124 卷，项目档案 193 卷。镇（街道）、村（社区）累计接待档案查阅 3015 人次，出具相关证明材料 1245 份，解决实际问题 1220 个，为村民自治管理、乡村依法治理、矛盾纠纷化解等提供了有力支撑。云顶镇云峰村村民刘某某在申请建房审批时，因能否独立修建房屋的问题与部分村民发生矛盾纠纷，村"两委"在村档案室查找到 2000 年老宅基地面积分割的备案材料，在档案事实面前，让存疑的村民释疑，维护了刘某某的合法权益，纠纷得到圆满解决。

（二）服务脱贫攻坚

隆昌把脱贫攻坚档案管理贯穿试点工作全过程。为脱贫攻坚档案工作培养了镇村档案业务骨干，购置配备了档案室硬件设施设备，规范了文书、扶贫项目、照片等档案门类，3.8 万贫困人口脱贫档案、49 个贫困村退出档案、异地搬迁建设档案、扶贫产业发展档案等一系列档案做到应收尽收、应归尽归，有效提高了扶贫档案的质量，并顺利通过省市专家组验收。全市196 个村档案室保管了建档立卡贫困户基础档案；扶贫开发局、各镇（街道）形成的脱贫攻坚档案于 2021 年 12 月移交进市档案馆。

（三）服务产业发展

各镇（街道）、村因地制宜、结合实际，对文书、产业项目、土地流转合同等涉农资料进行整理归档，进一步丰富了镇村两级档案资源，为园区建设、产业发展等提供了助力。龙市镇福庆村、圣灯镇三台村、双凤镇庵堂村均通过查阅村级档案，解决了产业发展和项目实施中的土地争议和土地流转问题。石燕桥镇在镇档案室查阅到园区土地流转相关档案，为拆迁工作提供了资料支撑，助力了玻陶工业园区发展。界市镇为推动"仁德苑"房地产建设项目，抽调人员查询了近千户村民的房产、婚姻、户籍等档案，共复印档案资料 600 余页，为项目的征地拆迁工作打下了良好基础。

（四）服务文化建设

镇村两级档案室在服务基层治理、服务产业发展、服务村民的同时，还发挥档案宣传、育人等功能，助力了乡村文明建设和文旅融合发展。古湖街道古宇村打造鱼博物馆，展示了村史与乡村文化旅游的融合，留存好乡村记忆。普润镇通过查阅档案，进一步明确乡村振兴先进镇创建的各项任务和时间节点，推动创建工作有序开展，成功创建为内江市乡村振兴先进镇。金鹅街道光灿村通过查阅 2013 年省级文明村创建工作计划和总结、"光灿村文明公约"、"光灿村村规民约"等档案，为迎检做好资料准备，顺利通过了省级文明村复查和全国文明城市点位检查。响石镇通过查询群乐村第一届、第二届创文活动档案，成功举办群乐村新时代文明实践活动，推动了响石镇创文工作开展。

规范村级档案工作　抓好档案资源建设

贵州省遵义市播州区

2020年，遵义市播州区将习近平总书记2015年视察的枫香镇花茂村、荣获"时代楷模"称号并获颁"七一勋章"的黄大发所在的平正仡佬族乡团结村、省级民族特色村寨洪关苗族乡小坝场村，作为"档案工作服务农村基层社会治理"试点村进行申报，2020年7月播州区被国家档案局确定为第二批试点地区。在上级档案、民政部门的指导下，播州区严格按照试点创建工作要求，积极探索档案工作服务农村基层社会治理新路径，3个试点村的档案工作规范化管理水平显著提升，档案在服务群众生产生活、调处化解社会矛盾纠纷、弘扬传承乡风文明等工作中的重要作用逐步体现。2022年，播州区在全区24个乡镇（街道）中选择48个村（社区）开展村级档案工作规范化建设工作，将试点工作经验做法进一步推广扩大。

一、案例背景

播州区位于贵州省北部，是2016年经国务院批准撤遵义县设立的新区，全区面积2490.94平方千米，辖5个街道、17个镇、2个民族乡，现有人口88.23万，其中农村人口45.15万，建档立卡贫困户24225户87625人。2019年全区贫困人口全部脱贫，贫困村全部摘帽，2020年进入巩固脱贫攻坚与实施乡村振兴衔接阶段。长期以来，播州区村级档案工作建设比较滞后，文件归档制度没有得到很好落实，文件材料登记不规范，档案由个人保管不按规定办理的情况普遍存在，这种状况已无法适应乡村振兴阶段村级各项工作需要。2020年8月，播州区研究制定档案工作服务农村基层社会治理试点方案，以建设村级事务类别完整、内容丰富的档案资源，为村务管理和农民群众提供有效利用为目标，围绕完善工作机制、规范工作流程、改善库房设施，培养村级档案员等工作不断推进试点建设，取得良好成效。

二、具体做法和成效

(一) 健全村级档案业务监督指导体系

一是建立区、镇、村三级联动工作机制。播州区成立档案工作服务农村基层社会治理试点工作领导小组，镇、村成立档案整理管理工作组。制发关于档案工作服务农村基层社会治理试点工作领导小组工作方案等系列文件，明确目标任务，逐级落实档案建设主体责任。

二是健全业务指导体系。建立区级档案工作联席会议制度，区委常委会、区委深改会及时研究试点建设工作情况。编制档案工作业务指南，为试点村工作提供指导和依据；从档案局、档案馆等部门抽调专人组建业务指导专班，采取蹲点指导、线上服务等方式，常态化开展指导服务。局、馆工作人员与试点村档案整理小组的同志共同整理文件材料，在整理的过程中讲授业务，以师带徒、手把手教，有效提升了村级档案员的实操能力。2020年8月以来，召开各类会议20余次，开展蹲点服务60余人次，帮助解决试点创建过程中的问题12个。

三是建立长效巩固体系。播州区将试点建设工作纳入区国民经济和社会发展第十四个五年规划和二〇三五年远景目标建议及2021年区委全面深化改革工作要点，将巩固拓展试点创建成果纳入2022年区委工作要点，列入目标绩效考核内容和区委区政府综合督查清单，常态化对试点村文件材料是否按时归档、保管期限划分是否准确、安全措施是否到位等开展督促检查，持续推进试点创建成果巩固拓展。2020年8月以来，开展各类督查15次，发现问题18个，交办通知5个，各试点村均按时完成问题整改。

(二) 抓好基础业务建设

一是基础设施建设。根据《村级档案管理办法》的要求，结合试点村实际，市、区、镇、村综合投入10万元，为三个试点村档案室统一配备了五节密闭柜、扫描仪、温湿度计、防火防盗门、防盗窗、遮光窗帘、电脑、空调，文档资料管理系统和数字化加工系统等基本设施设备。制定村级档案安全保管、日常检查、利用登记等各项制度。

二是文件材料应收尽收。根据试点村历史文化特点和发展情况，分别制定《村级文件材料归档范围和保管期限表》，对历年未归档的文件材料进行全面收集。"一村一品"突出特色档案，花茂村围绕习近平总书记视察以来变化和乡村旅游发展收集档案资料120余件，小坝场村围绕少数民族特色文化收集档案资料30余件，团结村围绕"时代楷模""七一勋章"获得者黄大发修渠历史和脱贫攻坚事迹收集档案资料 300 余件。

三是规范归档。建立健全村级文件材料收集与归档制度，制定村级档案分类方案、文件材料归档范围和档案保管期限表，规范管理脱贫攻坚、农村产权制度改革、纠纷调处等 10 余类别和照片、录像、实物等档案。3 个试点村已规范整理文书档案 8853 件、专业档案 6574 卷、照片档案 185 张、录像档案 56 分钟、实物档案 86 件，对文书档案及部分专业档案进行数字化 3 万余页。

（三）服务基层社会治理

一是搭建服务平台。将村级档案利用纳入便民服务事项清单，在 3 个试点村设立档案查询利用服务窗口，将区档案馆保存的农村土地承包经营权颁证档案和林权制度改革档案电子目录授权给试点村，方便群众利用。截至目前，3 个试点村接待工作查考、民生服务等方面的档案查询利用 80 余次。

二是努力挖掘档案价值。充分发挥档案在矛盾化解、产业发展、民风涵养等方面的原始凭证、信息咨询作用。团结村依托大发渠陈列馆，以档案还原历史，对 88 件黄大发先进事迹及大发渠修建历史档案进行展陈，用"档案元素"展示村史村情、文化底蕴和民俗风情，接待参观考察 3 万余人次；花茂村利用档案资源编纂的《花茂村志》，入选第四批中国名村志丛书；小坝场村利用档案不断丰富完善太阳坪景区有关材料，助力其成功创建 AAAA 级景区。截至目前，3 个试点村先后利用档案帮助解决遗留问题、化解各类矛盾纠纷 4 个。

三是配强服务人员。依托播州区村务员改革契机，配强档案管理服务队伍，确保每个试点村均有 1 名兼职档案员。试点创建以来，村档案管理人员平均年龄从 50 岁下降到 29 岁，学历从高中及以下提升到大专及以上，档案员业务水平和计算机操作水平进一步提升。区档案局、馆常态化到村，针对档案业务进行讲解和现场操作示范，不断提升村务员档案收集整理和利用档案服务基层社会治理的能力。

（四）推进试点工作深入开展

2022 年，区档案局继续对 3 个试点村档案工作进行督促指导，把工作模式从创建期间的集中清欠转化到常规开展，督促做好每年的归档工作。7 月，播州区将 24 个乡镇（街道）的 48 个村（社）作为试点巩固推广工作的第一批单位，将档案工作服务农村基层社会治理扩展到城市。8 月，区档案局举办了针对镇、村两级档案员的业务培训班。通过总结试点工作经验，区档案局调整了村级档案分类方案，由三级分类调整为二级分类，对档案数字化也作了灵活要求，在保障基础业务规范建设的基础上，简化业务操作，降低技术难度，档案工作更加契合村（社）业务面宽、工作人员兼职多的实际。同时，强调了乡镇对村级档案工作的监督指导职能，加大了对村级档案工作的监管力度。

当前试点村的档案工作规范化建设刚刚起步，年限跨度不长，数量还不多，因此档案的利用效果只是初见成效，服务基层社会治理的作用才刚刚发挥。播州区将继续贯彻好《乡镇档案工作办法》《村级档案管理办法》，逐步实现全区村级档案工作规范化、信息化、现代化的建设目标。

善治善为助推档案升级　　共建共享服务乡村治理

甘肃省张掖市甘州区

　　甘州区位于河西走廊中部、古丝绸之路南北两线和居延古道交汇点上，全国第二大内陆河黑河穿境而过，享有塞上江南、湿地之城的美誉。近年来，甘州区认真贯彻落实习近平总书记关于做好新时代档案工作的重要指示批示，以档案工作"三个走向""四个好"为根本遵循，聚焦农村基层社会治理的主要任务和实际需要，充分利用区位优势和资源禀赋，以"1233"工作法为突破口，实现了档案工作服务农村基层社会治理五大目标，走出一条档案工作助推基层社会治理能力提升的新路子。

一、案例背景

　　甘州属农业大区，辖18个乡镇，245个行政村，总人口51.76万，其中农村人口25.16万，约占总人口的48.4%。近年来，随着脱贫攻坚和乡村振兴各项措施的不断推进，农村面貌焕然一新，但档案工作与农村社会发展的不协调问题逐步显现。如何解决好农业农村档案"怎么收""怎么管""怎么用"是甘州档案事业发展面临的新课题。2019年甘州区联合相关部门多次实地调研，选定基础条件好、档案资源较丰富的城郊乡镇新墩镇和具有民族特色的平山湖蒙古族乡及所辖18个行政村，开展"档案工作服务农村基层社会治理"试点工作，2020年被国家档案局确定为第二批试点地区。经过一年多的努力，2021年9月试点顺利通过验收。

二、具体做法

(一) 建立试点工作保障机制

　　甘州区充分发挥"党管档案工作"的体制优势，将档案工作服务农村基层社会治理纳入全面实施乡村振兴战略的重要议事日程和整体规划，列入常委会研究议题。成立由区委常委、办公室主任任组长，人大、政协分管领导任副组长，组织、民政、财政、农业农村、档案等23个部门和试点乡镇为成员的试点工作领导小组，研究制定《甘州区档案工作服务农村基层社会治理试点工作方案》，明确"路线图""时间表""任务书"，从政策、制度层面统一设计、统一指导、统一要求。各乡镇将档案工作纳入基层社会治理工作整体规划及镇村综合考核体系，各村将档案工作列入村"两委"工作年度计划，配套制定工作方案，落实乡镇"一把手"负责制，坚持将试点工作与基层组织建设紧密结合，档案工作与业务工作同部署、同检查、同验收。

（二）提升档案工作管理水平

甘州区在推进试点工作中，始终紧密结合农村档案工作实际，按照"抓示范、立标杆、带整体"的思路，全面普查试点乡镇、行政村档案管理现状，着力从改善硬件建设、提升人员素质、完善管理制度入手，逐步规范试点乡、村两级档案管理工作。投入近120万元，配齐配全试点乡镇、村档案室防盗门窗、灭火器材、温湿度调控设施、遮光窗帘、防磁柜、防虫药品等设施和物品，增设村级档案室配套安全及档案信息化设备，集中改善档案保管条件。对全区档案管理人员进行"换血"补充，为乡镇配备16名专职档案管理人员，全面负责镇、村档案的收集、移交、管理等工作。积极开展档案培训，通过集中培训、以会代训、以干代训的方式，着力解决档案人员更换频繁、业务生疏等问题。编制《甘州区乡镇档案管理制度汇编》，指导试点乡（镇）、村完善各项档案管理制度。

（三）探索建立档案工作新模式

针对乡镇档案资源不集中、保管条件不达标等问题，将乡镇各办、中心95%以上的专业档案移交综合档案室集中统一管理，社区矫正、维稳等敏感档案做到了专人专柜管理，最大限度确保档案安全。尝试采用"村档乡管"档案管理模式，在保留行政村档案所有权的基础上，将平山湖蒙古族乡和新墩镇下辖18个村1958年至2020年的1905卷重要档案的实体和目录数据、数字化副本移交乡镇集中保管，解决村级档案保管不安全、管理不规范等问题。同时，以档案信息化为引导，通过新技术整合应用和系统迭代升级，将"档案管理和档案查阅"功能纳入基层便民服务中心事项，积极推进乡村两级档案信息化平台建设，实现区、乡、村三级档案信息资源的共建共享。利用档案中介公司，围绕农村基层社会治理事项，对脱贫攻坚、学生资助、特困供养、婚姻登记、农村低保、卫生健康、权属确认、美丽乡村建设等工作中形成的文件材料集中进行规范整理并数字化,建立服务农村基层社会治理档案资料库。

三、取得成效

(一)档案工作基础得到夯实

甘州区积极推进"村档乡管"档案管理模式,有效解决了村级组织档案管护责任缺失、"无档没人管、年年建档不见档"等问题,确保了村级档案安全,使村级档案能存得下来、管得安全、用得方便。

一是社保、低保、拆迁等民生档案和重大活动、重大项目建设档案归档率达100%,补充增加了村居历史沿革、乡贤名人、族谱家谱及各类实物档案。

二是2个乡镇和18个村累计规范文书档案、会计档案、户籍档案等23类档案42157卷,实物档案、照片档案等52件753张。清理重复性文件8000多份,解决了村级档案散、乱,不系统、不规范等问题。

三是梳理制定"10+6"村务管理档案基本目录清单,明确收集基层党建、村情地情、脱贫攻坚、土地确权、惠农政策等10类涉及民生和三资管理、危房改造、棚户区改造等6类敏感度、关注度较高的文件材料。

四是甘州区档案馆在总结新墩镇试点经验基础上,通过调研、整理、研究,最终形成拆迁、残补、人民调解等17个门类的文件材料分类方案、归档范围、档案保管期限表和整理方法,编印《甘州区农村档案工作手册》,为推动农业农村档案工作提供了规范指南。

(二)档案助推乡村文化发展

甘州区在开展民生档案远程利用的基础上,完善了以档案为载体的乡村文化精品建设。立足基层实际和地区产业特点,结合各村的档案资源情况,指导各村打造了"一村一品""一村一特"的档案文化品牌。

一是拍摄专题片《存史鉴今·资政育人·服务三农》,举办甘州区"奋斗百年路·启航新征程"庆祝中国共产党成立100周年档案巡回展活动,提供反映党的建设、乡村记忆、脱贫攻坚、乡村振兴等主题的照片档案1600余张,累计接待区内外参观者20余批2万余人次。

二是出版发行《张掖喀尔喀蒙古民族志》《平山湖蒙古族乡志》,真实记录平山湖蒙古族乡60多年的发展变迁和蒙古族30多年的民族历史概况和民族文化传统,为农村开展社会治理、传承乡风文明提供了生动鲜活的素材。

三是充分挖掘档案资源，打造独特的"印象·平山湖"文旅展厅，让游客体验喀尔喀风情、传播独特的乡村文化，释放档案文化资源的经济效益。

四是利用龙渠乡和大满镇红色档案资料，拍摄《忆红色峥嵘岁月 甘州档案不负使命》纪录片，从档案的视角讲述红色故事、甘州故事。开辟了一条以"白城村党建文化广场——龙渠烈士陵园——初心亭——龙渠会议遗址——中共甘州中心县委纪念园"为主线、众多革命历史遗址为支撑的红色风情线，使甘州红色档案资源既发挥爱国主义教育的功能，又促进区域红色旅游，为甘州经济社会发展注入新的动力，实现红色引领、绿色崛起。

（三）档案利用服务更加便捷

2021 年 6 月至 8 月，甘州区 2 个试点乡镇、18 个行政村完成了全部室藏档案目录数据库建设和 251 卷 4.45 万余件档案的全文数据库建设，在便民服务中心设立档案查阅专机，初步建立起乡、村档案一体化平台，实现查档利用一站式服务。2022 年 6 月 11 日，平山湖司法所接到一起平山湖村二社邻里纠纷调解案件，平山湖村二社牧民祁某某因 2018 年后院改造并补助事项与谢某某发生纠纷，司法所工作人员在乡档案室查阅了当年平山湖乡旅游扶贫项目平山湖村二社进行后院改造并补助事项的档案材料。档案管理员从档案系统中很快检索到他们想要查阅的资料，极大地缩短了工作调查取证时间，提高办案调解效率。据统计，数字档案一体化平台建立后，新墩镇档案利用人次由 2020 年的 400 余人次上升到了 700 余人次，平山湖蒙古族乡由 100 余人次提高到了 300 余人次。

（四）档案利用效能得到提升

甘州区把构建村档乡（镇）管工作模式列入《甘州区档案事业发展"十四五"规划》，制定下发《关于推行"村档乡（镇）管"档案工作服务乡村振兴战略的实施意见》，确定龙渠乡、沙井镇为区级试点，其他每个乡镇、街道确定 2 个行政村、社区开展试点工作。通过复制、推广试点经验，高标准打造一批全区、全市、全省的村级"精品档案室"和优秀档案服务示范窗口，争取在"十四五"期间实现全域内乡镇、村建档全覆盖。甘州区把民生档案的齐全完整、真实有效作为工作重点，投入大量人力、物力开展"回头看"工作，确保各类民生档案得到规范管理和便捷利用。平山湖村二社村民张某某和魏某某对其名下的土地数目各执一词产生纠纷，村干部多次调解无效。2021 年 6 月，通过查询 2017 年至 2019 年土地流转相关档案，双方理清了各自名下土地数目及年限，关系缓和并当场表示认识到自己的错误，有效解决了邻里纠纷。2021年7月双塔村的李某因丢失独生子女证，无法办理补贴申请。通过村档案管理系统，工作人员很快查到了他们的独生子女审批表，为夫妇俩顺利办理了补贴申请。

　　试点创建以来，2个试点乡镇、18个行政村累计接待档案利用者1000余人次，出具相关证明材料1500余份，解决实际问题200余个，做到了工作部署到哪里，档案工作就跟进到哪里，基层社会治理事项到哪里，档案服务就延伸到哪里。随着档案服务农村基层社会治理试点工作的不断推进，乡村两级档案工作的不断完善，全区农业农村档案工作逐步走向科学化、规范化，档案工作服务农村基层社会治理水平得到不断提升。

创新理念　共享资源
推动档案工作服务农村基层社会治理提质增效

新疆维吾尔自治区库车市

为贯彻实施乡村振兴战略，推进农村基层社会治理体系和治理能力现代化，2019年以来，库车市积极开展了"档案工作服务农村基层社会治理"试点工作，伊西哈拉镇阿热买里社区、伊西哈拉镇栏杆村和齐满镇渭干村、齐满镇甬库团结村4个村（社区）被列入试点范围并圆满完成了试点任务。在市委、市政府的高度重视和统一领导下，库车市以村级档案规范化建设为抓手，以创新村级档案管理机制为保障，以促进档案资源共建共享为目的，着力发挥档案工作在服务农村基层社会治理中的基础性、支撑性作用，取得了显著成效。

一、案例背景

库车市位于天山南麓中部、塔里木盆地北缘，总面积1.52万平方公里，辖20个乡（镇、街道、片区管委会）、223个行政村。随着农村经济社会的发展，农业农村档案在社会治理中的作用愈加凸显，但农村档案工作在管理机制、人员配备、资源建设等方面还存在不少短板，需以改革的魄力不断优化完善，用档案更好地记录农村经济社会发展历程，在落实党的惠民政策、保护农民合法权益、发展农村集体经济、建设和谐社会等方面贡献档案力量。

二、具体做法和成效

（一）深化组织建设，推进机制创新

一是高位协同推进。库车市党委政府高度重视，成立了市、乡两级档案工作服务农村基层社会治理试点工作领导小组，构建了党委政府领导、档案部门牵头、民政部门配合，以乡镇为主体，村级为重心的档案管理体制。市委制定试点工作方案并及时研究解决试点中的重大问题，档案部门会同民政

部门加强调研指导和人员培训，乡镇党委政府切实做好人财物保障，试点村（社区）明确"路线图""时间表""任务书"，具体落地执行。各级各部门认真履职、主动作为，形成市、乡、村三级联动的工作格局，实现了村级档案管理常态化长效化。

二是纳入考核评估。以绩效考核和项目评估为抓手，将档案工作纳入库车市"十四五"规划及年度绩效考核，将试点任务指标纳入库车市2021年全面深化改革重点项目，确保试点工作有力有序推进实施。各乡（镇）相应建立档案工作考核机制，着力推动乡、村两级档案规范化建设。依西哈拉镇将档案工作纳入村级年度目标考核，激发档案人员提升专业技能和干事创业热情；齐满镇将档案工作纳入党建考核工作，以党建促业务，推动镇、村两级档案工作规范化建设全覆盖，进一步提升档案工作治理能力和服务水平。

三是强化示范引领。及时将试点工作成效转化为加强和改进农村基层社会治理的效能，边试点、边总结、边推广。通过试点村的示范带动，有效推进全市223个村按照"五有""十防"标准完成村级综合档案室建设和规范化管理，全市村级组织的档案管理硬件条件得到有效改善，档案管理水平有了明显提升，群众的获得感、幸福感和满意度不断增强。

（二）丰富档案资源，提升服务质效

一是建立"一个中心"。引导具备条件的乡（镇）建立档案管理中心。齐满镇、牙哈镇率先实现乡镇机关档案、站所档案、行政村档案、政务公开信息、农业农村科技书籍资料集中统一管理，将富民安居、定居兴牧、农村低保、财政补贴、土地承包、新农保、宗教、农经、农牧民党员等各类涉农惠民档案共计20余种3万余卷（件）汇集到档案管理中心，实现档案资源集约、档案门类齐全、存储介质多样、管理安全科学、提供利用便捷。

二是形成"两个文件"。制定了《村级档案基本目录清单》，把符合农村实际和基层社会治理需要的文件材料，如基层组织建设、村民自治、民生保障、新时代文明实践、铸牢中华民族共同体意识、民族团结文件等材料纳入村级归档范围，保障基层社会治理的规范运行。编制《库车市村级档案管理实务手册》，收录村级档案基本知识、管理职责、基本目录、归档要求，为基层开展档案工作提供参考，做到规范流程、简化内容、统一模板、突出重点，让档案工作更好服务基层社会治理，助力乡村振兴。

三是突出"三个特色"。根据不同镇、村的历史文化背景、发展特色、工作基础等情况，加强特色档案的征集。如拥军爱民日记和连环画、民族团结证书和牌匾、生产生活老物件等，不断拓宽收集范围、丰富村级档案资源，为村级文化传承提供了有效载体。

（三）坚持数字赋能，加速服务供给

加快推进数字档案管理服务一体化平台建设，构建了市、乡（镇）、村（社区）三级馆（室）互通互联的档案信息资源管理利用平台。积极探索基层档案治理和便民服务有效路径，完成 800 余万页纸质档案、1.4 万余张照片档案数字化，建立了婚姻登记、出生医学证明、土地确权等民生档案数据库，着力提升村级档案在信息社会中的服务能力，真正做到"数据跟着群众跑"。近年来，该平台面向村（社区）上线民生档案信息 32 万余条，提供档案利用 3000 余人次。通过对土地承包确权、产权变更、集体土地租赁、婚姻登记等各类档案查询利用，理清问题的源头和演变过程，有效预防和化解矛盾纠纷，维护群众利益，推动社会治理从"被动响应"向"主动治理"转变。

（四）打造文化阵地，资政育人促稳

深入挖掘村居的历史变迁、经济发展、乡情记忆，打造了一批各具特色的村史馆示范点，让历史发声，让档案说话。阿热买里社区将美丽乡村建设与党史学习教育相结合建设红色印迹馆，兰干村以宣传全国双拥模范人物卡德尔·巴克先进事迹为主线建设拥军爱民展馆，团结新村依托"全国民族团结进步模范集体""自治区文明村镇"等品牌优势建设民族团结文化礼堂，渭干村通过收集展示生产生活的老物件建设乡村文化记忆示范基地。通过创新档案文化载体，把村史馆建设与基层党建相结合，与爱国主义教育相结合，与精神文明建设相结合，有效发挥农村档案资源在维护社会稳定、增强民族团结、推进村务公开、保护人民群众合法权益、促进乡村振兴战略实施、提高基层治理和服务能力等方面的基础性、支撑性作用。

聚焦基层社会治理　提升档案服务水平

上海市奉贤区奉城镇

奉城镇位于奉贤区东部，上海市东南部。开埠于明洪武十九年（1386年），拥有635年的悠久历史。2002年奉城镇被上海市人民政府命名为"一城九镇"试点中心镇，2019年8月全域被纳入上海自贸区新片区范围。于2002、2003年先后经历两次行政区划调整，原奉城镇、塘外镇、洪庙镇、头桥镇四镇合一，2019年12月原头桥镇区域划归头桥公司管辖。目前，奉城镇共有30个行政村，13个居民委员会。

根据《国家档案局办公室关于开展档案工作服务农村基层社会治理试点工作的通知》有关要求，2019年底奉贤区被确定为首批试点地区，经调研论证、充分协商，遴选奉城镇2012、2013年度成功创建社会主义新农村档案工作市、区级示范村的高桥村、盐行村、新民村等3个村为试点单位参与试点，积极探索档案工作服务农村基层社会治理路径，强化党建引领、加强三级联动、强化考核督导，制定符合奉贤农村基层社会治理需求的《村务管理档案基本目录（清单）》，持续夯实档案工作规范化管理基础，着力解决奉贤农村档案资源体系、安全体系与利用体系建设中存在的问题难题，有效推动档案工作更好地为农村基层社会治理服务，在区、镇树立了村级档案规范化管理的新标杆、新样板。

一、案例背景

2017年12月，奉贤区被确认为全国首批农村社区治理实验区。作为上海实施乡村振兴战略的主战场之一，奉贤区大力实施"3+1工程"，深化"三减三增三守"，创建和美宅基美丽乡村，探索推动农村"三块地"改革，创新社会治理，加速推进乡村振兴。由于各种历史原因，试点之前各村一定程度地存在村民档案意识不强、村级档案资源收集整理不够齐全不够规范、村级档案保管存在安全风险、档案信息化水平较低、村档案人员业务水平不适应新形势新要求等诸多问题，档案工作不能充分发挥服务农村基层社会治理、服务村民百姓的作用。为了使档案工作更好融入农村经济发展、村庄建设、文化传承、民生改善，全面助力乡村振兴，并记录好、留存好乡村振兴各阶段宝贵经验，开展试点适逢其时。

二、具体做法和成效

（一）强化制度保障，夯实档案治理基础

一是建立健全以镇主要领导为试点工作第一责任人、分管领导为具体责任人的领导协调机制。召开档案专题会，研究制定《试点实施方案》，明确工作任务及目标，在区档案局的大力支持下，区、镇两级共同组建试点工作专班，对创建工作进行全程指导。

二是完善农村档案工作三级管理网络。进一步健全区、镇、村密切配合的三级农村档案工作管理网络及有效的考核和管理体制，压实村级组织对村级档案工作的主体责任，档案工作得到村两委班子更高程度的关注与支持，做到村级档案工作有人管、有人抓、有专人干。通过试点，统一规范了村级档案管理制度且严格执行，各类文件材料有效收集、规范整理、安全保管，各部门（系统）的档案集中统一管理。

三是注重实训实操，加强档案队伍建设。结合新时代档案工作的发展趋势，加强对基层档案干部的培养，完善基层档案队伍建设，优化档案干部年龄、学历结构，全镇基层档案干部平均年龄35岁以下，本科以上学历80%以上。在建立档案实训基地的基础上，邀请专业老师授课，每年定期开展档案知识技能培训、现场跟学培训档案业务等多种方式，使各基层单位档案干部熟悉业务、熟练实操，全面提升能力素质。

（二）制定村务目录，推动档案资源建设

镇档案主管部门主动牵头，在系统梳理当前主要村务管理活动、村级日常工作事务的基础上，广泛征求相关区镇涉农部门、业务科室、行政村意见，制定并完善了符合各村实际的《村务管理档案基本目录（清单）》，共72类298项，为各村进一步做好归档工作提供了规范指引，确保"应归尽归、应收尽收"。新民村2018年度文书归档数量114件，2019年制定目录清单后，当年度归档数量提升至326件，2020年225件，2021年300件，包括农村基层社会治理的各种台账材料、维护村集体和农民群众合法权益的各类凭证、彰显社会主义制度优越性和构建农村和谐社会的历史记录；档案种

类也明显增多，特别是增加了垃圾分类、河道整治、无违建村创建、和美宅基创建及人居环境整治村创建、新冠病毒疫情防控等专题档案，凸显特色亮点。高桥村利用《目录》规范了归档工作，确保各项工作"有据可查"。2015 年前平均归档 41.2 件，2016—2018 年平均归档 80 余件，经过试点，归档数量成倍增长，2019 年 139 件，2020 年 167 件，2021 年 132 件，且增加了专题档案，既有和美宅基等各类创建、三块地改革等区特色工作专题档案，又建立完善了本村特色的"农村产权制度改革试点""高桥村来奉人员"档案等高桥村特色。盐行村重新梳理档案室中各类室藏档案，进一步完善档案规范化整理，并增加了土地整治及宅基地归并等专题档案，更好的让档案发挥为民服务作用。在建设规范化示范档案室的同时，进一步盘活档案，以史育人，汲取正能量，将沉睡在档案室内的档案资源、档案文化延伸到"齐贤修身"阵地（奉贤区大力培育和践行社会主义核心价值观的阵地载体）。2020 年 9 月，在"齐贤修身"阵地建立微型村史馆，弘扬红色档案故事；挖掘档案信息资源，通过"盐行微之声"，讲述盐行档案故事，宣传红色文化。

（三）拓展利用实效，提升档案服务质量

一是优化空间布局，牢筑档案安全防线。各试点村按照规范化要求设立独立的档案库房，实现办公、阅览、库房"三分开"，力争库房使用效率最大化、管理更优化。库房内统一配置了满足档案保管保护需求的空调、档案柜架、去湿机、温湿度计、灭火器等。各试点村围绕档案库房修整、增添或维修保养设施设备、添置档案装具、建立微型村史馆等业务建设，各方面共计投入资金 10 万余元。

二是创新档案服务模式，对部分涉及民生的重点档案，如土地承包、确权登记档案等进行全文扫描，并在村综合服务中心一门式受理大厅设立档案查询服务窗口，安排专人接待、受理档案查询业务。三个试点村都建立或完善了村级一户一档，其中包括户口本、身份证、宅基证、退伍证、残疾证、宅基地置换协议等，充分掌握本村村民基本情况，更好地落实民生政策，为民提供精准服务。

三是提升档案服务村务工作水平。在"和美宅基"等创建工作中，档案成为申报、评审材料的重要支撑和凭据。在完善土地延包工作、解决村务管理中的矛盾纠纷、打赢疫情防控阻击战、农村建设用地减量化、宅基地置换等工作中档案发挥重要作用，实现农村档案工作保障基层社会治理各项工作规范运行的目标。

（四）推动在线利用，加快档案信息化建设

一是加大村级档案信息化建设力度，推进村级档案资源共建共享和在线利用服务，实现村级档案数字化，契合基层社会治理新需求，将涉及民生的重点档案，如土地承包、确权登记等档案进行扫描。另外，按时保质地完成年度各类档案的收集整理工作，并上传至"奉贤虚拟档案室"系统之中，便于快速查档，更好实现为民服务。

二是打造智慧档案。盐行村通过信息化手段打造"智慧村庄"综合管理系统，将辖区内人口居住、农田道路、农田水系灌溉、土地流转信息、土地经营现状、农用地分布情况等信息全部导入综合管理系统，不仅实现了农村社会治理智慧化、现代化，用信息化手段解决民生热点问题，同时也实现"盐行一张图"掌控产业信息、"两个实有"、综合治理、党群建设、公共服务等内容。通过一键查询村级档案，进行功能性拓展及行业性应用，实现档案工作的信息化服务。

"档案工作存史资政育人，是一项利国利民、惠及千秋万代的崇高事业"。奉城镇将以试点村创建为起点，通过以点带面，围绕基层党组织建设、美丽乡村"和美宅基"创建、农村人居环境整治、农村产业发展、农村产权制度改革等中心工作和重点任务，加强农业农村档案资源体系建设，打造规范化标准村级档案室，进一步提高档案工作现代化、规范化管理水平，更好地服务群众、服务基层社会治理，推动档案事业再上新台阶。

强化三项要素　　推进村档乡管

江西省新余市渝水区人和乡

2019 年人和乡聚焦农村基层社会治理主要任务和实际需求，在全域范围开展"档案工作服务农村基层社会治理"试点工作，在国家档案局和省、市各级档案局的指导和大力支持下，人和乡结合全乡 13 个村的实际情况，采取精准分析、分类施策的方式扎实开展。经过几年的探索实践，试点工作顺利通过验收。

一、案例背景

人和乡位于新余市渝水区西北部，蒙山脚下，距城区 33 公里。辖区面积 72 平方公里，有 13 个行政村，54 个自然村，总人口 23143 人。人和乡的特色资源可用"一山一水一石一果一花一鱼"来概括，一山即新余第一高峰蒙山，一水即日流量 8942 吨的龙施泉水，一石即储量位居世界第一的硅灰石，一果即万亩新余蜜桔，一花即向日葵花海，一鱼即全省最大鳗鱼养殖产业。长期以来，人和乡村级档案工作因硬件设施条件差、管档意识弱、人员更换频繁，"村档没人管、年年建档不见档"的问题十分严重。为改变这一现状，让档案"存得下来、管得安全、用得方便"，人和乡聚焦档案工作服务农村基层社会治理试点的主要任务和实践需要，分类施策，推动"村档乡管"和村级档案试点建设工作的开展。

二、具体做法

围绕"收、管、用"等基层档案工作重点难点堵点问题，人和乡不断强化治理体系、提升保障条件、增强利用服务，基本实现了村级档案收集齐全、整理规范、保管安全、利用方便、服务高效。

（一）强化治理体系，实现村级档案"有人管"

1. 探索"村档乡管"。为了更好推进村级档案工作，解决村级档案工作中的难点问题，人和乡积极探索"村档乡管"工作模式——即把全乡所有行政村档案进行集中分类管理。将基础条件差、人员力量单薄的 8 个村的档案委托乡档案室保管，缓解档案保管空间和人员压力；将条件较好、距离乡政府较远的 5 个村进行了村级档案试点建设。

2. 完善管理体系。一是把档案管理工作纳入"村书记工程"，纳入村委会年底绩效考核内容；二是通过召开专题班子会议研究档案人员配备事宜，明确乡镇分管领导抓具体业务，乡党政办安排一名干部为专职档案管理员，负责全乡的档案管理工作；三是各行政村安排一名年轻、懂电脑、能力强的村干部，具体负责本村的文件材料收集、整理和归档工作。在确保档案工作有人抓、有人管后，人和乡通过择优选配、业务培训、岗位练兵等方式，持续激发档案工作人员提升专业技能、干事创业的热情。

3. 建立管理制度。通过建立月汇报、月调度、月督查、跟踪督导等制度，倒排工期、挂图作战，试点工作有序推进。制定了一套切实可行的档案管理办法，严禁无关人员进出档案室，建立了档案借阅登记簿和档案信息利用反馈表，不断规范管理、优化利用服务。

（二）提升条件保障，确保乡村档案"有个家"

1. 保障硬件设施。在办公用房紧张的条件下，人和乡专门腾出一间 60 平方米的办公室作为"村档乡管"档案室；配备了两间共计 40 平方米的办公室作为乡镇档案室，一间 18 平方米的查阅室并进行装修，购置档案柜 61 组以及防火、防盗、防虫防霉等"八防"器材，配备电脑、扫描仪、打印机等信息化设备。同时，着重打造稿诞、布里、西村、武郎、辉江五个村级档案示范点，建设村级档案室，并配置相应的设备。

2. 解决经费问题。为了加强对试点工作的保障，人和乡完善投入机制，将"村档乡管"工作经费纳入本级财政预算，针对具体困难和问题相应安排专项经费。各村积极争取帮扶单位的支持，统筹解决经费紧张的问题，共计争取上级资金 14 万元左右。把每年的 7 月定为档案整理月，利用暑假时间，招募返乡大学生组建"档案秘书"集中开展档案整理工作，让本地学子在档案中理解家乡、感受乡愁，同时帮助减轻档案整理工作压力。

（三）增强利用服务，确保乡村档案"有用处"

1. 优化查档服务。人和乡初步形成了"档案查阅窗口、电子查阅目录、图片和影像档案"为主体的基层档案服务平台，多渠道发挥乡村档案利用、信息交流等功能。"档案太有用了"不仅成为乡村干部的共识，还得到了群众的认可。乡档案员通过查阅 1984 年的档案，找到了一份中共渝水区人和乡委员会关于村干部职务任免的通知，为离任村干部何某某提供了任职期间的详实证明，帮助他享受到了应有的待遇，老人很是感谢也很是意外，没想到快 40 年的资料也能找到，并感叹"要是没有这些档案，好多事情将查无实据，根本没办法解决。"

2. 建立利用案例。档案让基层治理有据可依，为解决历史遗留问题，提供了真实、完整的凭证，增强了政府的公信力，促进了基层治理。"两资"清理期间，通过档案查阅，穑诞村两起多年未解决的山地、林地纠纷得以成功解决，共整改问题合同 8 份，新增土地面积 200 余亩，增加村集体经济 60 万元；辉江村有村民反映自家审批的宅基地面积小，怀疑是村委工作失误导致，村委干部通过查阅相关资料，帮助其明确了建房的面积，也做通了其他村民的工作，迅速地解决了纠纷和问题。

3. 开展档案编研。人和乡广泛发动群众，深入发掘本地资源，充分发挥好档案工作存史资政育人的作用。以档案试点工作为契机，人和乡组织编撰了建乡以来第一部志书《人和乡志》，全书约 50 万字，全面记录了人和乡经济社会发展历程。辉江村是蒙山游击队活动点，该村以红色档案文化统领乡村发展，依托丰富的"红、古、绿"资源，建立了省级村史馆，陈列犁、耙、老茶壶等老物件，以及何棉八烈士的事迹介绍，让村民望得见山、看得见水、记得住乡愁，今年共接待前来参观学习超过 200 人次，成为村里的一张靓丽的名片。

三、取得成效

目前，人和乡 13 个村规范整理文书、会计、基建、设备、实物、声像和精准扶贫等 7 大类纸质档案 3201 卷、实物档案 257 件、照片档案 13 册。乡级档案室保管了从 1958 年至 2019 年的档案，共有 1425 卷 3473 件。

（一）档案安全保障方面

通过开展"村档乡管"试点，乡、村两级档案室管理人员的配备得到加强，建立了规范管理的长效机制，从根本上解决了村级档案的安全问题。武郎村因搬迁和人员变动等原因，档案资料遗失问题较严重，留存下来的文件材料也没有按照要求归档整理。通过试点工作，武郎村按照"五有"标准建立起了村级档案室，落实村级档案管理规范要求，把各种门类的文件材料收集齐全，现有实物档案 20 件，文书档案 30 卷，照片档案 1 册，其他类档案 71 卷，会计类档案 10 卷。观下村近年来获得各类荣誉奖牌 10 余块，每项荣誉背后都有档案助力的"身影"。

（二）档案利用服务方面

村级档案的妥善保管为解决历史遗留问题提供了真实、准确、丰富、完整的凭证，既维护了村民的合法权益，又增强了政府行为的公信力。人和乡利用"村档乡管"的档案解决山林、土地、合同、选举资格等纠纷16起，为核实干部入党时间、入职、落实民办教师工龄等政策出具凭证11份，提供工作参考28余次，化解土地、承包、就业等合同纠纷10起，有效地化解了各类矛盾，确保了社会和谐稳定，取得了良好的经济和社会效益，"跑信访局不如跑档案室"已成为村民们的共识。数字的背后是"村档乡管"试点工作着力推进城乡档案公共服务均等化，解决农村档案服务群众堵点问题，让档案利用更加高效便捷。

随着新农村建设进程的不断加快，档案的作用也在不断地凸显，档案工作得到了越来越多干部群众的认可，也为乡镇各项工作的开展提供了有力的支持。人和乡将不断深化"村档乡管"工作模式，把农村档案工作作为加快推进乡村振兴的抓手，积极为农村基层社会治理提供高质量服务。

整合资源　优化服务
档案工作为基层治理赋能增效

广东省东莞市大朗镇

广东省东莞市大朗镇成立镇档案馆，构建起镇级文书、城建、房产"三档合一"工作体系，畅通"村档镇管村用"服务机制，大力推进全镇档案资源整合优化，不断拓展档案馆、艺术馆、展览馆、方志馆"四馆合一"档案利用服务功能，提供档案管理利用、爱国主义教育、艺术交流展示、编志修鉴传承文化等多元融合服务，有力促进和保障了农村基层社会治理。

一、案例背景

大朗镇位于东莞市中南部，处于港深穗经济走廊中心，面积97.5平方公里，常住人口近56万。大朗镇全力打造装备制造、电子信息和毛织"三大支柱产业"，先后荣获中国羊毛衫名镇等24张国家级名片，连续七年入围全国百强镇，2021年位列第30名。

近年来，随着经济的高速发展，大朗镇把加强档案建设作为服务农村基层社会治理的重要抓手，镇党政综合办、镇档案馆根据职责分工，发挥各自优势，注重协同联动，推动档案工作覆盖全镇85个单位和所辖28个村（社区）。针对农村基层文件归档难、档案利用少等问题，着力加强档案资源建设与利用服务工作，2020年初，大朗镇指导求富路社区、巷头社区开展档案工作服务农村基层社会治理试点，深入推进试点工作规范化精细化，有效提升全镇档案工作水平，为全镇基层社会治理提供强有力支撑。

二、具体做法和成效

从管理模式、工作机制、业务规范、利用形式等多方面着力，加强档案资源建设和档案利用服务。

(一) 创新"三档合一"档案管理模式,进一步整合了全镇档案资源

积极实施档案资源整合"一体化"战略,规范档案收集的范围和时限,将全镇的文书、城建、房产等各类档案整合进镇档案馆统筹管理,形成"三档合一"的大档案管理体系,充分利用镇档案馆2000多平方米的库房资源,将村级档案资源全部收集进馆,实现"村档镇管村用"的创新管理模式,使镇档案馆成为集中统一、永久保管全镇档案资源的基地。目前,馆藏89个全宗,档案超41万卷(件),是东莞市档案资源数量最多的镇街之一。

(二) 搭建"三员共管"工作机制,进一步落实了档案工作责任

完善档案收集管理机制,明确各单位负责人为档案工作第一责任人,创新"分管干部+专职档案员+兼职档案员"的"三员共管"工作模式。以村(居)委会、理事会、监事会、村(居)务监督委员会等班子的负责人或单位领导班子成员为主要责任人,负责落实其分管领域档案资料收集整理工作,形成齐抓共管的工作机制,并定期在村(社区)两委班子会议、单位领导班子会议上通报收集工作情况,持续传导压力,倒逼工作落实。

(三) 加强档案基础业务指导,进一步规范了档案资源建设

大朗镇档案馆深入开展业务调研,指导各村(社区)根据各自文化、经济和实际利用等特点,结合新冠肺炎疫情、脱贫攻坚等热点,定期更新完善分类编号方案、归档范围和保管期限表、农村特色档案基本目录等业务规范文件,经大朗镇档案馆审核把关后实施,进一步规范了基层档案业务,提高了工作效率。特别是加强档案资料收集整理制度建设,根据归档范围和保管期限表,落实各单位专人专责,确保"应归尽归、应收尽收"。各单位档案工作组织管理、设施设备、安全管理、文件收集整理、保管利用、体制机制、共建共享、基本目录、特色档案建设等方面,都得到较大的提升和完善,档案资源建设成效显著。其中,求富路社区、巷头社区分别新增了7个方面和10个方面的特色档案基本目录,社区档案数字化率达100%。

(四) 提升全镇档案信息化水平,进一步整合了档案数字资源

大朗镇档案馆加强档案信息化基础设施建设,全镇85个立档单位均使用大朗镇档案馆统一开发的档案管理平台,减轻了基层单位档案信息化投入的压力。运用档案管理平台开展线上指导、检查,及时发现并解决业务问题,督促各立档单位保质保量完成档案工作。制定全镇档案数字化工作计划,分阶段完成馆藏档案存量数字化,同时积极推动各单位在完成档案数字化工作后，再移交实体档案到镇档案馆，提升馆藏档案数字化比例，形成全镇统一的档案资源数据库，筑牢数字档案馆建设基础。

（五）突出民生档案资源建设，进一步助推了基层稳定发展

民生档案是农村基层最受群众关注、使用最频繁的档案。大朗镇指导各村（社区）在突出地方民生特色上下功夫，掌握群众个性化利用需求，加强各类合同、土地、医保等民生档案收集整理工作，为解决群众诉求与难题提供有效依据。各村（社区）通过调用档案资源，为农民公寓产权争议、宅基地面积争议等问题提供了有力佐证，将不稳定矛盾隐患化解在萌芽状态。巷头社区在社区市场升级改造过程中，通过查询富康、富华市场的面积、租金、合同情况、经营情况等档案资料，为社区制定市场改造方案提供有力佐证，助力完成两个市场的升级改造工程。突如其来的新冠肺炎疫情给社会各界特别是企业生产经营带来了巨大冲击，大朗镇多个村（社区）出台辖区集体物业租户减租免租政策，村（社区）档案室提供了集体物业租户的租金、合同期、所租物业面积等重要信息，使惠民政策快速落地、精准实施，受到了广大群众的认可。

（六）拓展档案利用渠道，进一步优化了基层档案利用方式

大朗镇档案馆通过统一的档案管理平台，为群众提供档案全文检索查阅，提高档案利用效率。进一步做好民生档案查阅服务，将群众查询量较大的房产查档业务整合到镇政务服务中心综合办事窗口，便于群众"一站式"办理。探索档案在线利用新方法，为实施乡村振兴提供了优质服务，各村（社区）在党群服务中心设置档案查询窗口，配置"自助查询一体机"，可实现在线查阅房产、社保等多方面信息，打造"家门口的档案室"，将档案信息服务利用向村民延伸，提升基层档案利用的便民度，实现"让数据多跑路，让群众少跑腿"的目标。巷头社区自行研发社区居民管理系统，建立居民信息数据库，通过系统可快速、便捷地为社区各项工作提供真实可靠的信息和数据，协助社区开展征兵工作、敬老节活动、换届选举等各项工作。

（七）融合"四馆合一"建设模式，进一步拓宽了档案服务功能

大朗镇档案馆在全国率先实现了"四馆合一"建馆模式——档案馆管理全镇重要档案资源，向群众开放查档服务；展览馆结合大朗实际，展示镇情镇貌；艺术馆每月举办各类文史、艺术展览；方志馆是广东省第一个镇级方志馆，收藏并提供利用各种地情著述8000多册。大朗镇利用档案馆丰富的馆藏资源，结合艺术馆、展览馆场地资源，联合各部门单位每年举办10

多场不同类型的展览、读书节等活动，年均参观 1 万多人次，档案利用服务深入民心。

（八）充分发掘特色档案资源，进一步弘扬了中华传统文化

求富路社区通过大量详实的图片和实物，完成了族谱编制、社区村史馆建立，创新档案利用形式，在社区主干道打造"人行道上的村史馆"，结合建党 100 周年主题活动及乡村振兴主题，通过彩绘、雕塑、宣传栏等形式，充分展现了社区发展历程，有效提升了人民群众幸福感。巷头社区运用丰富档案资料，充分发掘社区文化底蕴和人文特色，完成陈氏族谱以及全国首部公开出版的村级年鉴《巷头年鉴》。建成巷头社区村史馆、毛织博物馆、图书馆、生活馆等"四馆"，提供《巷头年鉴》《大朗年鉴》《大朗镇志》等编研材料供居民查阅利用。社区档案在"四馆"得到充分运用，既提供了居民学习、娱乐的基础设施和场所，也让居民进一步了解社区民俗与经济发展历史，传承和弘扬了社区文化，提高了居民幸福感。

近年来，大朗镇在档案资源建设和档案利用服务方面取得明显成效，较好发挥了档案工作服务中心大局、服务经济发展、服务群众需求的重要作用，多次得到上级档案部门表扬和社会各界认可。下一步，大朗镇将继续深化档案工作服务农村基层社会治理试点成果，吸收各试点地区优秀工作经验，落实各项措施向各村（社区）推广，更好地服务农村基层社会治理。

筑牢村级档案基础　助力村庄高质量发展

天津市西青区李七庄街道凌庄子村

天津市西青区凌庄子村以"档案工作服务农村基层社会治理"试点建设为契机，规范村级档案工作，深入挖掘整理档案资源，强化档案资源利用效能，推动档案在保障村集体经济发展、传承村庄文化、服务乡村治理等方面发挥重要作用。

一、案例背景

凌庄子村位于天津市西青和南开两区交界，地处城乡结合部，村现有农业户籍村民 1881 户、3238 人，村民代表 169 人。村党组织为党委建制，下辖四个党支部，共有党员 116 人。近年来，该村积极发挥区位优势，加快改革发展，成立股份经济合作社，建成凌奥创意产业园区，村集体经济实力迅速壮大，村民生活日益改善，积累了大量土地制度改革、生产经营、村务公开、社会保障等方面的档案。凌庄子村以试点建设为契机，进一步强化组织管理，加大投入力度，建设高标准档案库房，建立村史展馆，加强档案收集整理、抢救和保护工作，不断丰富档案服务手段，档案工作在农村基层社会治理中的基础性、支撑性作用得到充分体现。

二、具体做法和成效

（一）提高站位、建基固本，档案机制不断健全

凌庄子村党组织高度重视档案工作服务农村基层社会治理试点工作，成立由党组织书记任组长的档案工作领导小组，班子成员集体研读《档案法》，学习试点工作相关文件，制定《试点工作实施方案》，明确试点工作任务。加强档案队伍建设，选配具有本科学历的档案专职人员，建立村档案工作网络，将档案管理工作纳入两委班子成员年度考评目标。加强档案工作

督导，村党组织书记定期检查档案工作开展情况，中层干部每月汇报档案工作进展情况，督促落实档案工作重点任务。加强档案制度建设，制定《档案管理制度》《档案室安全保管制度》《档案保密制度》《档案立卷归档制度》《档案借阅制度》等，明确了该村档案收集、整理、保管、利用等各环节工作制度。

（二）加大投入、建馆修室，档案阵地得以巩固

凌庄子村不断加大档案工作投入力度，加强硬件基础设施建设，高标准建设了 200 平方米现代化档案室，配备中央空调，安装烟雾报警器、红外线探头、监控摄像头、温湿度表以及防火、防盗、防鼠、防光等必要设施，购置密集柜、防磁柜，档案安全管理条件有效改善；购置档案管理软件、服务器、计算机、打印机、复印机、扫描仪等现代化设备，档案信息化水平大幅度提升。为进一步巩固档案阵地，该村累计投入 400 万元，修建 1200 平方米凌庄子村史综合展览馆，包括记住乡愁、乡村振兴新战略、党建风采等展厅，通过文字、图片、实物、录音、影像、VR 等多种形式记载村庄变迁，讲好家风故事，厚植家国情怀，培植奋进力量，成为促进村风文明、留住乡愁乡情的重要阵地和弘扬社会主义核心价值观的宣讲平台，年参观人数达 1 万余人次。

（三）规范管理、建档修志，档案资源更加丰富

凌庄子村对照《村务管理档案基本目录》将农村土地制度改革、村集体生产经营、村务公开、村民社会保障等文件材料纳入归档范围。同时，着眼村情民俗、历史风貌、村庄特色等，加强特色档案收集、抢救和保护工作。

一是加大档案收集力度，对文书、科技、会计、生产经营、社会保障、声像实物等多种门类和载体的文件材料进行收集整理和规范归档，切实做到应收尽收、应归尽归。截至目前，村档案室共收集归档文书档案 2344 卷、会计档案 2014 卷、基建档案 1615 卷、村民档案 1218 卷、集团员工档案 98 卷、电子档案 1298 件、实物档案 192 件。

二是深入开发室藏档案资源，积极开展档案编研，成立村志编修委员会，利用室藏档案编纂出版了《凌庄子记忆》和《凌庄子村志》，真实记录和反映了凌庄子村发展和变迁的历史，《凌庄子村志》获得中国名村志文化工程荣誉并入围全国名村志。

三是开展档案文化展示，录制了纪实片《不忘初心 砥砺前行》，详细记录村发展历史，为乡村振兴固根基、聚人心；将抗击新冠肺炎疫情形成的防控工作系列报道制作成书——《众志成城抗疫情》，全面记录战"疫"历程，弘扬伟大抗疫精神，提振人心士气，该书已在天津市档案馆和西青区档案馆展出。

（四）深化利用、建功增效，档案功能充分发挥

凌庄子村深化档案利用服务职能，在保障村集体经济发展、维护村民合法权益等方面发挥档案功能优势。

一是用好会计档案保障集体经济发展。凌庄子村集体经济发展活跃，2004年建设凌奥创意产业园，目前入驻600多家企业。随着档案管理规范延伸到村集体经济组织，档案帮助解决多起村级集体经济组织的纠纷，对村集体企业健康发展的保障作用开始显现。2021年12月，凌庄子村在与园区企业发生租金纠纷时，村档案室为法院提供的会计档案成为村集体胜诉的有力证据，为村集体避免了不必要的经济损失。

二是用好村务档案维护村民权益。在试点工作开展中，凌庄子村重新梳理文件材料归档范围和档案保管期限表后，有效维护了档案的齐全完整。基于村务档案的完善，协助村民解决了入学、入职、退休等事项。2020年9月，某村民因参保时身份证未升级，办理退休时系统审核查无此人，通过村档案室查阅到其参保登记资料，帮助该村民解决了退休待遇难题。

三是用好民生专业档案解决村民纠纷。凌庄子村系统收集了涉及村民的各类民生专业档案，在服务基层治理工作中发挥了重要凭证作用。2022年1月，某村民的子女因继承老人股份意见不一致出现家庭纠纷，进而形成诉讼，村档案室提供了老人遗嘱录音及相关文件的认同签字单据等资料，及时有效化解了村民家庭纠纷。

天津市西青区凌庄子村将不断巩固试点成效，进一步完善村级档案管理制度，加强农村档案资源建设，积极探索"互联网+档案"工作模式，进一步盘活档案资源，让档案工作在服务农村基层社会治理、推动实现乡村振兴中发挥更大作用。

"档案+"点亮乡村振兴路 促进民族大团结

江苏省常州市武进区雪堰镇城西回民村

苏南地区唯一的少数民族聚居地——常州市武进区雪堰镇城西回民村，以"档案工作服务农村基层社会治理"试点工作为契机，充分发挥档案工作在推进民族团结进步、促进民族村经济社会发展中的基础性、支撑性作用，将档案工作列为书记项目，以党建引领为核心，创新档案服务方式，探索出特色乡村治理路径，实现了档案工作与乡村振兴融合发展。经过一年多的实践，试点工作取得明显成效。在实现档案资源"富"起来、档案工作"活"起来、档案服务"优"起来的同时，也有力推进了乡村治理现代化。如今城西回民村探索总结的"档案+"融合发展模式作为档案工作服务乡村治理成功经验已在全市复制推广。

一、案例背景

城西回民村是元代（1264 年忽必烈至元年间）回民南迁时部分回民来常定居自然聚集形成的，距今已有七百多年历史。700 多年来，伊斯兰文化和农耕文化交相辉映，形成了独具特色的城西回民乡村文化。作为苏南地区唯一的少数民族聚居地，全村现有村民小组 27 个，总人口 2868 人，其中陡门塘自然村有回族家庭 96 户，336 人，辖区总面积 5.08 平方公里，是"全国民族团结进步模范集体""国家级生态村""全国一村一品示范村""全国少数民族特色村寨""全国乡村旅游重点村"。

城西回民村档案工作起步于上世纪九十年代，2012 年成为武进区首批村级档案工作示范基地。这些年，受多种因素影响，档案工作存在滑坡和服务动能不足的现象，原有的村级档案管理模式已不适应新时代经济社会发展、基层工作要求和群众企盼。为落实党中央《关于加强和改进乡村治理的指导意见》精神，扭转村级档案工作被动局面，更好地服务基层治理，

2019年武进区积极申报"档案工作服务农村基层社会治理试点"，旨在通过试点实践，研究探索符合新时代农村基层社会治理需求的村级档案工作长效机制和服务路径。

二、具体做法和成效

（一）档案+党建，提升基层组织战斗力

一是实行档案工作书记负责制。为加强党对档案工作的领导，城西回民村将试点工作列为书记项目，村书记亲自担任档案工作分管领导，细化试点工作任务，责任分解到人，并每月定期进行监督检查，及时协调解决工作困难和问题，确保工作进度和质量。

二是实现档案工作与党建工作统筹共建。城西回民村党支部坚持在丰富和拓展民族团结进步宣传教育的渠道和载体上下功夫，高度重视村史馆建设。从村级档案资料的收集、整理入手，通过入户走访老村民，寻找查阅本村村史书籍，走访德高望重的老人，了解村情村史，利用老物件、老照片为建设村史馆提供了丰富的档案材料，该馆从"精神家园、乡风文明、民族信仰、团结奋斗"四大板块图文并茂介绍了回民村发展的前世今生。通过打造活动功能与党建文化有机结合的综合场所，构建传承厅、担当厅等"两厅一带一中心"的格局，有效推动村级党组织在馆内开展各类学习服务、宣传等工作，使党建阵地吸引力更强、党员教育实效持续提升、凝聚群众能力更强。城西回民村村史馆每年接待各方领导、单位参观考察人数达3000余人。因成绩显著，2021年城西回民村党支部被评为"常州市'五星'级村（社区）党组织"。利用档案总结展示的"五融"工作法被评为"常州市基层党建优秀案例"，成为城西回民村党建工作的亮丽名片。

（二）档案+服务，聚拢群众向心力

一是优化村级档案资源体系建设。武进区档案部门通过调研，结合实际，量身制定了城西回民村档案资源建设基本目录，把群众对基层治理的重大关切、乡村治理的实际需求转化为不同类型的村务管理档案资源，重点加强"两委"换届、区委巡察、主题教育、村务公开、阳光扶贫、司法调解、股份合作社、承包地确权、规划建设和各类创建工作等文件材料的收集整理。截止2021年底，该村档案室共保管文书、建设项目、会计、照片、实物等13个门类近3000卷（件）档案，村级档案资源得到丰富和优化。

二是共建共享，推动公共服务均等化。为解决村民查档难问题，城西回民村积极开展"民生档案一网通查、即时出证"服务，将档案利用服务窗

口前移，在村党群服务中心增设档案查询窗口，村民只要凭有效身份证件就可在家门口查阅婚姻登记档案、宅基地登记档案等十大类民生档案。在2021年苏锡常南部高速公路建设工程拆迁项目中，积极利用室藏档案资料，做足前期拆迁准备工作，从而使该项目涉及的62户农户、6家厂房的拆迁工作得以顺利完成。自民生档案共享服务平台开通以来，该村受理档案查阅58人次，出具相关证明材料百余份。档案为解决拆迁安置、低保救助、婚姻关系变更、民事纠纷调解提供了可靠依据，越来越多的村民学会了运用档案解决矛盾纠纷、维护自身权益，基层社会治理效能得到进一步提升。

（三）档案+文化，增强民族凝聚力

档案工作开展以来，城西回民村专门组织人员对反映本村历史和民族特色的档案、遗迹、文化民俗进行抢救性保护和挖掘。充分发挥档案传承文化、宣传教育和利用服务功能，努力探索出一条构建民族档案资源体系的武进模式，为记录好、留存好、传承好民族传统文化提供有力保障。

一是利用民族档案资源传递民族团结正能量。陡门塘是城西回民村的自然村庄，其回族村民户数占比高达70%。为了充分挖掘民族元素和传统文化内涵，村委组织专班广泛开展老照片、老物件征集，寻访老村民、老专家进行口述档案采集。依托丰富的民族档案资源，高标准编制特色田园乡村建设规划和美丽乡村精品示范点发展规划，对民居、门楼、篝火广场、文体中心、清真餐厅等进行回族风格修缮建设改造。在保留乡村风貌的同时，充分体现民族特色，留住了青山绿水，记住了乡愁。村史馆用大量生动翔实的实物、图片、文字、影像，展示全村回汉村民融合发展的历史，成为进行中华民族共同体意识教育的生动课堂。

二是利用民族档案资源激发非遗传承新活力。解放前至解放初期，潘家地区活跃着一支马灯队，他们表演的"调马灯"是城西回民先祖传承下来的一种特有文体活动。由于历史原因，这项活动在上世纪五十年代末停演。改革开放后，此项停留在村民记忆中的表演因后继无人面临失传危机。为了保护传承这一具有鲜明回民特色的民俗项目，村里多方收集档案文献，并通过采访录音建立口述档案等，积极进行常州市非物质文化遗产项目申报。利用争取到的项目资金，组织专人对回民马灯项目进行抢救性挖掘再保护，"功夫不负有心人"，如今该项目已成功恢复表演，成为优秀民俗品牌。

三是利用民族档案资源打造文旅融合新业态。积极探索将活态文化档案、口述档案等新理念植入到试点工作中，通过文字、图片、影音和实物等形式多管齐下、多重发力，重点对历史典故、民间传说等故事，具有回族特点的歌舞、节庆、婚丧、饮食等习俗的收集整理，创编成文字、视频资料。依托丰富的民族文化档案资源，村里举办的首届清真美食节和采摘节，就吸引了苏锡常、镇江等周边地区回民 600 多人前来游览，盛况空前。城西回民村不仅成为具有民族风情的旅游胜地，也成为各民族交流发展的好去处。

（四）档案+产业，汇聚发展创新力

推进乡村振兴，最根本是要让农民的钱袋子鼓起来，日子过得更加富裕体面。村里围绕"一产促三产、三产带一产"的产业融合发展模式，整合多方资源，走出了一条特色发展之路。

一是利用档案培育现代特色农业。城西回民村盛产水蜜桃、梨、葡萄、杨梅、茶叶等特色农副产品。近年来，村利用档案科学指导种植户增产提效，记录科研数据，提供技术支撑，促进成果转化，形成了以千亩梨园、千亩桃园、千亩葡萄园和千亩茶园为核心的现代农业产业集群。同时积极引导农民专业合作社利用种植档案实施品牌战略，有力推动了特色农业产业化进程。如今城西回民村已成为远近闻名的茶果村，2021 年该村茶果农产品销售达 3000 多万元，真正实现了富民增收。

二是立足文化特色，发展乡村旅游。近年来城西回民村充分挖掘民族档案文化资源，将以往的历史文化、宗教信仰等进行选择性挖掘与重构，大力发展具有民族风情的"特色乡村旅游区"，建设陡门塘民俗文化园、清真寺、篝火广场、百年老宅美学馆、民族村史馆等风情展示区域，使美丽乡村建设布景更加独特与完整。将档案工作发展与农村旅游业有机结合，在果园里搭起"活课堂"，走出了一条山水融合、产业联动、农游结合的富民强村之路。据统计，2018 年以来，该村累计接待游客 40 余万人次，实现营业额 700 余万元，帮助农户销售农副产品 300 余万元，带动农家乐、住餐等增收约 200 余万元。真正实现了带活一片产业，带富一方百姓的发展目标。

"用活"村级档案   服务基层治理

安徽省肥西县桃花镇柏堰社区

近年来，肥西县桃花镇柏堰社区在加快推进工业化、城镇化，实施乡村振兴战略的过程中，积极发挥档案在服务农村基层社会治理中的基础性、支撑性作用，逐步建立覆盖人民群众的档案资源体系、确保档案安全的档案安全体系、方便人民群众的档案利用体系，档案治理效能持续提升，取得了社区治理和档案事业发展的双重效益。

一、案例背景

桃花镇柏堰社区地处合肥西南、大蜀山南麓，毗邻经开区和高新区，交通便捷，地理位置优越，自然环境优美，发展空间广阔。社区辖堰湖山庄安置小区、柏堰商业中心、桃花镇公租房，共计 4988 户约 14698 人。

2019 年 10 月，肥西县桃花镇柏堰社区被国家档案局确定为"档案工作服务农村基层社会治理"试点社区。柏堰社区按照试点工作要求建档，做到村级档案存得下来、管得安全、用得方便，为实施乡村振兴提供更好服务；结合实际，研究制定符合农村基层治理建设需求的村务管理档案基本目录（清单）。试点工作前，库房面积 70 平方米，共有档案 5 类，文书档案 503 件、村民档案 1205 卷、实物档案 21 件、设备档案 20 卷、照片档案 35 件，共计 1784 卷（件）。经过一年多的努力，社区在档案治理体系建设、特色档案打造、档案开发利用、档案公共服务平台建设等方面取得了创新性突破，较好地完成了试点工作任务。

二、具体做法

（一）创行"三底"工作法，推动社区档案资源建设全覆盖

一是重要事项"留个底"。凡社区研究重要事项、组织重要活动、开展

重要工作、实施重大建设等大事要事，都将原始记录资料妥善保存，作为历史凭据。

二是村务公开"亮个底"。关系群众权益的重要事项的申报、审定、评议、结果等都要公示。通过亮底公示，接受社会和群众监督，既消除了少数群众的疑虑，赢得了群众信任，也化解了干群矛盾，维护了社会稳定。

三是解决疑难"凭老底"。在为社区居民提供年龄、身份、户籍、学历、工作经历、产权等材料证明时，皆以档案为凭，杜绝人情和私相证明，既确保为居民办事公平、公正，也维护基层干部形象。"三底"工作法有效地促进了社区档案资源建设向基层各领域延伸。

（二）健全"四项机制"，保持档案服务运行长效常态

一是健全档案工作组织体系。采取"镇聘村用"方式，配备了1名社区专职档案管理员，明确职责任务，工资列入镇财政统一预算，解决了长期存在的档案工作无固定人员问题。同时社区各部门均明确兼职档案员，负责档案资料的收集整理和移交工作，确保档案工作有人管、有人抓。

二是完善投入机制。根据档案工作需要，经与桃花镇协调，将社区档案工作经费列入镇财政年度预算，保障档案工作正常开展。

三是健全档案管理制度。修订和完善了柏堰社区档案管理各项制度，强化制度执行力度，档案工作迈入制度化、规范化、常态化轨道。

四是建立考核激励机制。将档案工作纳入年度工作目标考核，制定奖惩措施，激发档案人员干事创业的热情。

（三）搭建"五个平台"，提供多途径一站式便民服务

一是建立计算机检索平台。推进传统载体档案数字化，在编制好各种档案纸质查阅目录索引的同时，按照《纸质档案数字化规范》要求，对社区档案全部进行数字化处理。目前，录入案卷级目录4149条、文件级目录18960条，全文扫描79071页，方便群众利用计算机快捷查询档案。

二是搭建现行文件查阅利用平台。搜集梳理县、乡两级近年来制发的可公开文件，注重将民政、农业农村、人社、扶贫、医疗卫生、教育、经信、科技等部门出台的有关惠民惠企政策，分类整理，汇编成册20余本，为居民提供政策咨询服务。

三是设立窗口服务平台。实行全程代理制，在社区一楼综合服务大厅，增设档案便民服务窗口，开通柏堰社区档案局域网，将窗口电脑同档案室相连，让群众在一楼大厅就可完成档案查询，实现了百姓办事"一站式"服务。

四是建立掌上档案查询平台。开设便民通道，建立档案为民服务 QQ 群和柏堰档案服务微信公众号，设立档案查询电话，让群众足不出户，用手机就可了解柏堰档案最新信息，查阅和咨询有关档案信息。同时通过微信公众号开展档案法律法规宣传，普及档案知识，提高居民的档案意识和关注度。

五是拓展档案展览展示教育平台。充分挖掘社区档案历史信息，新建了村史馆，展示柏堰社区的历史变迁、经济发展、乡情记忆和美好家园，用身边人、身边事和柏堰社区改革开放以来的经济社会发展成果教育群众。

三、取得成效

（一）聚焦关键环节，夯实社区治理的档案工作基础

一是坚持人民至上，构建合理的档案资源体系。将群众关注焦点作为档案收集重点，坚持民生优先、资政育人的价值导向。目前，柏堰社区档案室共保管历年来各项档案共 14 类 11129 卷（件），其中文书档案 5793 卷（件）、会计档案 430 卷、基建档案 226 卷、设备档案 2 卷、照片档案 348 件、村民档案 2266 卷、精准扶贫档案 1031 卷（件）、健康档案 482 卷、低保档案 186 卷、特困档案 17 卷、集体产权改革档案 17 卷、企业档案 293 卷、实物档案 34 件、电子档案 4 件。

二是夯实基础，构建安全可靠保障体系。按标准化档案室建设要求，改建档案库房 76 平方米、调阅室 16 平方米，配齐"八防"设施设备。完善档案管理制度，建立定期风险隐患排查和日常巡查制度，确保档案安全。

三是便民利民，构建高效便捷的档案利用体系。通过开设档案服务窗口，实行档案全程代理制。通过开设档案掌上查询平台推进信息化查询，通过举办档案展览展示等为社区提供档案服务。自建档以来，为 989 人提供档案利用服务，调阅档案 1325 卷（件），出具相关证明 834 份。目前，社区汇编档案利用事例 546 条，印制事例汇编 3 册。

（二）着力"档案+服务"，助推基层社会治理

一是服务居民健康。社区为 482 名 60 周岁以上老年人建立了一人一档的健康档案，全面记录每次体检、就诊时身体健康状况和治疗情形，为医护人员全面掌握老人身体状况，对症施治提供帮助。2021 年 3 月，居民朱某来社区调取自己的健康档案，成功申请精神补贴、医药费补贴等。

二是服务脱贫攻坚。社区 31 户贫困家庭全部建立了扶贫档案，记录、收集贫困户基本信息、动态变化、落实帮扶措施和脱贫全过程，为开展扶贫工作精准识别、精准施策、精准脱贫提供依据。

三是服务疫情防控。柏堰社区境内落户企业65家，从业人员来自五湖四海，人口流动量大，疫情防控任务重、难度大。社区利用村民档案，开展居住人员排查，制定疫情防控预案。新冠疫情发生后，社区按村民档案制发人员出入证明，控制人员流动。在周边社区出现确诊病例的情况下，柏堰社区实行精准防控，做到了防控、生产两不误。

四是服务信访维稳。通过社区档案全程代理异地或直接调阅所需的原始资料，及时让居民了解事实真相，维护群众合法权益，有效化解社会矛盾。2021年，社区通过查阅档案有效化解重大矛盾上访苗头10余起，"跑信访局不如跑社区档案室"已成为柏堰社区群众的共识。2020年8月，柏堰社区居民李某，通过档案窗口查到其堰湖山庄拆迁档案资料，为其家庭成员办理房屋分户提供依据，化解房产纠纷。

五是服务美好家园建设。在推进城乡统筹发展，建设美好家园过程中，为确保群众合法利益，柏堰社区收集了拆迁、征地、建设、安置等全过程的文件材料，建立档案221卷，依据档案发放征迁补偿款近2亿元，既维护了居民合法权益，又服务了美好家园建设。目前，建设项目档案仍在居民房屋维修中发挥重要作用。2021年2月，柏堰社区居民黄某家中厨房下水管道堵塞亟待维修，施工人员要求提供排水施工图，他到社区请求帮助，档案员查阅基建档案，调取施工图，解决该户排水管道维修问题。

六是维护群众合法权益。柏堰社区依据档案资料为608人办理养老保险，为82名老龄人员发放高龄津贴，为55名计生对象发放计生奖励。社区居民张某对计生奖励标准发放产生疑问，通过查阅计生奖励政策文件和人员发放清单后，消除了疑虑，化解了矛盾。

七是服务社区网格化管理。社区利用原户籍资料，逐户摸排登记，全面记录了辖区居民户数、人数、从业情况和人口流动、外来人员暂住等情况，建立了居民档案2266卷，为社区网格化管理、加强社区治安提供服务。

（三）共建共享，发挥档案资政育人作用

社区新建70平方米的村史室，利用室藏档案对柏堰社区历史沿革、经济社会发展历程、家规家训、名人乡贤、荣誉等进行展览展示，让村史室成为游子寄托乡愁的打卡地和中小学生实践课堂。居民在观展中增强文化自信，激发群众爱党爱国爱家乡的情怀。据统计，自村史室建成以来，已累计接待参观人员1500余人次。

石堡村档案工作服务乡村治理简介

陕西省宜君县五里镇石堡村

石堡村是陕西省铜川市宜君县的历史文化名村，是 1936 年 7 月成立的"中共红宜县委"所在地。全村现有 308 户 1020 人，产业以苹果、玉米种植及红色旅游为主。近年来先后被市委、市政府评为"文明村""平安村"，被市、县两级授予"升级晋档，科学发展"活动一类村党支部等荣誉，是全县"扶贫开发先进村"。

宜君县石堡村立足自身独特的自然资源、红色资源、农业资源和历史资源禀赋，结合实施乡村振兴战略，在村级档案工作实践中，石堡村通过加强档案基础业务、改善档案工作场地和设施设备条件、增强村民档案意识、培养档案人员、深化档案信息开发利用等举措，将档案工作较好地融入到了村集体的发展当中，有力促进了支部党建、村务公开、产业发展、移风易俗、矛盾化解、文化传承等工作，唤醒了村民文化保护的意识，激发了群众热爱家乡、建设家乡的热情，提升了村民的档案工作获得感和满意感。

一、案例背景

石堡村保管有近现代以来的文书、土地承包、会计、音像、口述历史、实物、名人、遗址、民俗、非物质文化遗产、村庄记忆、脱贫攻坚等档案，还有中共红宜县委旧址及部分红色档案。历史上，由于档案管理混乱、开发利用服务效果不突出，造成群众对档案工作满意感不强，档案工作的发展环境也非常差。2006 年 1 月，石堡村下决心将村档案室、村史馆、中共红宜县委旧址等档案资源集中整合，设置了 210 平方米的档案工作用房，并围绕历史文化和革命英烈等内容建立了 12 个板块的村史馆，依托中共红宜县委旧址和红色档案建立了 140 平方米的红色档案展室，有力加强了村级档案工作，增强了群众档案意识。

二、具体做法

石堡村积极落实《档案法》、《陕西省档案条例》、《乡镇档案工作办法》和《村级档案管理办法》等，在立足做好村级档案工作的基础上，锚定服务乡村治理目标，通过档案工作赋能，解决了一批乡村发展和群众关注的"急难愁盼"问题。

一是加强村级档案阵地建设。石堡村围绕村经济社会发展和乡村振兴工作实际，按照档案"八防"要求，装修了档案库房、展室、阅览室等，配备了电脑、复印机、阅读桌以及安防、消防等设备。村档案室在文书、实物、音像档案的基础上，增添了名人、民俗、非物质文化遗产、遗址、口述历史、村庄记忆、红色资源等档案，丰富了档案室藏量，并编制了档案检索工具、大事记，建立了全宗卷等，为发挥档案存史留凭、资政育人作用奠定了工作基础。

二是提升村民档案意识。石堡村利用广播、宣传栏、微信、村民大会等形式，积极向村干部与群众宣传档案法律法规和业务知识，通过一系列生动具体的档案实例，使村民进一步认识到了档案工作是"三农"工作的重要组成部分、重要依靠对象和重要承接载体。同时也增强了村民做好档案工作的积极性，老百姓把档案当作发展资源要素的意识不断增强。

三是优化档案工作发展机制。石堡村将档案工作纳入村发展规划、村委会议事日程和工作计划，成立了村级档案工作领导小组和档案鉴定委员会，村党支部书记亲自抓档案工作，通过建立健全制度、形成长效机制、保证资金投入、强化过程管理、引导村民参与、培养骨干力量等措施，不断提升村级档案管理工作的制度化、规范化水平。

四是建立健全档案工作制度。石堡村制定完善了《档案工作人员岗位责任制》《档案立卷归档制度》《档案保管制度》《档案分类大纲》《文件材料归档范围和档案保管期限表》等制度，并将档案工作纳入村委会岗位责任制、年终考核等内容，使档案工作做到了有章可循、有手可抓、有序推进。在具体实践中，重点抓好档案制度的落地见效，切实用制度管人管事。

五是培养档案骨干力量。石堡村狠抓村两委班子成员和档案人员的业务知识培训，多次邀请市、县档案局入村进行培训。目前，村级各个层面不但明确了自身做好档案工作的历史责任、领导责任、工作责任，而且大家还主动学习钻研档案知识，提升档案收集、整理和开发能力，进一步壮大了档案工作服务基层社会治理的骨干力量，夯实了人才基础和群众基础。

三、取得成效

石堡村将档案工作和村经济发展各项工作同谋划、同部署，有力融合档案资源和其他各类资源，有效发挥档案工作在服务乡村振兴和基层治理中的基础性、支撑性作用，进一步改善了村档案工作发展环境、释放了档案服务基层治理的效能，提升了村组织及村民的档案工作获得感和满意感，实现了多赢。

一是促进了文化传承。1936 年 7 月，时任中共陕甘工委白区工作部副部长刘培植在家乡宜君县发展了 17 名党员，并在石堡村成立了"中共红宜县委"。石堡村深挖有关档案史料，依托红色档案建立了中共红宜县委展室，并将其打造成为区域性革命教育基地，常年接待各级各单位党员、青少年学生、研究学者以及周边群众参观学习。原村支书杨铁虎同志对红色档案的内容如数家珍，作为特聘讲解员向大家讲述红色故事；村档案室为本村生活和成长起来的 32 人建立了名人档案，既记录和留存了本村建设发展历史，也有效发挥了乡贤效应，为村引进人才、资金、技术等资源开拓了一条新渠道；为市级非物质文化遗产"石堡走马"建立了非遗档案，使优秀传统文化得到有效保存和传承发展；定期采录村容村貌，收集村民手中的照片、音视频等材料，建立村庄记忆档案，村民杨德明老人将保管了 40 多年的村容村貌资料、照片以及光盘材料捐赠给村档案室，离开家乡在天津工作生活多年的杨万生将自己保存的村史光盘等邮寄回村档案室保管；常态化采集村子重大活动、老人口述历史等并建立档案，使村民在新旧历史的对比中，更加深刻体会到了党带领群众脱贫致富奔小康、实现村子跨越式发展的历史性成就。

二是促进了产业发展。石堡村通过挖掘自然资源、气候水文、土壤肥力、旅游景观、文化遗址等方面的档案信息，制定完善了本村农业产业发展、旅游布局等规划，为村经济高质量发展奠定了基础。如档案记载"宜君县境内小众气候独特，昼夜温差大，有利于果蔬糖分积累"，经综合分析后，村集体决定大力种植苹果、玉米等农产品并获得成功，精准培育形成了农业支柱产业。截至目前，石堡村共种植苹果 2120 亩，最高亩产达 4500 斤，人均年增收 11360 元。中共红宜县委展室每年吸引近万人次参观，村民面向参观者提供餐饮服务及销售农副产品，户均年增收约 7000 元，村集体经济收入也逐年增长，村组织和村民都获得了实实在在的经济收益。

三是有效化解了矛盾纠纷。村组织通过档案原始凭证来处理纠纷、化解矛盾，收到了四两拨千斤的功效。两户村民因承包地纠纷了好几年，后来终于在 1998 年土地承包档案中找到了各自承包地的面积和四至，面对确凿的档案证据，两户群众多年难题迎刃而解。近年来，石堡村通过查阅档案，解决了许多村民在土地承包、宅基地、低保、医保、户籍、婚姻、学籍、党团组织关系、退役军人保障等方面的疑难问题，化解了一些信访矛盾，有效发挥了档案的作用。如今群众遇到矛盾纠纷时，首先是想到通过查档案来解决问题，村民运用档案工具维护合法权益、解决个人诉求的思维习惯已经形成，在平常的劳动生活中也比较注重档案素材的收集、积累，主动送交村档案室归档留存，档案工作的群众基础进一步筑牢。

四是拓展了档案工作的服务思路。石堡村通过加强档案工作服务基层治理，既提升了档案工作水平，又积累了一些新的经验认识，有效拓展了工作思路。着重围绕基层党组织建设，传承革命文化、优秀传统文化和特色文化，农业产业提质增效，农村经济组织发展，生态文明建设，美丽乡村建设，农村产权制度改革，文明乡风家风建设，文物古迹保护，农产品地理标志建立等领域，不断强化档案归集和开发利用，建立有关专题档案数据库，搭建便民利民服务平台，进一步落实档案工作"四个好"、"两个服务"的重要要求。

今后，石堡村将与时俱进、守正创新，不断贯彻落实《村级档案管理办法》，努力提升村级档案工作科学化、规范化水平，持续开展档案工作服务基层治理的新实践，更好地助力乡村振兴。

档案工作服务农村基层社会治理文件

乡镇档案工作办法

(2021年9月22日国家档案局令第18号公布　自2022年1月1日起施行)

第一章　总　则

第一条　为加强乡镇档案工作，推进乡镇档案工作法治化、规范化、科学化，根据《中华人民共和国档案法》及有关法律法规，结合乡镇工作实际，制定本办法。

第二条　乡镇档案是指乡镇党委、政府、人大、群团组织（以下简称乡镇机关）及企业事业单位在各项活动中直接形成的具有保存价值的各种文字、图表、声像等不同形式的历史记录。

第三条　乡镇档案工作是乡镇工作的重要组成部分，是一项基础性、支撑性工作，在推进乡镇治理体系和治理能力现代化建设中具有重要作用。

第四条　乡镇应当把档案工作纳入乡镇发展规划、工作计划和考核体系，纳入领导目标管理责任制，纳入乡镇各部门和履行公共服务职能等机构职责范围，切实解决设施设备、人员和经费等实际问题。

第五条　乡镇档案工作在上级档案主管部门监督、指导下，实行统一领导、科学管理的原则，维护档案的完整与安全，便于利用。

第六条　乡镇档案工作所需经费列入乡镇财政预算。

第七条　县级以上地方档案主管部门根据本地区实际，协调有关部门对乡镇档案工作给予政策、资金、项目等方面的支持。

第二章　机构、人员及其职责

第八条　乡镇应当明确分管档案工作领导，建立档案工作协调机制，处理乡镇档案工作重要事项。

第九条　　乡镇应当确定档案机构或岗位（以下简称乡镇档案部门），主管本乡镇档案工作，其职责包括：

（一）贯彻执行档案工作的法律法规和方针政策；

（二）建立健全档案工作规章制度；

（三）对乡镇机关文件材料的收集、整理、归档等工作进行指导和监督；

（四）集中管理本乡镇机关的档案；

（五）开发档案资源并提供利用；

（六）加强档案信息化建设；

（七）按照规定向县级综合档案馆移交档案；

（八）开展档案宣传、培训，做好档案统计等工作；

（九）对乡镇企业事业单位及村级组织的档案工作进行监督、指导；

（十）掌握本行政区域档案工作情况，维护档案安全。

第十条　　乡镇档案人员应当政治可靠、忠于职守，具备做好档案工作所需要的知识与技能，并保持相对稳定。

档案人员调离岗位或退休的，应当在离岗前办好交接手续。

第十一条　　乡镇企业事业单位应当指定人员负责档案工作，确保档案完整、安全，便于利用。

第十二条　　乡镇应当加强档案室建设，有条件的可设立乡镇档案馆。

第三章　设施设备

第十三条　　乡镇应当设置适宜档案安全保护和利用的档案库房、业务和技术用房、办公用房。

档案库房应当根据档案载体类型分别或分区设置，库房面积应当满足档案法定存放年限需要。

第十四条　　档案库房应当远离自然灾害易发地段和易燃易爆等场所，不得毗邻可能危及档案安全的用房，不宜设置在地下。

第十五条　　档案库房应当按照防火、防盗、防水（潮）、防光、防尘、防磁、防高温、防有害生物等要求，配备保障档案安全所需的设施设备。

第十六条　　档案柜架、档案盒等装具应当符合国家规定。使用密集架的库房楼面均布活荷载标准值应当符合相关要求。

第十七条　　乡镇档案部门应当加强档案库房管理，定期检查档案设施设备运行状况，发现问题及时采取措施。

第四章 文件材料归档

第十八条 乡镇机关及企业事业单位形成的文件材料应当采用耐久、可靠、满足长期保存要求的记录载体和记录方式。

乡镇机关形成的文件材料由各部门整理完毕后向乡镇档案部门归档，乡镇企业事业单位形成的文件材料由各单位整理归档。

第十九条 乡镇应当根据本办法编制本乡镇文件材料归档范围和档案保管期限表，报县级档案主管部门审核同意后执行。机构或职能发生重大变化时应当及时修订并重新报审。

第二十条 归档的文件材料按照有关规章、标准区分类型，分别整理：

（一）文书类按照《归档文件整理规则》（DA/T 22）、《文书档案案卷格式》（GB/T 9705）进行整理；

（二）科技类按照《科学技术档案案卷构成的一般要求》（GB/T 11822）、《建设项目档案管理规范》（DA/T 28）进行整理；

（三）会计类按照《会计档案管理办法》（财政部 国家档案局令第 79 号）、《会计档案案卷格式》（DA/T 39）进行整理；

（四）声像类按照《照片档案管理规范》（GB/T 11821）、《数码照片归档与管理规范》（DA/T 50）、《录音录像档案管理规范》（DA/T 78）进行整理；

（五）实物类按照实物类别或保管期限，以件为单位进行整理。

乡镇在专项工作中形成的文件材料，按照相关规定要求进行整理。

电子文件按照《党政机关电子公文归档规范》（GB/T 39362）、《政务服务事项电子文件归档规范》（DA/T 85）、《电子文件归档与电子档案管理规范》（GB/T 18894）进行整理。

第二十一条 文件材料应当及时归档。文书类文件材料于次年 6 月底前归档；科技类文件材料在科技活动结束后及时归档；会计类文件材料可由会计部门在会计年度终了后保管 1 年，于次年 3 月底前归档；照片、录音录像等声像类材料在活动结束或办理完毕后随时归档；采用办公自动化或其他业务系统的，应当随办随归。

归档时间有特殊规定的，从其规定。

第二十二条 归档的文件材料应当为原件，且真实、准确、齐全、完整。文件材料归档时，交接双方应当根据归档目录清点核对，并履行交接手续。

应当归档的文件材料，任何部门和个人不得拒绝归档或据为己有。

第五章　档案保管与利用

第二十三条　乡镇机关档案由乡镇档案部门集中统一管理。

乡镇企业事业单位的档案原则上自行保管；不具备安全保管条件的，可由乡镇档案部门代管。

涉密档案的管理应当符合保密管理规定。

第二十四条　乡镇应当对已达到保管期限的档案进行鉴定，经鉴定确无保存价值的档案应当按照规定予以销毁，鉴定报告与销毁清册永久保存。

鉴定工作由分管档案工作负责人、档案人员和相关部门人员组成鉴定小组进行。

第二十五条　乡镇档案部门应当编制多种形式的检索工具，开展档案资源开发利用工作，规范利用程序，做好利用效果登记。

第二十六条　乡镇档案部门应当定期对档案保管、档案利用、设施设备和人员等情况进行统计。

第二十七条　乡镇档案部门应当按照规定向县级综合档案馆移交乡镇机关档案，并同时移交检索工具、编研成果。电子档案移交按照国家有关规定执行。

第二十八条　乡镇应当建立健全档案安全工作机制，明确档案安全责任，开展经常性档案安全风险隐患排查整治，制定档案管理应急预案并定期组织演练，确保档案安全。

第六章　档案信息化

第二十九条　乡镇应当加强档案信息化工作，推动档案信息化与各项信息化工作协调发展，将档案查阅服务纳入乡镇公共服务事项。

乡镇政务信息系统开发与实施应当考虑档案管理需求。

第三十条　乡镇档案部门和企业事业单位应当配置必要的档案信息化设施设备，使用电子档案管理信息系统，有序开展传统载体档案数字化、电子文件归档与电子档案管理工作，推进乡镇数字档案室、数字档案馆建设。

第三十一条　乡镇应当加强电子档案和档案数字化成果管理，委托其他机构进行档案数字化、信息化服务的，应当对受托方进行监督。

第三十二条　县级档案主管部门应当根据本地区信息化发展水平统筹规划乡镇档案信息化工作，协调相关部门为乡镇搭建网络利用平台、加强档案数字资源建设、实现跨区域跨部门利用等提供条件保障。

鼓励有条件的地区统一部署区域性的电子档案管理信息系统。

第三十三条　县级综合档案馆应当为乡镇档案信息化提供支持，为乡镇档案数字资源备份提供便利，保障档案信息安全。

第七章　附　则

第三十四条　本办法由国家档案局负责解释。

第三十五条　各省、自治区、直辖市档案主管部门，可结合本地区实际制定实施细则。街道档案工作可参照执行。

第三十六条　本办法自 2022 年 1 月 1 日起施行。国家档案局 1998 年印发的《乡镇档案工作试行办法》（档发字〔1998〕1 号）同时废止。

附件：乡镇文件材料归档范围和档案保管期限表

附件

乡镇文件材料归档范围和档案保管期限表

序号	归　档　范　围	保管期限
一	文书类	
1	党群工作	
1.1	本乡镇党委会、党委扩大会记录、纪要等文件材料	永久
1.2	本级党的代表大会、人民代表大会,工会、共青团、妇女代表大会的文件材料	
1.2.1	请示、批复、通知、名单、日程、报告、领导讲话、总结、决议、决定、纪要、选举结果、讨论通过的文件材料等	永久
1.2.2	大会发言,人大代表建议和意见、人大议案及答复	永久
1.2.3	筹备工作,选举过程中形成的文件,小组会议记录,讨论未通过的文件材料等	10 年
1.3	本乡镇人大在监督履责、办理议案过程中形成的文件材料	永久
1.4	本乡镇档案、机要、保密等工作形成的文件材料	永久
1.5	本乡镇党委有关党的基层组织发展,党员管理、考核、教育培训,党费收缴的规定、办法、通知等文件材料	
1.5.1	重要的	永久
1.5.2	一般的	30 年
1.6	本乡镇党委有关党员干部任免、考核、奖惩的决定,党员组织关系转移的介绍信存根,党员统计的报表、名册等文件材料	永久
1.7	本乡镇党委有关纪检监察、党风廉政建设的通报、报告等相关文件材料	
1.7.1	重要的	永久
1.7.2	一般的	30 年

序号	归　档　范　围	保管期限
1.8	本乡镇纪检监察案件材料	永久
1.9	本乡镇党委有关政治思想、精神文明、宣传教育等工作形成的文件材料	
1.9.1	重要的	永久
1.9.2	一般的	30 年
1.10	本乡镇统战、民族、宗教、侨务等工作形成的文件材料	
1.10.1	重要的	永久
1.10.2	一般的	30 年
1.11	本乡镇工会、共青团、妇联工作形成的文件材料	
1.11.1	重要的	永久
1.11.2	一般的	10 年
1.12	本乡镇学会、协会等组织在工作中形成的文件材料	30 年
1.13	上级机关、上级领导检查、视察本地区、本机关工作形成的文件材料；上级机关下发的需要本乡镇贯彻执行的决定、纪要等文件材料	
1.13.1	重要的	永久
1.13.2	一般的	30 年
1.14	下级党组织报送的年度计划、总结、报表、典型材料等	10 年
2	**行　政　综　合**	
2.1	本乡镇乡镇长办公会、联席会、专题会等会议记录、纪要、决议等文件材料	永久
2.2	本乡镇制定的中长期规划，年度计划、总结等文件材料	永久
2.3	本乡镇区划调整、机构调整、人员编制、隶属关系改变等文件材料	永久

序号	归 档 范 围	保管期限
2.4	本乡镇编纂大事记、历史沿革、乡镇志、年鉴等过程中形成的文件材料	永久
2.5	本乡镇举办重大活动、应对突发事件过程中形成的文件材料	永久
2.6	本乡镇各项普查、统计调查工作形成的文件材料	
2.6.1	重要的	永久
2.6.2	一般的	10 年
2.7	本乡镇信访工作形成的文件材料	
2.7.1	重要的	永久
2.7.2	一般的	10 年
2.8	本乡镇行政执法案卷材料	永久
2.9	本乡镇有关人事、劳资、评聘、离退休、抚恤等工作形成的文件材料	永久
2.10	与本乡镇有关的奖惩文件材料	
2.10.1	本乡镇或本乡镇干部职工获得县级(含)以上表彰奖励和受到警告(不含)以上处分的决定、通知、通报等	永久
2.10.2	本乡镇或本乡镇干部职工获得县级以下表彰奖励和受到警告处分的决定、通知、通报等	30 年
2.11	本乡镇有关劳动就业、劳务输出的通知、规定、名册等文件材料	永久
2.12	本乡镇机关房产、土地所有权和使用权的文件材料	永久
2.13	本乡镇与有关单位签订的合同、协议等,物资和服务的采购计划、审批手续、招标投标等文件材料	
2.13.1	重要的	永久
2.13.2	一般的	30 年

序号	归 档 范 围	保管期限
2.14	本乡镇政府政务工作形成的其他文件材料	
2.14.1	重要的	永久
2.14.2	一般的	30 年
2.15	本乡镇所属单位和村级组织报送的有关人员调整、组织换届、机构撤并等文件材料	永久
3	**司 法 综 治 民 政**	
3.1	本乡镇有关司法、综治工作形成的文件材料	
3.1.1	依法行政、综合治理、维稳保障等工作的规定、办法、意见、建议、报告、总结等	永久
3.1.2	维护国家安全、扫黑除恶、反邪教工作等的巡视巡查、督查检查计划、记录等	30 年
3.1.3	法律援助、人民调解、社区矫正、法治宣传等工作的规定、办法、报告、总结等	永久
3.2	本乡镇有关国防教育、民兵、征兵、预备役等工作的计划、总结、报告等文件材料	永久
3.3	本乡镇有关现役退役军人事务管理、安置、优待、双拥等工作的通知、报告、请示、批复等文件材料	永久
3.4	本乡镇有关基层政权建设的请示、批复、通知、报告、总结等文件材料	永久
3.5	本乡镇区域内地名管理工作征求意见会会议名单、投票结果,上报征求意见函等文件材料	永久
3.6	本乡镇有关安全监管、社会救助、防灾减灾、移民安置、慈善社会捐赠等文件材料	
3.6.1	重要的	永久
3.6.2	一般的	30 年

序号	归　档　范　围	保管期限
3.7	本乡镇有关移风易俗、婚丧嫁娶等文件材料	30 年
3.8	本乡镇有关老年人、儿童、残疾人等社会保障,失业和离退休人员社会化管理,调解劳务纠纷等各项惠民服务工作形成的文件材料	
3.8.1	重要的	永久
3.8.2	一般的	30 年
3.9	本乡镇有关司法、综治、人武、民政、社会治安等工作形成的其他文件材料	
3.9.1	重要的	永久
3.9.2	一般的	10 年
4	**城乡建设　自然资源　交通**	
4.1	本乡镇有关城乡建设、环境保护的规划、说明、方案等文件材料	永久
4.2	本乡镇有关土地或房产的管理、承包、保护、改造、补偿等工作形成的文件材料	永久
4.3	本乡镇有关处理违章建筑、土地纠纷工作形成的文件材料	永久
4.4	本乡镇有关地籍、宅基地确权登记等文件材料	永久
4.5	本乡镇有关土地、水、动植物、矿产等资源开发、保护、利用工作形成的文件材料	永久
4.6	本乡镇有关植树造林、林草承包、林草保护等工作形成的文件材料	永久
4.7	本乡镇有关基础设施建设工作形成的文件材料	
4.7.1	重要的	永久
4.7.2	一般的	30 年
4.8	本乡镇有关农村道路建设、养护、管理等工作形成的文件材料	30 年

序号	归 档 范 围	保管期限
4.9	本乡镇有关城乡建设、自然资源、交通等工作形成的其他文件材料	
4.9.1	重要的	永久
4.9.2	一般的	10 年
5	**财 政 经 济 农 业**	
5.1	本乡镇有关财政和财务管理工作的规定、办法、制度、计划、请示、批复、报告等文件材料	
5.1.1	重要的	永久
5.1.2	一般的	30 年
5.2	本乡镇有关财务预算等文件材料	30 年
5.3	本乡镇有关税收工作的计划、规定、报表等文件材料	永久
5.4	本乡镇所属企业设立、合并、转制等文件材料	永久
5.5	本乡镇关于企业发展的计划、报告、合同、协议等文件材料	
5.5.1	重要的	永久
5.5.2	一般的	30 年
5.6	本乡镇有关招商引资、对外经济贸易、农贸市场管理、外事往来、旅游等方面的规定、协定、合同、报表等文件材料	30 年
5.7	本乡镇有关农村经济体制改革、家庭农场等新型农业经营主体、农业生产、粮食生产、农产品质量安全、收益分配、"菜篮子工程"、农业技术、科学种田、农业机械化等工作形成的文件材料	
5.7.1	重要的	永久
5.7.2	一般的	30 年
5.8	本乡镇有关家庭承包经营的合同、村(组)延包方案的审核意见、会议纪要、土地经营权流转合同,土地承包问题信访、纠纷调解形成的文件材料	永久

序号	归 档 范 围	保管期限
5.9	本乡镇有关农田水利、水电建设的规划、设计等文件材料	永久
5.10	本乡镇有关畜牧生产、水产养殖、动物防疫工作的请示、批复、报告、通知、总结等文件材料	30 年
5.11	本乡镇有关农产品生产、质量认证、加工等相关工作的计划、通知、请示、批复等文件材料	30 年
5.12	本乡镇有关财政、经济、农业等工作形成的其他文件材料	
5.12.1	重要的	永久
5.12.2	一般的	10 年
6	科 教 文 卫	
6.1	本乡镇有关科学、教育事业发展,学校管理、校舍建设的计划、报告、报表等文件材料	永久
6.2	本乡镇有关文化、旅游、体育、广播电视事业发展、管理的计划、请示、报告、总结、合同、协议等文件材料	永久
6.3	本乡镇有关文物保护、民族民间文化艺术遗产传承、民间文艺创作工作形成的文件材料	
6.3.1	重要的	永久
6.3.2	一般的	30 年
6.4	本乡镇有关卫生防疫、妇幼保健、合作医疗等工作的计划、请示、报告等文件材料	
6.4.1	重要的	永久
6.4.2	一般的	30 年
6.5	本乡镇有关科技、教育、文化、卫生等工作形成的其他文件材料	
6.5.1	重要的	永久
6.5.2	一般的	10 年

序号	归 档 范 围	保管期限
二	科技类	
1	基建	
1.1	项目建议书、可行性研究报告、初步设计文件及项目申报和审批材料,中标的投标书,中标通知书,合同、协议等,相关的土地、资源、安全等专项报审、批复材料,征地拆迁材料等	永久
1.2	招标计划及审批、招标、评标等文件材料	30 年
1.3	勘察、设计及审批等文件材料	永久
1.4	项目管理重要会议记录、纪要,项目管理制度、规范等文件材料	永久
1.5	建筑施工、设备及管线安装施工、电气仪表安装施工等文件材料	
1.5.1	重要的	永久
1.5.2	一般的	30 年
1.6	竣工文件	永久
1.7	竣工验收相关文件材料	永久
2	科研	
2.1	科研项目立项、批准文件,科研项目合同、协议书,研究方案、开题报告等文件材料	永久
2.2	试验方案、设计标准,实验过程记录、图表、数据,实验计算、分析报告等文件材料	永久
2.3	样品试制、工艺流程、质量控制、分析报告、实验总结等文件材料	永久
2.4	技术评审、研究报告、结题验收报告,成果申报、鉴定、获奖及推广应用材料,专利、认证证书等文件材料	永久
3	设备仪器	

序号	归　档　范　围	保管期限
3.1	招投标、采购合同、协议等文件材料	永久
3.2	开箱记录、说明书、操作手册、合格证、装箱清单等文件材料	30 年
3.3	安装调试记录、验收报告、操作保养规定等文件材料	30 年
3.4	设备仪器运行、检修、保养、事故处理等记录材料	30 年
3.5	报废申请、批复、证明等文件材料	永久
三	会计类	
1	各类会计原始凭证、记账凭证、汇总凭证	30 年
2	银行日记账、现金日记账、总账、明细账、辅助账簿	30 年
3	财务报告	
3.1	年度财务报表、年度财务决算表	永久
3.2	月、季度财务报表	10 年
4	会计档案移交清册、保管清册、销毁清册	永久
四	声像类	
1	本乡镇主办或承办的重点工作、重大活动、重要会议的声像材料	永久
2	本乡镇基建项目、科研项目的声像材料	
2.1	重点项目	永久
2.2	一般项目	30 年
3	上级领导和社会知名人士参加与本乡镇有关的重大公务活动的声像材料	永久
4	本乡镇劳动模范、先进人物及其典型活动的声像材料	
4.1	县级(含)以上	永久
4.2	县级以下	30 年
5	本乡镇历届领导班子成员的证件照片	永久

序号	归　档　范　围	保管期限
6	记录本乡镇区域内重大事件、重大事故、重大自然灾害及其他异常情况和现象的声像材料	永久
7	记录本乡镇区域内地理概貌、城乡建设、重点工程、名胜古迹、自然风光及民间风俗和著名人物的声像材料	永久
8	其他具有重要保存价值的声像材料	永久
五	**实物类**	
1	本乡镇获得的奖牌、奖章、奖状、奖杯、锦旗、证书等	
1.1	县级(含)以上	永久
1.2	县级以下	10年
2	本乡镇在公务活动中收到的字画作品、礼品、纪念品等	
2.1	重要的	永久
2.2	一般的	10年
3	反映本乡镇特色文化、产业的服饰、手工艺品、产品样本等	永久
4	本乡镇行政区划调整、机构变动中停止使用的印章、牌匾(衔牌)等	永久
5	其他具有重要保存价值的实物	永久

村级档案管理办法

（2017 年 11 月 23 日国家档案局、民政部、农业部令第 12 号公布　自 2018 年 1 月 1 日起施行）

　　第一条　为了加强农村档案工作，规范村级档案管理，服务新形势下的农村工作，根据《中华人民共和国档案法》《中华人民共和国村民委员会组织法》《中华人民共和国农业法》和国家有关规定，制定本办法。

　　第二条　本办法所称村级档案是指村党组织、村民委员会、村集体经济组织等（以下简称村级组织）在党组织建设、村民自治、生产经营等活动中形成的具有保存价值的文字、图表、音像等不同形式和载体的历史记录。

　　第三条　村级档案工作主要包括村级组织对村级档案进行的收集、整理、保管、鉴定、利用等工作。

　　第四条　村级档案工作实行统一领导、集中管理、安全方便的原则。

　　村级组织应将档案工作作为村级工作的重要事项，健全相应的工作制度，明确领导、健全机制、保障经费，确保档案的真实、完整、规范和安全。

　　第五条　村级档案工作在业务上接受乡镇人民政府、档案行政管理部门、民政部门、农业部门和相关部门的监督和指导。

　　第六条　村级组织应当指定专人负责档案的收集、管理和提供利用。有条件的村应当设立专用档案柜和档案库房集中管理档案。

　　档案管理人员应当具有良好的政治素质，遵纪守法，忠于职守，具备相应的档案管理知识，并经过一定的档案业务培训。

　　第七条　村级组织形成的具有保存价值的文件材料，均应当按照要求规范整理后归档，任何组织和个人不得据为己有或者拒绝归档。

　　县级档案行政管理部门可以依据《村级文件材料归档范围和档案保管期限表》（见附件）的规定，制定符合本地实际的村级文件材料归档范围和档案保管期限表。

第八条 村级档案一般包括文书、基建项目、设施设备、会计、音像、实物等类别。各类文件材料整理方法和归档时间如下：

（一）文书类应当按照《文书档案案卷格式》（GB/T 9705—2008）或者《归档文件整理规则》（DA/T 22—2015）的要求进行整理，于次年上半年归档。

（二）基建项目类应当按照《科学技术档案案卷构成的一般要求》（GB/T 11822—2008），并参照《国家重大建设项目文件材料归档要求与档案整理规范》（DA/T 28—2002）的有关规定及时整理归档。

（三）设施设备类应当在开箱验收后即时归档，使用维修记录等按照《科学技术档案案卷构成的一般要求》进行收集管理。

（四）会计类应当按照《会计档案管理办法》（财政部 国家档案局令第79号）的要求进行收集整理，在会计年度终了后于次年3月底之前归档。

（五）照片应当按照《照片档案管理规范》（GB/T 11821—2002）、《数码照片归档与管理规范》（DA/T 50—2014）整理，由拍摄者在拍摄后1个月内将照片原图连同文字说明一并归档。

（六）电子文件应当按照《电子文件归档与电子档案管理规范》（GB/T 18894—2016）收集归档并管理。

（七）实物和其他门类按照档案工作有关规定及时归档。

第九条 档案制成材料和装订材料应当符合档案保护的要求。

第十条 档案库房应当采取防火、防盗、防水（潮）、防光、防尘、防磁、防高温、防有害生物等措施。

档案管理人员应当定期检查档案的保管状况，确保档案安全。对音像档案和电子档案，要定期检查信息记录的安全性，确保档案可读可用。

第十一条 不具备档案安全保管条件的，应当将档案交由乡镇档案机构代为保管，村级组织可以保存档案目录等检索工具以方便利用。

第十二条 村级组织换届选举后10日内，应当履行档案交接手续。必要时可以在选举前将档案暂存乡镇政府。村以及村民小组在设立、撤销、范围调整时，应当将档案妥善移交。

档案工作人员离任时应当进行档案移交，履行交接手续，防止档案散失。

第十三条 销毁已达到保管期限的档案时，应当成立档案鉴定工作小组及时进行鉴定。

鉴定工作小组由村级档案管理人员和形成档案的村级组织的人员（或

者村民代表）组成，鉴定后应当形成档案鉴定报告。对失去保存价值的档案，应当清点核对并编制档案销毁清册，经过必要的审批手续后按照规定销毁。

禁止擅自销毁档案。村级档案销毁清册应当永久保存。

第十四条　村级档案工作应当积极推进档案信息化建设，配备必要的设施设备和档案管理软件，建立档案电子目录和全文数据库，逐步实现档案的信息网络共享。

第十五条　村级档案工作应当建立档案查阅利用制度，为本村各类组织及其成员、村民提供服务。查阅档案要遵守利用规定、履行查阅手续，不得有涂改、损毁、调换、抽取档案等行为。

档案管理人员应当围绕村中心工作或村级组织及其成员、村民利用需求，加强档案信息资源的开发利用，积极开展档案编研工作，如编写村史、村志、大事记等。

第十六条　对在村级档案工作中作出突出贡献的村干部、档案工作人员和其他组织、个人，由各级人民政府、档案行政管理部门及相关单位给予表彰和奖励。

第十七条　各省（自治区、直辖市）、新疆生产建设兵团档案行政管理部门商同级民政部门和农业部门，可以结合本办法和本地实际，制定实施办法及细则。

第十八条　本办法由国家档案局、民政部、农业部负责解释。

第十九条　本办法自 2018 年 1 月 1 日起施行。

附件：村级文件材料归档范围和档案保管期限表

附件：

村级文件材料归档范围和档案保管期限表

一、文书类

1. 党群组织工作文件材料

1.1 本村党组织（党委、党总支、党支部）委员会会议记录、党员大会会议记录、村"两委"联席（班子）会议记录　　　　　　永久

1.2 本村党组织年度工作计划、总结等材料　　　　　　永久

1.3 本村党组织关于机构设置、撤并、名称更改、启用和废止印章的请示，上级批复、通知、决定等材料　　　　　　永久

1.4 本村党务干部任免、分工、考察、奖惩等材料　　　　　　永久

1.5 本村党组织换届选举候选人的请示、批复和换届选举工作的通知、议程、报告、领导人讲话、大会发言、选举办法、选举结果、决议、上级批复等材料　　　　　　永久

1.6 本村党员教育培训、组织活动、党性分析、民主评议等方面的计划、总结、会议（活动）记录、请示及上级的批复　　　　　　永久

1.7 本村发展新党员，党员转正、延期、退党，处置不合格党员等方面的材料　　　　　　永久

1.8 本村执行上级党组织工作的决定、纪要、报告等材料

（1）重要的　　　　　　永久

（2）一般的　　　　　　30 年

1.9 本村党组织、党员名册和年报表　　　　　　永久

1.10 本村党组织关系介绍信、通知书存根　　　　　　永久

1.11 本村党员交纳党费的清单、票据等　　　　　　永久

1.12 本村先进集体、先进个人登记表，审批表，名册及各种事迹材料

（1）受到县级（含）以上表彰、奖励的　　　　　　永久

（2）受到县级以下表彰、奖励的　　　　　　30 年

1.13 本村党员违法违纪的有关材料，处理意见和上级决定、批复等材料

（1）受到警告（不含）以上处分的　　　　　　永久

（2）受到警告处分的　　　　　　30 年

1.14 本村纪检、党风廉政工作的计划、总结、报告等材料　　　　30 年

1.15 本村开展政治思想、形势教育、精神文明建设工作的计划、总结等有关材料　　　　10 年

1.16 本村共青团组织发展、换届选举材料，团员名册、组织关系介绍信及存根、团费缴纳、年度统计表等材料　　　　永久

1.17 本村团代会通知、议程、代表名单、开幕词、报告、决定、选举结果、闭幕词等材料　　　　永久

1.18 本村团组织、团员获得表彰奖励及违法违纪受到处分的请示、报告、批复等材料　　　　永久

1.19 本村工会年度工作计划、总结，工会代表大会的通知、名单、议程、开幕词、报告、决议、闭幕词、选举结果等材料　　　　永久

1.20 本村工会干部任免的请示、批复，会议记录，工会干部、会员名册及统计年报表等材料　　　　永久

1.21 本村妇代会换届选举等材料　　　　永久

1.22 本村计划生育工作年度计划、总结、统计表等材料　　　　永久

1.23 本村独生子女证申请表，育龄妇女生育多胎的申请表、审批表及超生调查报告、汇报、处罚决定等材料　　　　永久

1.24 本村村民婚姻状况证明存根等材料　　　　永久

1.25 本村五好家庭、敬老爱幼模范、文明户、好婆婆、好媳妇等评选活动的材料　　　　30 年

1.26 上级发布的本村民兵工作需要执行的文件材料　　　　10 年

1.27 本村普通民兵、基干民兵登记表和花名册　　　　永久

1.28 本村兵役登记材料，现役军人、退伍军人情况登记表　　　　永久

2. 村务管理文件材料

2.1 本村村委会会议记录、纪要、决议等材料　　　　永久

2.2 本村村委会年度工作计划、总结等材料　　　　永久

2.3 本村村史、组织沿革、大事记等材料　　　　永久

2.4 本村村委会换届选举工作的通知、选票、选举结果、干部任免等材料　　　　永久

2.5 本村各类工作的请示、报告、汇报及上级的批复等材料

（1）重要的　　　　永久

（2）一般的　　　　30 年

2.6 本村干部、村民名册，村办股份公司股民名册、各类技术人员名册

等 永久

2.7 本村干部的招聘、录用、定级、调配、人员任免、离退、调动介绍信存根、工资表，农业村级协管员的聘书、合同或协议等材料 永久

2.8 本村和村内机构设置、更名、撤并及行政区划与隶属关系的变化，启用、废止印章等材料 永久

2.9 本村关于年终分配方案、工资福利、劳动保护的各种文件材料和参加社会养老保险人员名册 永久

2.10 本村干部、职工工资单及年终收益分配审批表、归户结算表等材料 永久

2.11 本村关于房屋拆迁、土地征用、村民房产、地产等材料，相关人员名册等 永久

2.12 本村的村规民约等各种规章制度材料 永久

2.13 本村各种年度统计报表（包括农副工业生产年报，收益分配报表，土地、人口、户数等基本情况统计表等材料） 永久

2.14 本村各种保险材料、综合治理、安全生产承包责任和各种案件、民事纠纷的调解协议、处理决定等材料 永久

2.15 本村信访信件处理结果等材料

（1）有领导重要批示及处理结果的 永久

（2）有处理结果的 30 年

（3）没有处理结果的 10 年

2.16 本村拥军优属、优抚救助等材料 30 年

2.17 本村开展教育、卫生、合作医疗等工作的材料 永久

2.18 本村规划、经济建设及重大决策等材料 永久

2.19 本村公共设施管理、维修维护的材料 永久

2.20 本村生产管理、企业管理的年度工作计划及总结和重大决策等材料 永久

2.21 本村财务管理的年度计划、总结，有关财务审计情况材料 永久

2.22 本村工业、农业等相关税收征收清册和纳税变动情况等材料 永久

2.23 本村各种经济、人口普查统计表 永久

2.24 本村重大事故事件登记材料，调查处理意见、情况报告及善后工作中形成的材料 永久

2.25 本村创建文明小区、爱国卫生工作形成的材料 30 年

2.26 本村农业村级协管事项公开、协查工作记录等材料 30 年

3. 村级集体经济组织经营管理文件材料

3.1 本村经营管理中长期规划和专项发展计划等材料　　　永久

3.2 本村企业发展重大经营决策方案、规划　　　永久

3.3 本村企业董事会会议记录、纪要、决议等材料　　　永久

3.4 本村企业负责人对企业承包、租赁、任期目标责任等材料　　　永久

3.5 本村企业改制、转制等各种法律证书等材料　　　永久

3.6 本村企业历史沿革、大事记等材料　　　永久

3.7 本村集体经济组织、所属各企业年度工作计划、总结等材料　　永久

3.8 本村企业的设置、撤并、名称更改、启用和废止印章的请示、批复、通知等材料　　　永久

3.9 本村及所属各企业的产权文件、土地使用证，各种集体财产合同、协议、委任书、公证书等法律文本、证书材料　　　永久

3.10 本村集体经济组织章程，换届选举工作的通知、选举结果等材料

永久

3.11 本村集体经济组织成员（股东）名册、股权登记簿　　　永久

3.12 本村新办公司、企业项目的申请和批复及可行性报告、章程、合同、验资、营业执照等材料　　　永久

3.13 本村有关工商企业管理执照的申报、登记、批复以及违章违法被处理，经营不善歇业、破产等材料　　　永久

3.14 本村企业年度各种统计报表及经济分析等材料　　　永久

3.15 本村有关物资供销工作的合同、协议等材料　　　30 年

3.16 本村有关经营活动的争议、索赔、判决等材料　　　永久

3.17 本村企业合资、独资、联营招商的合同、协议等材料　　　永久

3.18 本村企业年度经营、销售统计等报表

（1）重要的　　　永久

（2）一般的　　　10 年

3.19 本村企业工资计划、工资总额、奖惩、年终分配方案等表册　　永久

3.20 本村企业物资管理、安全生产检查、整改措施执行情况等材料

永久

3.21 本村企业环境保护等材料　　　永久

3.22 本村企业有关产品标准、国际质量认证等材料　　　永久

3.23 本村企业有关资产评估、资金、价格管理的审查、验证材料　　永久

3.24 本村企业有关经营、审计活动中形成的各项证明和结论材料　　永久

3.25 本村有关产品市场调查、宣传、广告和用户服务等材料　　30 年

3.26 本村有关产品销售等活动中形成的材料　　30 年

3.27 本村各类农业普查材料　　永久

3.28 本村农作物规划布局，粮、棉、油多种经营实种面积、产量以及采、购、留、分配等材料　　永久

3.29 本村科学种植、科学饲养的经验总结及原始记录　　永久

3.30 本村"星火""丰收""火炬"计划项目的申报、验收材料　　永久

3.31 本村农业植保、农机管理、水利建设等材料　　永久

3.32 本村副业生产及上交任务的指标（畜、禽、蛋、鱼、菌菇等）以及各项任务完成情况、年报、统计表等材料　　永久

3.33 本村村办副业项目材料　　30 年

3.34 本村关于土地批租、出让、租赁有关材料　　永久

3.35 本村农村集体产权制度改革实施方案、工作计划、总结、汇报材料　　永久

3.36 本村成立的农村集体产权制度改革工作领导小组、理事会、监事会等机构及组成人员名单　　永久

3.37 本村农村集体产权制度改革工作领导小组、理事会、监事会工作职责及工作制度　　30 年

3.38 本村研究农村集体产权制度改革工作所形成的会议记录、纪要、决议　　永久

3.39 通过协商、招标、挂牌、拍卖等方式流转农村土地承包经营权的文件材料　　永久

3.40 农村集体产权制度改革的动员会、宣传、培训，上级领导检查等形成的文件材料　　10 年

3.41 农村耕地保护、土地承包经营权、集体建设用地使用权台账　永久

3.42 集体土地调查材料及统计表　　永久

3.43 农村集体土地所有权、农村建设用地使用权、村民宅基地使用权等相关确权、登记、颁证的文件材料　　永久

3.44 农村土地承包经营权登记申请书、变更登记申请书、登记簿、核准文件　　永久

3.45 农村土地承包经营权流转备案申请书、登记表和备案证明等材料　　永久

3.46 农村土地承包经营权确权登记方案、登记册、花名册及审核材料
　　　　　　　　　　　　　　　　　　　　　　　　　　　永久

3.47 农村土地使用权确权登记注册情况公告、注册表　　　永久

3.48 农村土地承包合同、土地承包经营权流转合同、耕地保护合同
　　　　　　　　　　　　　　　　　　　　　　　　　　　永久

二、基建项目类

1. 项目建议书、申请、报告及批复等材料　　　　　　　　永久

2. 可行性研究报告、论证意见、项目评估、调查报告等材料　永久

3. 项目设计任务书、计划任务书或立项报告、批复等材料　永久

4. 基建项目的会议记录等材料　　　　　　　　　　　　　永久

5. 地质勘探合同、报告、记录、说明等材料　　　　　　　永久

6. 征用土地移民申请、报告、批复、通知、许可证、使用证、用地范围等材料　　　　　　　　　　　　　　　　　　　　　永久

7. 工程建设执照、防火、环保、防疫等审核通知单　　　　长期

8. 工程建设招投标文件、会议纪要等材料　　　　　　　　长期

9. 工程初步设计图纸、概算、设计合同等材料　　　　　　长期

10. 施工设计、说明、总平面图、建设施工图、给排水图等专业图纸
　　　　　　　　　　　　　　　　　　　　　　　　　　　长期

11. 施工合同、协议，施工预决算，图纸会审纪要、技术核定单、工程更改、材料代用、原材料质保书和全套竣工图等材料　　　永久

12. 施工监理文件材料　　　　　　　　　　　　　　　　　长期

13. 水电安装合同、协议，施工预决算，技术交底，图纸会审，材料出厂证明和竣工图等材料　　　　　　　　　　　　　　　永久

14. 项目竣工验收申请、批复，消防、环保、防疫、档案等验收记录，基建财务结、决算，项目审计，项目竣工验收证书等材料　　永久

三、设施设备类

1. 设备仪器购置可行性研究报告、申请、批复和购置仪器资金申请、批复等材料　　　　　　　　　　　　　　　　　　　　　长期

2. 设施设备招投标文件、设备采购合同、购买协议等材料　长期

3. 设备仪器开箱验收记录、使用说明书、操作手册、合格证、装箱清单等材料　　　　　　　　　　　　　　　　　　　　　长期

4. 设备仪器安装调试记录、验收报告、操作保养规定等材料　长期

5. 设备仪器运行、检修、保养、事故处理等记录材料　　　长期

6. 设施设备技术改造、升级改装、革新改进等文件材料　　长期

7. 设备仪器报废申请、批复、证明等材料　　　　　　　　长期

四、会计类

1. 各类会计原始凭证、记账凭证、汇总凭证　　　　　　　30 年

2. 会计账簿类

2.1 银行日记账、现金日记账　　　　　　　　　　　　　30 年

2.2 总账、明细账、辅助账簿　　　　　　　　　　　　　30 年

3. 会计报表类

3.1 年度财务报表　　　　　　　　　　　　　　　　　　永久

3.2 年度财务决算表　　　　　　　　　　　　　　　　　永久

3.3 月、季度财务报表　　　　　　　　　　　　　　　　10 年

4. 其他类

4.1 会计档案移交清册　　　　　　　　　　　　　　　　永久

4.2 会计档案保管清册　　　　　　　　　　　　　　　　永久

4.3 会计档案销毁清册　　　　　　　　　　　　　　　　永久

五、照片类

1. 上级领导来村视察、检查工作的照片　　　　　　　　　永久

2. 国际友人、专家、学者等知名人士前来活动的照片　　　永久

3. 本村委会各种会议、重要活动形成的照片　　　　　　　永久

4. 本村委会各种产品、奖状、证书、奖杯、锦旗等的拍摄照片　永久

5. 反映村容、厂貌、市政项目建设等的照片　　　　　　　永久

6. 新闻媒体刊登的反映本村情况的照片　　　　　　　　　永久

国家档案局办公室关于组织开展档案
工作服务农村基层社会治理试点工作的通知

档办函〔2019〕191号

各省、自治区、直辖市档案局，河北省委办公厅、江苏省委办公厅：

为贯彻落实党中央、国务院关于实施乡村振兴战略的重大战略部署，深入实施中央关于加强和完善农村基层社会治理的有关要求，按照我局工作计划，经商民政部同意，我局将与民政部联合组织"档案工作服务农村基层社会治理"试点工作。现将有关事项通知如下：

一、试点主要任务

1. 试点范围内的乡镇和村级组织根据本地实际，按照《村级档案管理办法》基本要求，普遍建立村级档案工作，能够做到村级档案存得下来、管得安全、用得方便，为实施乡村振兴提供更好的服务。

2. 以既减轻基层组织"过度留痕"困扰，又保障基层社会治理各项工作规范运行为目标，研究制定符合农村基层治理建设需求的村务管理档案基本目录（清单）。

3. 建立起县、乡、村密切配合的三级档案工作管理网络，建立有效的考核机制和管理体制，针对乡镇档案工作目前存在的体制机制问题进行创新性探索。

4. 围绕城乡基本公共服务均等化要求，推进村级档案资源共建共享建设和在线提供利用服务。

二、试点申报和组织

1. 试点工作采取自愿申报、单个确认的原则。

2. 试点实施期截至2020年12月底。试点包括整体试点和个别试点两种。整体试点是以有条件、有基础、规模适当的市或县为单位，在全市或全县范围内整体推进乡镇和村级档案工作，营造农村档案工作发展的良好环境，提升整体水平；个别试点是指在同一个地区选取若干个条件较好、有一定档案工作基础、规模较大的村，围绕村务管理档案基本目录（清单）等主要任务进行试点研究。

3. 有参与意愿的试点地区可根据《档案工作服务农村基层社会治理试点项目工作方案》（见附件 1）要求和当地实际，选取试点主要任务中的两项或多项任务，编制提交《档案工作服务农村基层社会治理试点项目申报表》（见附件 2，以下简称《申报表》）。

各省级档案行政管理部门对《申报表》内容进行审核后，报送国家档案局。国家档案局根据申请材料，会同民政部共同研究后批复确认。

4. 国家档案局和民政部负责确认试点地区名单，审核申报材料，对试点工作开展指导检查，联合组织试点建设经验交流活动，适时对试点成果进行宣传推广。国家档案局向试点地区提供一定项目经费予以支持。

5. 省级档案行政管理部门负责组织推荐本地试点申报、指导制定试点实施方案、开展业务监督指导。试点地区档案行政管理部门是责任主体，负责在当地党委、政府领导下，统筹项目安排并组织推进。

请各单位于 8 月 30 日前将《申报表》报送至国家档案局经科司农业农村处。

附件 1：档案工作服务农村基层社会治理试点项目工作方案
附件 2：档案工作服务农村基层社会治理试点项目申报表

国家档案局办公室
2019 年 8 月 12 日

附件1

档案工作服务农村基层社会治理试点项目工作方案

　　为贯彻落实党中央、国务院关于实施乡村振兴战略的重大战略部署，深入实施中央关于加强和完善农村基层社会治理的有关要求，国家档案局提出档案工作服务农村基层社会治理试点项目，探索研究新时代农村档案工作的创新模式和方法，为提升乡村治理能力提供更有效的服务。经商民政部同意，项目由国家档案局和民政部联合组织实施。

　　为指导试点工作开展，制定本工作方案。

一、总体要求

（一）重要意义

　　党的十八大以来，党中央、国务院大力推进国家治理体系和治理能力现代化建设，特别是党的十九大首次提出实施乡村振兴战略，确定了"产业兴旺、生态宜居、乡风文明、治理有效、生活富裕"的总要求。其中"治理有效"是乡村振兴的基础，也是构建社会主义和谐社会的必要条件。2018—2019 年的中央 1 号文件、政府工作报告和《乡村振兴战略规划（2018—2022 年）》均对构建自治、法治、德治相结合的乡村治理体系提出了具体要求。

　　农村档案资源在推进村务公开、维护基层干部和农民群众合法权益、构建农村和谐社会体系等方面具有重要意义，是新形势下推进基层治理和服务创新的重要载体，在推动基层社会治理体系逐步完善、提升基层社会治理能力方面起着基础性的作用。一直以来，各级档案、民政等业务主管部门全面贯彻中央部署，通过开展多种形式的合作，在推进县、乡、村三级档案工作规范化建设，推动村级组织转变工作观念、规范履职行为，不断健全村民自治制度等方面取得了好的成效。但目前农村档案工作中还普遍存在一些"漏洞"，包括村级档案资源收集不完整、保管不集中、处置不规范、工作长效机制缺乏等等，特别是在村"两委"换届选举、行政村范围调整等时期容易出现档案无人负责、随意处置、档案散失等问题，为开展基层监督检查、村务公开、民间纠纷调解等工作埋下了隐患。另一方面，如何将正常开展的农村档案工作，与目前基层工作中出现的"过度留痕"、"痕迹主义"

等现象区分开来，增强《村级档案管理办法》落地实施过程中的针对性和实操性，需要各级档案、民政等业务主管部门合作开展进一步的探索研究。

（二）指导思想

以习近平新时代中国特色社会主义思想为指导，全面学习贯彻党的十九大和十九届二中、三中全会精神，紧紧围绕党中央、国务院关于实施乡村振兴战略的重大战略部署，认真落实习近平总书记关于档案工作、民政工作的重要指示精神，深入实施党中央关于农村基层社会治理的决策部署，聚焦农村基层社会治理的主要任务和实际需要，推动《村级档案管理办法》落地实施，创新农村档案工作体制机制，为提升农村基层社会治理能力提供有效服务。

（三）项目目标

实施本项目旨在探索能实现农村基层减负增效和维护村级档案资源安全完整双重目标的基本路径和管理方法。通过开展试点工作，整体试点范围内的乡镇、村普遍建立起规范化的档案工作，确保村级档案存得下来、管得安全、用得方便。实行个别试点的地区，研究符合农村基层社会治理需求的村务管理档案基本目录（清单）和管理手段，推动村级档案工作规范化，促进村务公开和基层工作减负增效，为提升农村基层治理能力提供基本保障和有效服务。系统总结试点经验，提炼形成可复制、可推广的工作模式和管理方法。

（四）基本原则

1. 坚持整体推进。考虑到农村基层社会治理工作综合性强、涉及面广的特点，试点地区应将试点工作纳入当地党委、政府全面实施乡村振兴战略的重要议事日程和整体规划，统一部署，从政策、制度层面提供统一设计、统一指导、统一要求。档案部门会同民政部门在梳理基本业务流程、制定归档目录清单、进行业务指导和监督管理等方面密切配合、加强合作。

2. 坚持底线思维。根据项目目标制定切实可行的工作方案，明确底线目标，厘清试点范围内农村基层社会治理工作的基本保障需求，研究制定本地村级文件材料归档的基本目录，织密扎牢档案"安全网"。避免脱离实际、贪多求全，避免增加基层不必要的经济和工作负担。强化问题导向，重视工作计划和成果的实操性、可行性，针对试点工作中发现的问题积极研究解决方法。

3. 坚持因地制宜。要结合试点当地实际，根据不同镇村的发展特色、经济条件、工作基础等情况分类施策，制定符合实际、有针对性的工作方案。考虑集约化管理手段，节约管理成本，促进农村基层社会治理工作提质增效。积极推进乡镇和村级档案工作的制度创新、实践创新，破解本地农村档案工作中存在的管理难题。

二、主要任务

（一）加强顶层设计，有序推进工作。切实做好试点工作的整体规划和顶层设计，出台关于推进试点工作的政策文件，明确指导思想、发展目标、工作重点、保障措施，制定具体可行的试点实施方案和工作计划，确保试点工作稳步推进。健全监督体系，改革创新考评体系，将农村档案工作纳入农村基层社会治理工作整体规划，纳入乡镇和村级综合行政考核体系。力争在农村档案工作的制度设计、政策支持、经费投入、长效机制等难点问题上有所突破。

（二）完善协调机制，强化基础保障。建立健全试点工作领导协调机制，明确相关部门职责，形成党委政府领导，档案、民政等部门密切配合、层层抓好落实的工作机制，以及县、乡、村密切配合的三级农村档案工作管理网络。加强各部门之间的有效沟通，围绕农村基层社会治理工作的重点内容，档案部门早介入、早谋划，确定需要归档保管的基层治理文件材料清单目录。通过政府购买服务、将专项经费纳入政府预算等手段，以项目经费为补充，依据岗位职责固定人员责任，为开展村级档案工作提供基本的经费保障、人员支持和业务指导。

（三）强化问题导向，实现重点突破。通过试点进行探索研究，制定既能保障农村基层社会治理工作规范运行，又能减轻基层干部群众"过度留痕"负担的文件材料归档基本目录或清单，核算保障最基本村级档案工作正常运转的经费需求。针对不具备档案安全保管条件的村，试行村档乡镇代管模式，并核算相应的政策、人力、软硬件等投入需求。围绕城乡基本公共服务均等化要求，将村级档案利用纳入便民服务事项清单。在有条件的村镇积极推进共享平台建设，将村级档案工作列入农村社区公共服务综合信息平台建设，提供档案在线利用服务。

（四）认真提炼总结，加强可复制经验的推广。总结试点经验，归纳提炼岗位职责认定、人员培训、档案安全保管、档案开发利用、公共服务平台建设等方面的创新工作方法、工作模式，探索具有普遍适用性的、可以在同类地区进行复制推广的经验和方法。

三、实施步骤

（一）确定试点地区。确定试点采取自愿申报、单个确认的原则。试点工作由有参与意愿的地方档案行政管理部门提出申请，省级档案行政管理部门审核，国家档案局会同民政部共同研究后批复确认。确认试点地区后，国家档案局拨付一定项目经费予以适当支持。

（二）组织试点建设。试点地区档案行政管理部门是试点建设责任主体，应积极争取地方党委、政府支持，围绕试点内容，制定本地试点建设实施方案，明确任务目标、进度安排、保障措施，确定任务清单和分工，有力有序组织试点。各试点地区档案部门和民政部门结合各自业务职能，切实加强对试点工作的组织协调和业务指导。有关省级档案行政管理部门对试点工作履行监督和指导职责，承担上下沟通协调的任务。

（三）开展评估总结。国家档案局将在 2019 年年底，联合民政部召开试点经验交流会，通过实地考察、会议交流等形式，交流试点工作的具体举措和实践经验，对项目实施情况进行中期阶段性总结。2020 年 12 月 15 日前，试点地区档案行政管理部门对本地区试点的总体情况、主要做法和成效、存在的问题及建议等进行总结，形成试点工作总结报告报送国家档案局。

附件 2

档案工作服务农村基层
社会治理试点项目申报表

申 报 单 位: _____

推 荐 单 位: _____

申 报 时 间: _____年____月____日

档案工作服务农村基层社会治理试点项目申报表

申 报 单 位				
项目负责人		职务（职级）		
项目联系人		职务（职级）		
联系电话		传真		移动电话
通讯地址				
试点种类	□整体试点　　　□个别试点			
试点地区 基本情况	总体介绍试点地区基本情况。			
试点申报 部门意见	 （公　章） 年　　月　　日			
省级档案 行政管理 部门意见	 （公　章） 年　　月　　日			

试点任务	对照《通知》中的试点主要任务，列举选择的两项或多项任务。
试点范围	整体试点写清全市或全县行政区划内县（区）、乡镇、行政村具体数量；个别试点写清所选取的试点村范围。
试点地区农村档案工作情况	介绍试点地区农村档案工作情况。
试点工作思路	根据试点任务说明此次试点的目标及达到目标计划开展的工作。

试点工作计划和安排	根据试点任务、目标和工作思路介绍此次试点工作的工作计划和具体安排（细化到季度）。
开展试点工作可提供的保障措施	本地区、本单位为此次试点工作可提供的顶层设计、协调机制、人员、资金、技术、制度等各方面的保障措施。
其　　他	其他需要说明的情况。

国家档案局办公室关于确定档案工作
服务农村基层社会治理试点地区的通知

档办函〔2019〕289号

各省、自治区、直辖市档案局：

　　《国家档案局办公室关于组织开展档案工作服务农村基层社会治理试点工作的通知》（档办函〔2019〕191号，以下简称《通知》）下发后，各省级档案行政管理部门高度重视，认真组织申报工作，截至9月29日共收到29个省（自治区、直辖市）的83个地市级档案部门提交的申报材料。经我局审核，并商民政部同意，确定了天津市西青区等7个整体试点地区，北京市平谷区等17个个别试点地区，具体名单见附件。

　　请各有关省级档案行政管理部门充分发挥组织协调作用，监督和指导试点地区及时开展工作，确保项目经费使用合规和试点任务完成。

　　各有关地市级档案行政管理部门应根据《通知》及项目工作方案要求，围绕各自申报选定的试点任务，制定切实可行的实施方案，明确任务清单、进度安排和保障措施，认真组织试点工作，于2020年12月15日前完成全部试点任务，并按要求向国家档案局提交试点工作报告等成果材料。

　　附件：档案工作服务农村基层社会治理试点地区名单

国家档案局办公室
2019年11月25日

附件

档案工作服务农村基层社会治理试点地区名单

序号	试点地区	试点类型	推荐单位
1	天津市西青区	整体试点	天津市档案局
2	吉林省四平市梨树县	整体试点	吉林省档案局
3	江苏省苏州市张家港市	整体试点	江苏省档案局
4	浙江省温州市	整体试点	浙江省档案局
5	福建省三明市	整体试点	福建省档案局
6	江西省新余市	整体试点	江西省档案局
7	四川省内江市	整体试点	四川省档案局
8	北京市平谷区	个别试点	北京市档案局
9	北京市密云区	个别试点	北京市档案局
10	天津市北辰区	个别试点	天津市档案局
11	山西省太原市	个别试点	山西省档案局
12	内蒙古自治区通辽市	个别试点	内蒙古自治区档案局
13	上海市奉贤区	个别试点	上海市档案局
14	江苏省常州市	个别试点	江苏省档案局
15	江苏省淮安市	个别试点	江苏省档案局
16	安徽省合肥市	个别试点	安徽省档案局
17	湖北省黄石市大冶市	个别试点	湖北省档案局
18	湖南省长沙市	个别试点	湖南省档案局
29	湖南省湘西土家族苗族自治州花垣县	个别试点	湖南省档案局
20	广东省珠海市	个别试点	广东省档案局
21	广东省佛山市	个别试点	广东省档案局
22	广东省东莞市	个别试点	广东省档案局
23	重庆市武隆区	个别试点	重庆市档案局
24	青海省海北州海晏县	个别试点	青海省档案局

国家档案局办公室关于确定档案工作服务
农村基层社会治理第二批试点地区的通知

档办函〔2020〕83 号

各省、自治区、直辖市档案局：

根据《国家档案局办公室关于组织开展档案工作服务农村基层社会治理试点工作的通知》（档办函〔2019〕191 号，以下简称《通知》）和试点工作有关安排，我局对各地补充申报、重新申报的材料进行了审核。经商民政部同意，确定档案工作服务农村基层社会治理第二批试点地区（浙江省杭州市余杭区等 6 个整体试点、辽宁省沈阳市等 9 个个别试点），具体名单见附件。

请各有关推荐单位充分发挥组织协调作用，监督和指导试点地区及时开展工作，确保项目经费使用合规，试点任务按时高效完成。

各有关地市、县级档案部门应根据《通知》及项目工作方案要求，围绕各自申报选定的试点任务，制定切实可行的实施方案，明确任务清单、进度安排和保障措施，认真组织试点工作，按季度报送试点工作进展情况，并于 2021 年 6 月 30 日前完成全部试点任务，按要求向国家档案局提交试点工作报告等成果材料。

附件：档案工作服务农村基层社会治理第二批试点地区名单

国家档案局办公室

2020 年 7 月 9 日

附件

档案工作服务农村基层社会治理第二批试点地区名单

序号	试点地区	试点类型	试点范围	推荐单位
1	杭州市余杭区	整体试点	全区 20 个镇（街道），369 个行政村(社区)。	浙江省档案局
2	宁波市鄞州区	整体试点	全区 21 个镇（街道），360 个行政村(社区)。	浙江省档案局
3	湖州市长兴县	整体试点	全县 18 个乡镇（街道、园区）,236 个行政村、27 个社区。	浙江省档案局
4	淄博市沂源县	整体试点	全县 10 个镇、2 个街道、1 个省级经济开发区，642 个行政村(社区)。	山东省档案局 山东省档案馆
5	许昌市长葛市	整体试点	全市 12 个镇、4 个街道，363 个行政村。	河南省档案局
6	曲靖市	整体试点	全市 134 个乡镇（街道）,1262 个行政村。	云南省档案局
7	沈阳市	个别试点	共 1 个镇、5 个行政村（社区）:沈北新区兴隆台街道办鲁家社区、财落街道办大辛二社区、新城子街道办六王屯社区;康平县小城子镇、小城子镇乡约村、裴家街村。	辽宁省档案局
8	烟台市长岛海洋生态文明综合试验区	个别试点	共 6 个行政村:南长山街道黑石嘴村、北长山乡北城村、黑山乡南庄村、小钦岛乡小钦岛村、南隍城乡南隍城村、北隍城乡山前村。	山东省档案局 山东省档案馆

续表

序号	试点地区	试点类型	试点范围	推荐单位
9	潍坊市	个别试点	共18个行政村:诸城市龙都街道邱家七吉村、焦家庄子村,舜王街道九台村、大埠屯村,枳沟镇乔庄村、北杏村;昌邑市柳疃镇常家庄村、后官村、龙池镇瓦东村、马渠村、卜庄镇大陆村、姜泊村;临朐县城关街道兴隆村、李家庄村,五井镇茹家庄村、花园河村,寺头镇宫家庄村、玉兔埠村。	山东省档案局山东省档案馆
10	菏泽市单县	个别试点	共2个行政村:浮岗镇小王庄村、东城办事处孙溜村。	山东省档案局山东省档案馆
11	重庆市渝北区	个别试点	共18个行政村:木耳镇新合村、良桥村、石坪村;兴隆镇小五村、永庆村;统景镇龙安村、裕华村、远景村、御临村、印盒村;古路镇古路村、银花村、菜子村;茨竹镇金银村;洛碛镇水溶洞村;王家街道玉峰山村、荣华村;大湾镇水口村。	重庆市档案局
12	遵义市播州区	个别试点	共3个行政村:枫香镇花茂村、洪关苗族乡小坝场村、平正仡佬族乡团结村。	贵州省档案局
13	山南市	个别试点	共2个行政村:乃东区昌珠镇克松居委会;错那县勒乡勒村。	西藏自治区档案局

续表

序号	试点地区	试点类型	试点范围	推荐单位
14	张掖市甘州区	个别试点	共2个镇、18个行政村：新墩镇及下辖的流泉村、北关村、白塔村、西关村、青松村、南华村、双塔村、新墩村、园艺村、双堡村、柏闸村、城儿闸村、花儿村、南闸村、隋家寺村；平山湖蒙古族乡及下辖的紫泥泉村、红泉村、平山湖村。	甘肃省档案局
15	阿克苏地区库车县	个别试点	共4个行政村（社区）：齐满镇渭干村、团结新村；伊西哈拉镇阿热买里社区、兰干村。	新疆维吾尔自治区档案局

国家档案局办公室关于档案工作服务
农村基层社会治理试点验收结果的通知

档办发〔2022〕9号

各省、自治区、直辖市档案局，新疆生产建设兵团档案局：

为贯彻落实党中央、国务院关于乡村振兴重大战略部署，推进农村基层社会治理体系和治理能力现代化，自2019年起，国家档案局联合民政部先后在全国确定了两批39个地区，开展档案工作服务农村基层社会治理试点工作。目前，各试点地区已完成了试点任务，并按要求通过了实地验收和线上抽查，现将试点地区名单予以公布。

希望各试点地区再接再厉，进一步发挥示范引领作用，努力创造出更多可复制可推广的模式，带动全国其他地区农业农村档案工作发展。各级档案主管部门要采用多种形式及时总结交流好的工作经验和做法，以点带面，持续提升本地区档案工作整体水平。

国家档案局办公室

2022年9月19日

通过验收的试点地区名单

第一批试点地区：

序号	试点地区	试点类型	试点范围
1	天津市西青区	整体试点	全区 159 个行政村
2	吉林省四平市梨树县	整体试点	全县 24 个乡镇，304 个行政村（社区）
3	江苏省苏州市张家港市	整体试点	全市 10 个区镇，144 个行政村、99 个社区
4	浙江省温州市	整体试点	全市 184 个乡镇（街道），2951 个行政村
5	福建省三明市	整体试点	全市 141 个乡镇（街道），1927 个行政村（社区）
6	江西省新余市	整体试点	全市 414 个行政村
7	四川省内江市	整体试点	全市 83 个乡镇（街道），1093 个行政村（集镇社区）
8	北京市平谷区	个别试点	共 6 个行政村：兴谷街道上纸寨村，峪口镇西樊各庄村，南独乐河镇北寨村，刘家店镇行宫村、寅洞村，马昌营镇南定福村
9	北京市密云区	个别试点	共 4 个行政村：东邵渠镇西邵渠村、古北口镇古北口村、北庄镇朱家湾村、溪翁庄镇尖岩村
10	天津市北辰区	个别试点	双街镇及其下辖的 15 个村
11	山西省太原市	个别试点	共 3 个行政村：晋源区晋源街道赵家山村，阳曲县泥屯镇思西村、侯村乡青龙村

续表

序号	试点地区	试点类型	试点范围
12	内蒙古自治区通辽市	个别试点	共1个农场、1个分场、1个苏木、3个嘎查：乌日根塔拉农场及其三分场，扎鲁特旗乌力吉木仁苏木及其下辖的苏布日根塔拉嘎查、白音图门嘎查、召日格村
13	上海市奉贤区	个别试点	共3个行政村：奉城镇高桥村、盐行村、新民村
14	江苏省常州市	个别试点	共10个行政村（社区）：武进区雪堰镇城西回民村、前黄镇杨桥村、礼嘉镇坂上村、湖塘镇三勤社区、牛塘镇丫河村、洛阳镇岑村村、湟里镇湟里村、嘉泽镇跃进村、南夏墅街道戴家头村、西湖街道长汀村
15	江苏省淮安市	个别试点	共1个镇、3个行政村：淮阴区渔沟镇、淮安区石塘镇靖大庄居委会、洪泽区岔河镇滨河村、金湖县塔集镇双庙村
16	安徽省合肥市	个别试点	共2个行政村（社区）：巢湖市黄麓镇建中村、肥西县桃花镇柏堰社区
17	湖北省黄石市大冶市	个别试点	还地桥镇及其下辖的33个行政村（社区）
18	湖南省长沙市	个别试点	共8个行政村（社区）：长沙县果园镇花果村、田汉社区、浔龙河村、新明村、古井社区、杨泗庙社区、金江新村，宁乡市大成桥镇鹊山村
19	湖南省湘西土家族苗族自治州花垣县	个别试点	共2个行政村：双龙镇十八洞村、麻栗场镇沙科村
20	广东省珠海市	个别试点	共4个行政村：斗门区井岸镇新堂村、斗门镇南门村，金湾区红旗镇三板村、三灶镇中心村

续表

序号	试点地区	试点类型	试点范围
21	广东省佛山市	个别试点	共5个行政村（社区）：禅城区南庄镇紫南村，南海区桂城街道东约社区、大沥镇凤池社区，顺德区容桂街道幸福社区、陈村镇绀现村
22	广东省东莞市	个别试点	共6个社区：长安镇霄边社区、锦厦社区，大朗镇巷头社区、求富路社区，塘厦镇林村社区、莲湖社区
23	重庆市武隆区	个别试点	共11个行政村（社区）：凤山街道出水村、芙蓉街道三坪村、仙女山镇石梁子社区、长坝镇大元村、羊角镇永隆村、羊角镇艳山红村、双河镇木根村、黄莺乡复兴村、沧沟乡大田村、文复乡兴隆村、后坪苗族土家族乡文凤村
24	青海省海北州海晏县	个别试点	共5个行政村：三角城镇三角城村、三联村、海峰村、黄草掌村、西岔村

第二批试点地区：

序号	试点地区	试点类型	试点范围
1	浙江省杭州市余杭区	整体试点	原余杭区（2021年4月撤销原余杭区，设立新余杭区、临平区）。现余杭区12个镇街，191个行政村（社区）；现临平区8个镇街，178个行政村（社区）
2	浙江省宁波市鄞州区	整体试点	全区21个镇（街道），344个行政村（社区）
3	浙江省湖州市长兴县	整体试点	全县18个乡镇（街道、园区），232个行政村、27个社区
4	山东省淄博市沂源县	整体试点	全县10个镇、2个街道、1个省级经济开发区，467个村、19个社区

续表

序号	试点地区	试点类型	试点范围
5	河南省许昌市长葛市	整体试点	全市12个镇、4个街道，363个行政村
6	云南省曲靖市	整体试点	全市134个乡镇（街道），1262个行政村
7	辽宁省沈阳市	个别试点	共1个镇、5个行政村（社区）：沈北新区兴隆台街道办鲁家社区、财落街道办大辛二社区、新城子街道办六王屯社区，康平县小城子镇、小城子镇乡约村、裴家街村
8	山东省烟台市长岛海洋生态文明综合试验区	个别试点	共6个行政村：南长山街道黑石嘴村、北长山乡北城村、黑山乡南庄村、小钦岛乡小钦岛村、南隍城乡南隍城村、北隍城乡山前村
9	山东省潍坊市	个别试点	共18个行政村：诸城市龙都街道邱家七吉村、焦家庄子村，舜王街道前九台村、大埠屯村，枳沟镇乔庄村、北杏村；昌邑市柳疃镇常家庄村、后官村，龙池镇瓦东村、马渠村，卜庄镇大陆村、姜泊村；临朐县城关街道兴隆村、李家庄村，五井镇茹家庄村、花园河村，寺头镇宫家庄村、玉兔埠村
10	山东省菏泽市单县	个别试点	共2个行政村：浮岗镇小王庄村、东城街道办事处孙溜村
11	重庆市渝北区	个别试点	共18个行政村：木耳镇新合村、良桥村、石坪村，兴隆镇小五村、永庆村，统景镇龙安村、裕华村、远景村、御临村、印盒村，古路镇古路村、银花村、菜子村，茨竹镇金银村，洛碛镇水溶洞村，王家街道玉峰山村、荣华村，大湾镇水口村

序号	试点地区	试点类型	试点范围
12	贵州省遵义市播州区	个别试点	共 3 个行政村：枫香镇花茂村、洪关苗族乡小坝场村、平正仡佬族乡团结村
13	西藏自治区山南市	个别试点	共 2 个行政村（社区）：乃东区昌珠镇克松居委会、错那县勒乡勒村
14	甘肃省张掖市甘州区	个别试点	共 2 个镇、18 个行政村：新墩镇及其下辖的流泉村、北关村、白塔村、西关村、青松村、南华村、双塔村、新墩村、园艺村、双堡村、柏闸村、城儿闸村、花儿村、南闸村、隋家寺村，平山湖蒙古族乡及其下辖的紫泥泉村、红泉村、平山湖村
15	新疆维吾尔自治区阿克苏地区库车市	个别试点	共 4 个行政村（社区）：齐满镇渭干村、团结新村，伊西哈拉镇阿热买里社区、兰干村

北京市档案局 北京市民政局 北京市农村工作委员会
关于印发《北京市村级档案管理办法》的通知

京档发〔2018〕14 号

各涉农区档案局、民政局、农委：

　　为贯彻落实党的十九大关于实施乡村振兴战略的重要部署，服务市委市政府提出的《关于实施乡村振兴战略的措施》《实施乡村振兴战略扎实推进美丽乡村建设专项行动计划》，进一步加大对村级档案工作的指导力度，提升农业农村档案工作水平，根据国家档案局、民政部、农业部 2017 年 11 月颁布的《村级档案管理办法》，市档案局、市民政局、市农委修订了《北京市村级档案管理办法》（京档发〔2008〕12 号），现印发给你们，请结合本区实际，遵照执行。

北京市档案局 北京市民政局 北京市农村工作委员会
2018 年 9 月 20 日

北京市村级档案管理办法

第一章 总 则

第一条 为贯彻落实中央实施乡村振兴战略的重要部署，进一步加强我市农业农村档案工作，规范村级档案管理，服务新形势下的农村工作，根据《中华人民共和国档案法》《中华人民共和国村民委员会组织法》《中华人民共和国农业法》《北京市实施<中华人民共和国档案法>办法》《村级档案管理办法》及农业农村和档案工作等有关政策规定，制定本办法。

第二条 村级档案是指村党组织、村民委员会、村集体经济组织等（以下简称村级组织）在党组织建设、村民自治、生产经营等活动中直接形成的具有保存价值的各种文字、图表、声像、电子等不同形式和载体的历史记录。

第三条 村级档案工作主要包括村级组织对村级档案进行的收集、整理、保管、鉴定、利用等工作。

第四条 村级档案工作实行统一领导、集中管理、安全方便的原则。

第二章 组织管理及职责

第五条 村级组织应将档案工作作为村级工作的重要事项，纳入村工作议事日程，明确领导和责任，健全机制，保障经费，切实解决实际问题，确保档案工作与本村各项工作同步发展。

第六条 村级组织应当配备专职或兼职的档案管理人员，负责村级档案的收集、管理和提供利用工作。档案管理人员应具备相应的档案管理知识并保持相对稳定，调离工作岗位时，必须在离职前办理档案移交手续。

第七条 市、区档案行政管理部门对本行政区域内的村级档案工作实行统筹规划，组织协调，业务培训、监督和指导。

第八条 市、区民政、农业、组织等相关涉农部门应当按照各自的职责任务，与档案行政管理部门齐抓共管，在开展涉农专项工作中提出档案工作目标要求，共同开展指导和检查。

第九条　乡镇（街道）党委（工委）和政府要加强对辖区内村级档案工作的组织领导，将村级档案工作纳入乡村振兴战略发展工作规划，列入村"两委"班子重点考核内容，加大支持和投入力度，使档案工作与农业农村的各项事业同步发展。乡镇（街道）档案部门应对辖区内村级档案工作实行监督和指导，对村级档案管理人员进行业务培训。

第三章　档案管理

第十条　村级档案管理人员应建立健全村级文件材料归档和档案收集、整理、保管、借阅、鉴定、销毁及村干部离任档案交接等制度，并严格实施。

第十一条　村级组织形成的具有保存价值的各种文件材料，均应由专人或承办人按时规范整理后向档案管理人员归档，交接双方应清点核对，履行签字手续。任何部门和个人不得据为己有、拒绝归档或擅自销毁。

第十二条　村级档案管理人员应依据《北京市村级文件材料归档范围和档案保管期限表》（见附件）及各区档案行政管理部门关于村级文件材料归档范围和档案保管期限的规定，制定本村各类文件材料的归档范围和档案保管期限表，并报乡镇（街道）档案部门备案。

第十三条　归档文件材料一般应为原件。

纸质文件材料应字迹工整、印制清晰、签章完备、日期等标识完整，制成、装订等材料符合耐久性要求。禁止使用铅笔、圆珠笔、彩色笔和复写纸书写。

照片应主题鲜明、影像清晰、画面完整、未加修饰剪裁，底片与照片影像一致。

数码照片应是用数字照相机直接拍摄形成的原始图像文件，经过添加、合成、挖补等修改的数码照片不能归档。

录音录像文件必须是可读文件。

电子文件应真实展现所载内容并可供调取查用，确保电子文件重要的过程稿及其重要的修改痕迹留存，确保电子文件及其元数据自形成起完整无缺、来源可靠且未被非法更改，确保在信息交换、存储和显示过程中发生的形式变化不影响电子文件内容真实、完整。

第十四条　村级档案一般包括文书档案、基建档案、设施设备档案、会计档案、声像档案、电子档案和实物等类别。各类文件材料整理方法和归档时间分别是：

（一）文书类一般按照《文书档案案卷格式》（GB/T 9705—2008）、《北京市实施〈归档文件整理规则〉细则》（京档发〔2010〕5 号）的要求进行整理，于次年 6 月底前归档；

（二）会计类一般按照《会计档案管理办法》（财政部 国家档案局令第79 号）的要求进行整理，在会计年度终了后，可以由会计人员临时保管一年再行归档；因工作需要确需推迟归档的，经档案机构同意后，可延长临时保管时间，最长不超过三年；

（三）基建类一般按照《科学技术档案案卷构成的一般要求》（GB/T 11822—2008）、《建设项目档案管理规范》（DA/T 28—2018）的要求进行整理，于项目竣工验收后 3 个月内归档；

（四）设施设备类（即农用设施、村经济合作组织的生产类设备等）一般按照《科学技术档案案卷构成的一般要求》（GB/T 11822—2008）的要求进行整理，于开箱验收后及时归档；

（五）照片、录音录像类一般按照《照片档案管理规范》（GB/T 11821—2002）、《数码照片归档与管理规范》（DA/T 50—2014）、《北京市数码照片归档与管理办法》（京档发〔2010〕7 号）、《磁性载体档案管理与保护规范》（DA/T 15—1995）的要求进行整理，于工作完成后及时归档或次年 6 月底前归档；

（六）电子文件一般按照《电子文件归档与电子档案管理规范》（GB/T 18894—2016）、《北京市电子文件归档与电子档案管理办法》（京档发〔2014〕3 号）的要求进行整理，于工作完成后及时归档或次年 6 月底前归档；

（七）实物类一般按年度或者类别进行整理，于工作完成后及时归档。

第十五条 村级组织要配备档案专用库房或档案专用柜及相应的设施设备，符合防火、防盗、防潮、防水、防日光直射及紫外线照射、防尘、防污染、防有害生物的要求。客观上不具备档案安全保管条件的村，应将档案交由乡镇（街道）代为保管。

第十六条 档案管理人员应当定期检查档案的保管状况，确保档案安全。对录音录像档案和电子档案，要定期检查信息记录的安全性，确保档案可读可用。

第十七条 档案管理人员应根据工作需要编制档案目录等各种检索工具。

第十八条 村级档案机构应当为村级组织及其成员、村民提供档案借阅利用服务。借阅档案要遵守利用规定、履行借阅手续，做好借阅登记和利用效果登记。借阅者不得有涂改、损毁、调换、抽取档案等行为。

第十九条　档案管理人员应当紧紧围绕村级中心工作、村级各类组织及其成员、村民群众的生产生活需求，提供优质服务。加强档案信息资源的开发利用，积极开展档案编研工作，如编写村史、村志、组织沿革、大事记等。

第二十条　村级组织完成换届选举后的 10 日内，应当严格按照档案管理规定，履行档案交接手续。必要时可以在选举前将档案暂存乡镇（街道）政府。

第二十一条　当村级组织履行民主程序后，进行撤销、调整、合并或转为社区居民委员会时，应严格按照有关规定将村级档案妥善移交给接收单位，履行交接手续，防止档案散失。

第二十二条　销毁已达到保管期限的档案时，应成立档案鉴定工作小组及时进行鉴定。鉴定工作小组由村级主管领导、档案管理人员和形成档案的村级组织的人员（或者村民代表）组成，鉴定后形成档案鉴定报告。对失去保存价值的档案，应清点核对并编制档案销毁清册，报乡镇档案机构批准后，由两人以上在指定地点监销，并在销毁清册上签字。

禁止擅自销毁档案。村级档案销毁清册应当永久保存。

第二十三条　村级档案工作应当积极推进档案信息化建设，配备必要的设施设备和档案管理软件，建立档案电子目录和全文数据库，逐步实现档案的信息网络共享。

第四章　附　则

第二十四条　各区档案行政管理部门可根据本办法，结合本地区工作实际，制定本区村级档案管理实施办法。

第二十五条　本办法由北京市档案局、北京市民政局、北京市农村工作委员会负责解释。

第二十六条　本办法自发布之日起施行。原《北京市村级档案管理办法》（京档发〔2008〕12 号）同时废止。

附件：北京市村级文件材料归档范围和档案保管期限表

附件

北京市村级文件材料归档范围和档案保管期限表

一、文书类

1. 党务工作

1.1 本村党组织（党委、党总支、党支部）委员会会议记录、党员大会会议记录、村"两委"联席（班子）会议记录　　　　　　永久

1.2 本村党组织年度工作计划、总结等材料　　　　　　永久

1.3 本村党组织关于机构设置、撤并、名称更改、启用和废止印章的请示，上级批复、通知、决定等材料　　　　　　永久

1.4 本村党务干部任免、分工、考察、奖惩等材料　　　　　　永久

1.5 本村党组织换届选举候选人的请示、批复和换届选举工作的通知、议程、报告、领导人讲话、大会发言、选举办法、选举结果、决议、上级批复等材料　　　　　　永久

1.6 本村党员教育培训、组织活动、党性分析、民主评议等方面的计划、方案、组织名单、总结、展览小样、会议（活动）记录、请示及上级批复　　　　　　永久

1.7 本村发展新党员，党员转正、延期、退党，处置不合格党员等方面的材料　　　　　　永久

1.8 本村执行上级党组织工作的决定、纪要、报告等材料

（1）重要的　　　　　　永久

（2）一般的　　　　　　30 年

1.9 本村党组织、党员名册和年报表　　　　　　永久

1.10 本村党组织关系介绍信、通知书存根　　　　　　永久

1.11 本村党员交纳党费的清单、票据等　　　　　　永久

1.12 本村党组织获得先进集体、先进个人登记表，审批表，名册及各种事迹材料

（1）受到区级（含）以上表彰、奖励的　　　　　　永久

（2）受到区级以下表彰、奖励的　　　　　　30 年

1.13 本村党员违法违纪的有关材料，处理意见和上级决定、批复等材料

（1）受到警告（不含）以上处分的　　　　　　　　　　　　　永久

（2）受到警告处分的　　　　　　　　　　　　　　　　　　　30 年

1.14 本村纪检、党风廉政工作的计划、总结、汇报、报告等材料 30 年

1.15 本村开展政治思想、形势教育、精神文明建设工作的计划、总结
等有关材料　　　　　　　　　　　　　　　　　　　　　　　　　　10 年

1.16 本村民主日、党务公开有关材料　　　　　　　　　　　　10 年

1.17 本村创建工作计划总结、措施、台帐　　　　　　　　　　10 年

1.18 本村党员联系户情况　　　　　　　　　　　　　　　　　10 年

2. 共青团工作

2.1 本村共青团组织发展、换届选举等材料　　　　　　　　　　永久

2.2 本村团干部任免的文件材料、团员名册、组织关系介绍信及存根、
团费缴纳、年度统计表等材料　　　　　　　　　　　　　　　　　　永久

2.3 本村团代会通知、议程、代表名单、开幕词、报告、决定、选举结
果、闭幕词等材料　　　　　　　　　　　　　　　　　　　　　　　永久

2.4 本村团组织获得先进集体、先进个人的材料

（1）受到区级（含）以上表彰、奖励的　　　　　　　　　　永久

（2）受到区级以下表彰、奖励的　　　　　　　　　　　　　30 年

2.5 本村团组织、团员违法违纪的有关材料、受到处分的处理意见等材
料　　　　　　　　　　　　　　　　　　　　　　　　　　　　　　30 年

2.6 本村团组织年度工作计划、总结等材料　　　　　　　　　30 年

2.7 本村团组织开展活动的材料　　　　　　　　　　　　　　10 年

2.8 上级机关颁发的本村团组织工作需贯彻执行的文件

（1）重要的　　　　　　　　　　　　　　　　　　　　　　永久

（2）一般的　　　　　　　　　　　　　　　　　　　　　　30 年

3. 妇联工作

3.1 本村妇联工作计划、总结　　　　　　　　　　　　　　　30 年

3.2 本村妇女基本情况统计表　　　　　　　　　　　　　　　永久

3.3 本村组织妇女开展活动的有关材料　　　　　　　　　　　10 年

3.4 本村妇联干部任免的文件材料　　　　　　　　　　　　　永久

3.5 本村妇联工作获得先进集体、先进个人的材料

（1）受到区级（含）以上表彰、奖励的　　　　　　　　　　永久

（2）受到区级以下表彰、奖励　　　　　　　　　　　　　　30 年

3.6 上级机关颁发的本村妇女工作需贯彻执行的文件

（1）重要的   永久

（2）一般的   30年

4. 村务公开和民主管理

4.1 上级机关关于本村村委会选举工作的文件、方案及领导讲话 30年

4.2 本村村委会换届选举工作的请示、上级批复、通知、方案、选票、公示等材料   永久

4.3 本村村民会议或村民代表会议就换届选举工作形成的决议、决定、会议记录等   永久

4.4 本村上届村民委员会成员的述职报告、民主测评、离任审计等相关材料   永久

4.5 本村换届选举工作报告、选举结果报告单、当选的村委会成员名单、上级批复等文件材料   永久

4.6 本村换届选举中出现重大问题、重新选举、补选、罢免及村民委员会辞职等所形成的材料   永久

4.7 本村选民名单、村选举工作人员名单   10年

4.8 本村候选人名单及产生过程中形成的相关材料，候选人治村方案或设想   10年

4.9 本村村民小组长及村民代表推选过程中形成的材料及当选村民小组长、村民代表名单   10年

4.10 本村上届村委会与本届村委会工作交接材料   永久

4.11 本村关于年终分配方案、工资福利、社会保险的各种文件材料

　　　　　　　　　　　　　　　　　　　　　　　　　　　永久

4.12 本村干部、职工工资单及年终收益分配审批表、归户结算表等材料   永久

4.13 国家有关补贴农民、资助村集体的政策落实情况材料   永久

4.14 本村低收入农户增收的相关材料   永久

4.15 本村救灾、救济发放的款物登记表   永久

4.16 本村农业村级协管事项公开、协查工作记录等材料   30年

4.17 涉及本村村民利益、村民普遍关心的其他材料   30年

5. 村务监督

5.1 本村村务监督委员会会议记录、纪要、决议等材料   永久

5.2 本村村务监督委员会年度工作计划、规划、总结等材   30年

5.3 本村村务监督委员会成员名册，成员基本情况等   永久

5.4 本村村务监督委员会监督的事项、发现的问题及整改落实情况等

　　　　　　　　　　　　　　　　　　　　　　　　　　　30 年

5.5 本村村务监督委员会成员年度业绩考核，民主评议等情况　　30 年

6. 村级事务管理

6.1 本村村委会会议记录、纪要、决议等材料　　　　　　　　　永久

6.2 本村村委会年度工作计划、规划、总结等材料　　　　　　　永久

6.3 本村村史、村志、组织沿革、大事记及有保存价值的族谱、家谱等
材料　　　　　　　　　　　　　　　　　　　　　　　　　　永久

6.4 本村先进集体、先进个人登记表，审批表，名册及各种事迹材料

（1）受到区级（含）以上表彰、奖励的　　　　　　　　　　　永久

（2）受到区级以下表彰、奖励　　　　　　　　　　　　　　　30 年

6.5 本村的村规民约等各种规章制度材料　　　　　　　　　　　永久

6.6 本村干部、村民名册，各类技术人员名册等　　　　　　　　永久

6.7 村民户口迁移证明、入户申请、介绍信、落户存根、清册、出生及
死亡登记存根、婚姻状况证明存根等材料　　　　　　　　　　永久

6.8 本村家庭基本状况等材料　　　　　　　　　　　　　　　　永久

6.9 本村干部的招聘、录用、定级、调配、人员任免、离退、调动介绍
信存根、工资表，村级协管员的聘书、合同或协议等材料　　　永久

6.10 本村和村内机构设置、更名、撤并，启用、废止印章等材料　永久

6.11 本村关于房屋拆迁、土地征用、村民房产、地产等材料　　　永久

6.12 本村财务工作制度　　　　　　　　　　　　　　　　　　　永久

6.13 本村财务管理的年度计划、总结，有关财务审计情况材料　　永久

6.14 本村固定资产登记表　　　　　　　　　　　　　　　　　　永久

6.15 本村固定资产采购、使用、处置情况材料　　　　　　　　　永久

6.16 本村各种统计报表（包括农副工业生产年报，收益分配年报，土
地、人口、户数等基本情况统计表等材料）　　　　　　　　　永久

6.17 本村规划、经济建设及重大决策等材料　　　　　　　　　　永久

6.18 本村开展美丽乡村建设中形成的文件材料　　　　　　　　　永久

6.19 本村传统村落保护工作形成的文件材料　　　　　　　　　　永久

6.20 本村在落实平原造林、新百万亩造林等重大建设项目中形成的文
件材料　　　　　　　　　　　　　　　　　　　　　　　　　永久

6.21 本村开展教育、卫生、合作医疗等工作的材料　　　　　　　永久

6.22 本村公共设施管理、维修维护的材料　　　　　　　　　　　永久

6.23 本村重大事故、自然灾害事件登记材料，各种事故、案件的调查
处理意见、情况报告及善后工作中形成的材料　　　　　　　　　永久

6.24 本村各种保险材料、安全生产承包责任等材料　　　　　永久

6.25 本村劳动力基本情况材料　　　　　　　　　　　　　　30 年

6.26 现役军人、退伍军人情况登记表　　　　　　　　　　　永久

6.27 本村拥军优属、优抚救助等材料　　　　　　　　　　　30 年

6.28 农村实用人才培养材料　　　　　　　　　　　　　　　30 年

6.29 村级幼儿园、养老院等管理文件材料　　　　　　　　　30 年

7. 民调治保

7.1 本村民事调解工作中形成的调解记录、处理意见、协议及附件等文
件材料　　　　　　　　　　　　　　　　　　　　　　　　　永久

7.2 本村信访信件及处理结果等材料

（1）重要的　　　　　　　　　　　　　　　　　　　　　　永久

（2）一般的　　　　　　　　　　　　　　　　　　　　　　30 年

7.3 本村社会治安、综合治理工作中形成的材料　　　　　　　30 年

7.4 本村刑事、民事案件的法院判决书、裁决书　　　　　　　永久

7.5 本村流动人口管理工作中形成的登记、统计等材料　　　　30 年

7.6 本村帮教、转化、监督工作中形成的材料　　　　　　　　30 年

7.7 本村治保会等获得先进的材料　　　　　　　　　　　　　30 年

8. 计划生育工作

8.1 本村计划生育工作年度计划、总结、统计表等材料　　　　永久

8.2 本村独生子女证申请表，独生子女名册，育龄妇女生育多胎的申请
表、审批表及超生调查报告、汇报、处罚决定等材料　　　　　永久

9. 民兵工作

9.1 上级机关颁发的本村民兵工作需贯彻执行的文件　　　　　10 年

9.2 本村普通民兵、基干民兵登记表和名册　　　　　　　　　永久

9.3 本村兵役登记材料　　　　　　　　　　　　　　　　　　永久

10. 村级文化建设

10.1 本村创建文明村、最美乡村，开展爱国卫生工作等形成的文件材
料　　　　　　　　　　　　　　　　　　　　　　　　　　　30 年

10.2 本村开展评比五好文明家庭、敬老爱幼模范、文明户等形成的文
件材料　　　　　　　　　　　　　　　　　　　　　　　　　30 年

10.3 村级文艺团体、民间艺人、地方戏曲或曲艺材料　　　　永久

10.4 农村历史文化遗产、非物质文化遗产记录　　　　　　　　永久

10.5 对村内有贡献或有影响的重要人物及其事迹所形成的材料　永久

11. 村级经营管理

11.1 本村经营管理中长期规划和专项发展计划等材料　　　　永久

11.2 本村集体经济指标及任务落实情况材料　　　　　　　　永久

11.3 本村重大经济工作方面的请示、批复　　　　　　　　　永久

11.4 本村集体经济组织年度工作计划、总结等材料　　　　　永久

11.5 本村集体经济组织章程，换届选举工作的通知、选举结果等材料

　　　　　　　　　　　　　　　　　　　　　　　　　　　永久

11.6 本村集体经济组织成员（股东）名册、股权登记簿　　　永久

11.7 本村集体资产评估或清产核资报告　　　　　　　　　　永久

11.8 本村及所属各企业的产权文件、土地使用证，各种集体财产合同、
协议、委任书、公证书等法律文本、证书材料　　　　　　　永久

11.9 本村有关工商企业管理执照的申报、登记、批复以及违章违法被
处理，经营不善歇业、破产等材料　　　　　　　　　　　　永久

11.10 本村有关经营活动的争议、索赔、判决等材料　　　　永久

11.11 本村有关种植、养殖、副业生产等工作形成的材料　　永久

11.12 本村关于土地批租、出让、租赁有关材料　　　　　　永久

11.13 农村土地承包经营权确权登记工作方案、会议记录、申请表、总
结、合同等　　　　　　　　　　　　　　　　　　　　　　永久

11.14 本村有关集体土地所有权、建设用地使用权、村民宅基地使用权
等方面的文件材料　　　　　　　　　　　　　　　　　　　永久

11.15 本村集体产权制度改革实施方案、申请、批复、工作计划、总
结、领导小组成员名单、会议记录、决议、公示等文件材料　永久

11.16 本村集体林权制度改革实施方案、申请、批复、工作计划、总
结、领导小组成员名单、会议记录、决议、公示等文件材料　永久

11.17 林权证存根　　　　　　　　　　　　　　　　　　　永久

11.18 本村企业发展重大经营决策方案、规划　　　　　　　永久

11.19 本村企业董事会会议记录、纪要、决议等材料　　　　永久

11.20 本村企业负责人对企业承包、租赁、任期目标责任等材料　永久

11.21 本村企业改制、转制等各种法律证书等材料　　　　　永久

11.22 本村企业历史沿革、大事记等材料　　　　　　　　　永久

11.23 本村企业年度工作计划、总结等材料　　　　　　　　永久

11.24 本村企业的设置、撤并、名称更改、启用和废止印章的请示、批复、通知等材料　　　　　　　　　　　　　　　　　　永久

11.25 本村企业章程、验资、营业执照等材料　　　　永久

11.26 本村企业项目的申请、批复、可行性报告、合同等材料　　永久

11.27 本村企业管理、生产、经营、纳税、审计等工作中形成的材料

　　　　　　　　　　　　　　　　　　　　　　　　　永久

二、基建项目类

1. 项目建议书、申请、报告及批复等材料　　　　　　永久

2. 可行性研究报告、论证意见、项目评估、调查报告等材料　　永久

3. 项目设计任务书、计划任务书或立项报告、批复等材料　　永久

4. 基建项目的会议记录等材料　　　　　　　　　　　永久

5. 地质勘探合同、报告、记录、说明等材料　　　　　永久

6. 征用土地移民申请、报告、批复、通知、许可证、使用证、用地范围等材料　　　　　　　　　　　　　　　　　　　　永久

7. 工程建设执照、防火、环保、防疫等审核通知单　　永久

8. 工程建设招投标文件、会议纪要等材料　　　　　　永久

9. 工程初步设计图纸、概算、设计合同等材料　　　　永久

10. 施工设计、说明、总平面图、建设施工图、给排水图等专业图纸

　　　　　　　　　　　　　　　　　　　　　　　　　长期

11. 施工合同、协议，施工预决算，图纸会审纪要、技术核定单、工程更改、材料代用、原材料质保书和全套竣工图等材料　　永久

12. 施工监理文件材料　　　　　　　　　　　　　　　长期

13. 工艺设备文件　　　　　　　　　　　　　　　　　长期

14. 财务管理文件　　　　　　　　　　　　　　　　　永久

15. 水电安装合同、协议，施工预决算，技术交底，图纸会审，材料出厂证明和竣工图等材料　　　　　　　　　　　　　　永久

16. 项目竣工验收报告、申请、批复，审计文件材料，项目环境保护、劳动安全卫生、消防、人防、规划、防疫、档案等验收审批文件，项目决算报告、项目审计材料，项目竣工验收文件材料，项目现场声像文件，项目评优材料　　　　　　　　　　　　　　　　　　　　永久

三、设施设备类

1. 设备仪器购置可行性研究报告、申请、批复和购置仪器资金申请、

批复等材料　　　　　　　　　　　　　　　　　　　　　　　　长期

　　2. 设施设备招投标文件、设备采购合同、购买协议等材料　　长期

　　3. 设备仪器开箱验收记录、使用说明书、操作手册、合格证、装箱清单等材料　　　　　　　　　　　　　　　　　　　　　　　　长期

　　4. 设备仪器安装调试记录、验收报告、操作保养规定等材料　　长期

　　5. 设备仪器运行、检修、保养、事故处理等记录材料　　　　长期

　　6. 设施设备技术改造、升级改装、革新改进等文件材料　　　长期

　　7. 设备仪器报废申请、批复、证明等材料　　　　　　　　　长期

四、会计类

　　1. 各类会计原始凭证、记账凭证、汇总凭证　　　　　　　　30 年

　　2. 会计账簿类

　　2.1 银行日记账、现金日记账　　　　　　　　　　　　　　30 年

　　2.2 总账、明细账、辅助账簿　　　　　　　　　　　　　　30 年

　　3. 会计报表类

　　3.1 年度财务决算报表　　　　　　　　　　　　　　　　　永久

　　3.2 月、季度财务报表　　　　　　　　　　　　　　　　　10 年

　　4. 其他类

　　4.1 会计档案移交清册　　　　　　　　　　　　　　　　　永久

　　4.2 会计档案保管清册　　　　　　　　　　　　　　　　　永久

　　4.3 会计档案销毁清册　　　　　　　　　　　　　　　　　永久

五、声像类

　　1. 上级领导来本村视察、检查工作的声像材料　　　　　　　永久

　　2. 国际友人、专家、学者等知名人士前来活动的声像材料　　永久

　　3. 本村召开的重要会议形成的声像材料　　　　　　　　　　永久

　　4. 本村村委会各种产品、奖状、证书、奖杯、锦旗等的拍摄照片　永久

　　5. 反映村容村貌、本村古迹、地形地貌、特色农产品等的照片　永久

　　6. 新闻媒体刊登的反映本村情况的照片　　　　　　　　　　永久

　　7. 记录本村重大活动的声像材料　　　　　　　　　　　　　永久

　　8. 本村组织的、参加的联欢、体育、宣传教育等活动的声像材料　30 年

六、实物类

1. 本村在各项活动中获得奖杯、奖旗、奖状、奖牌、证书、锦旗等
（1）重要的　　　　　　　　　　　　　　　　　　永久
（2）一般的　　　　　　　　　　　　　　　　　　30 年
2. 领导人视察的题词手迹　　　　　　　　　　　　　永久
3. 知名人士对本村的题词、字画等　　　　　　　　　永久
4. 本村作废的牌匾、印章　　　　　　　　　　　　　永久
5. 友好单位赠送的纪念品
（1）重要的　　　　　　　　　　　　　　　　　　永久
（2）一般的　　　　　　　　　　　　　　　　　　30 年
6. 本村具有传统地方特色的生产工具、生活物品等　　永久

北京市档案局印发《关于做好全市低收入农户增收及低收入村发展档案工作的意见》的通知

京档发〔2018〕17 号

各区档案局，市属各部、委、办、局、总公司（集团）、人民团体、高等院校档案部门：

为贯彻落实中央精准脱贫战略部署和我市低收入农户增收及低收入村发展的意见，充分发挥档案的积极作用，我们制定了《北京市档案局关于做好全市低收入农户增收及低收入村发展档案工作的意见》，现印发给你们，请结合本地区本单位实际，认真组织落实。

北京市档案局

2018 年 11 月 12 日

北京市档案局关于做好全市低收入
农户增收及低收入村发展档案工作的意见

为深入贯彻中央脱贫攻坚战略部署和习近平总书记重要指示精神，落实好中共北京市委、北京市人民政府《关于进一步推进低收入农户增收及低收入村发展的意见》（京发〔2016〕11号），充分发挥档案工作在推进低收入农户增收及低收入村发展中的积极作用，助力乡村振兴战略，现就做好全市低收入农户增收及低收入村发展档案工作提出如下意见。

一、提高认识，切实加强组织领导

加强和规范低收入农户增收及低收入村发展档案工作，真实、完整、准确、客观地记录和保存我市开展此项工作的全过程和重要成果，充分发挥档案存凭留证、资政惠民的重要作用，是档案部门服务大局、服务新时期"三农"工作的重要体现。

低收入农户增收及低收入村发展档案是在推进低收入农户增收及低收入村发展工作中形成的对国家、社会有保存价值的各种形式和载体的历史记录，是国家档案资源的重要组成部分。全市低收入农户增收及低收入村发展工作涉及市、区、乡镇三级党委、政府，涉及承担帮扶任务的多个部门，涉及低收入农户、低收入村等帮扶对象，覆盖面广、工作量大、情况复杂，产生的档案覆盖低收入农户增收及低收入村发展工作的各个领域和环节，数量庞大、内容繁杂、工作任务艰巨。各区各部门要准确把握中央、市委精神，充分认识做好低收入农户增收及低收入村发展档案工作的重要性和紧迫性，把档案工作纳入低收入农户增收及低收入村发展整体工作部署，切实加强组织领导，推动各单位扎实做好档案工作，努力为打赢脱贫攻坚战做出应有贡献。

二、明确责任，切实落实管理职责

全市要建立健全各级党委政府统一领导、主责部门组织协调、档案部门监督指导、承担帮扶任务的相关单位各负其责的档案工作体制，统筹协调，齐抓共管，确保档案工作与推进低收入农户增收及低收入村发展工作同步协调发展。各区党委、政府要督促本地区各单位切实抓好低收入农户增收及低收入村发展档案工作。各级低收入农户增收及低收入村发展工作主责部门要做好低收入农户增收及低收入村发展档案工作的组织协调和监督管理，督促各相关单位明确任务，落实责任，主动与同级档案部门联系，把档案工作纳入各相关单位低收入农户增收及低收入村发展工作考核内容，定期开展检查。各级档案部门要结合本地区实际，及时跟进，做好服务，指导各单位加强对低收入农户增收及低收入村发展工作档案的规范管理。各承担帮扶任务的部门和行政村要结合自身职能和具体工作，按照档案工作的管理要求，细化任务，认真做好本单位相关档案的收集、整理、保管、利用和移交工作。

三、完善制度，切实强化规范管理

低收入农户增收及低收入村发展档案实行集中统一管理的原则。各单位要结合工作实际，完善本单位档案工作管理制度，明确低收入农户增收及低收入村发展档案收集范围、整理标准、保管条件、利用程序等要求，积极采用现代信息技术实现档案管理的信息化，配备相应管理人员和必要的设施设备，保障档案工作场所和经费，不断加强低收入农户增收及低收入村发展档案规范化管理。

各单位低收入农户增收及低收入村发展文件材料归档范围参照《北京市低收入农户增收及低收入村发展文件材料归档范围和保管期限表》（以下简称《保管期限表》，见附件）执行，并可根据实际情况制定相关档案管理细则，依法依规做到应收尽收、应归尽归，任何单位和个人不得据为己有或擅自销毁。

低收入农户增收及低收入村发展档案应当分门别类整理，具体包括：文书档案应按照《文书档案案卷格式》（GB/T 9705—2008）和《北京市实施〈归档文件整理规则〉细则》（京档发〔2010〕5 号）的要求进行整理；帮扶项目档案按照《科学技术档案案卷构成的一般要求》（GB/T 11822—2008）进行整理；会计档案按照《会计档案管理办法》（中华人民共和国财政部 国家档案局令第 79 号）、《会计档案案卷格式》（DA/T 39—2008）进行整理；声像档案、电子档案等特殊载体档案按照《照片档案管理规范》（GB/T 11821—2002）、《北京市数码照片归档与管理办法》（京档发〔2010〕7 号）、《磁性载体档案管理与保护规范》（DA/T15—1995）、《北京市电子文件归档与电子档案管理办法》（京档发〔2014〕3 号）等要求进行整理。归档文件材料应为原件，且齐全完整、分类准确、排列有序，涉及农户个人信息或无法获取原件用复制件归档的，应当图像清晰，标明原件所在位置并注明复制件。

四、加强监管，切实保证档案安全和依法移交

低收入农户增收及低收入村发展档案涉及低收入农户家庭及个人隐私，各单位要严格做好档案安全保密工作，特别是要加强低收入农户监测信息系统形成电子文件的安全保密管理，既要严防有关信息违规泄露，确保低收入农户增收及低收入村发展档案实体安全、信息安全，又要重视对低收入农户增收及低收入村发展档案的开发利用，促进信息资源共享共用。

各级档案部门要勇于担当，主动作为，积极配合同级低收入农户增收及低收入村发展工作主责部门，加强对档案工作的监督指导和档案的接收进馆工作，并将其纳入档案行政执法检查范畴。各级主责部门和承担帮扶任务的相关单位形成的低收入农户增收及低收入村发展档案与本单位日常工作档案一起，按年度向本单位综合档案室移交，并按国家和我市有关规定一并向同级综合档案馆移交；各乡镇要建立低收入农户增收及低收入村发展专项工作档案，在工作结束后六个月内向各区综合档案馆移交。各行政村按年度向村档案室移交。

　　附件：北京市低收入农户增收及低收入村发展文件材料归档范围和保管
　　　　　期限表

附件

北京市低收入农户增收及低收入村
发展文件材料归档范围和保管期限表

类别	归档范围	保管期限		
		市、区级（含帮扶单位）	乡镇级	村级
综合类	关于推进低收入农户增收及低收入村发展工作的政策或制度性文件	永久	永久	—
	成立相关工作领导小组或建立联席会议制度及各成员单位分工情况的文件材料	永久	永久	永久
	召开推进低收入农户增收及低收入村发展工作的会议及相关材料 重要的 一般的	永久 10年	永久 10年	永久 10年
	各类制定或明确帮扶措施、帮扶任务、发展规划、实施方案等的文件材料	永久	永久	永久
	有关低收入农户、低收入村及帮扶情况的统计、调查、监测等材料 年度的 阶段性的	永久 10年	永久 10年	永久 10年
	有关财政投入及资金管理等情况的文件材料 重要的 一般的	永久 10年	永久 10年	永久 10年
	工作总结及报告 年度或专项的 阶段性的	永久 10年	永久 10年	永久 10年
	开展低收入农户增收及低收入村发展工作与相关单位签订的责任书	30年	30年	30年
	开展各类政策宣传、工作培训等形成的文件材料	10年	10年	10年

续表

类别	归 档 范 围	保管期限		
		市、区级（含帮扶单位）	乡镇级	村级
综合类	评选、表彰先进等有关材料 市、区级 区级(不含)以下	永久 10 年	永久 10 年	永久 10 年
	整改督查、纪检监察等工作形成的材料	永久	永久	永久
	其他综合类材料 重要的 一般的	永久 10 年	永久 10 年	永久 10 年
精准识别和分类帮扶类	低收入农户申请表	—	永久	永久
	村民代表大会民主评议会议记录	—	永久	永久
	低收入农户拟认定名单公示	—	10 年	10 年
	低收入农户登记表	—	永久	永久
	入户核查形成的材料	—	10 年	10 年
	关于审核确认低收入农户的报告	—	永久	永久
	低收入农户正式认定名单(公告)	永久	永久	永久
	低收入农户帮扶情况登记表	30 年	30 年	30 年
	低收入村申请书	—	永久	永久
	低收入村登记表	—	永久	永久
	低收入村拟定名单公示	—	10 年	—
	关于审核确认低收入村的报告	永久	永久	—
	低收入村审定名单(公告)	永久	永久	—
	低收入村帮扶情况表	30 年	30 年	30 年
	低收入农户动态管理明细表	—	30 年	30 年
	低收入村动态管理明细表	—	30 年	—

续表

类别	归 档 范 围	保管期限		
		市、区级（含帮扶单位）	乡镇级	村级
精准识别和分类帮扶类	帮扶项目申报、审批、建设、管理过程中形成的文件材料 重要的 一般的	—	永久 30年	永久 30年
	在精准识别过程中形成的其他材料 重要的 一般的	永久 10年	永久 10年	永久 10年
	在分类帮扶过程中形成的其他材料 重要的 一般的	永久 10年	永久 10年	永久 10年
特殊载体类	农户递交申请书的照片、录音、录像等	—	永久	永久
	各级讨论、决议的照片、录音、录像等	—	永久	永久
	各级公示、公告的照片、录音、录像等	—	永久	永久
	入户识别核查的照片、录音、录像等	—	永久	永久
	低收入农户监测信息系统相关数据库文件材料、元数据等	永久	永久	永久

市档案局 市民政局 市农委关于印发
《天津市村级档案管理实施细则》的通知

津档发〔2018〕14号

各涉农区档案局、民政局、农业主管部门：

　　为进一步贯彻国家档案局、民政部、农业部《村级档案管理办法》（国家档案局令第12号）有关要求，规范我市村级档案管理工作，市档案局、市民政局、市农委联合制定了《天津市村级档案管理实施细则》（以下简称《细则》）。现将《细则》印发给你们，请认真遵照执行。

　　　　　　天津市档案局 天津市民政局 天津市农村工作委员会
　　　　　　2018年6月28日

天津市村级档案管理实施细则

第一条　为加强和规范天津市村级档案管理，根据国家档案局、民政部、农业部《村级档案管理办法》（国家档案局令第 12 号）有关要求，结合我市档案工作实际，市档案局、市民政局、市农委联合制定本细则。

第二条　本细则所称村级档案是指村党组织、村民委员会、村务监督委员会、村集体经济组织等（以下简称村级组织）在党组织建设、党务管理、村务管理、村民自治、村务监督、生产经营等活动中形成的具有保存价值的文字、图表、音像等不同形式和载体的历史记录。

第三条　村级档案工作主要包括村级组织对村级档案进行的收集、整理、保管、鉴定、利用和信息化等工作。

第四条　村级档案工作是村党组织、村民委员会各项工作的重要组成部分，是社会主义新农村建设的重要内容，是维护村民合法权益、记录村发展历史面貌的重要工作。

第五条　各涉农区档案局、民政局、农业主管部门和相关部门要密切配合，将档案工作纳入农村工作中统筹规划、组织协调、检查验收，要加强对农村工作中所形成各类文件材料的收集、整理、鉴定、保管、归档、移交和开发利用工作进行监督指导，定期组织村级档案工作人员进行档案专业知识和技能培训。

第六条　乡镇人民政府（街道办事处）要加强对村级档案工作的监督指导，把村级档案工作纳入村级工作考核内容，与村各项工作一并布置、检查，为村级档案工作提供资金、人员、库房设施设备等条件保障。

第七条　村级档案工作实行统一领导、集中管理、安全方便的原则。

村党组织和村民委员会应当重视和加强档案工作，将档案工作作为村级工作的重要事项，建立健全村级文件材料归档、整理、保管、保密、统计、鉴定销毁、利用、换届档案交接以及电子文件管理等档案工作制度，明确分管领导，将档案工作纳入本村各项建设内容，完善档案工作机制，为档案工作的开展提供必要的保障条件，确保档案材料真实有效、收集齐全完整、整理规范有序、档案实体和信息安全、利用便捷有效，促进村级档案工作与本村各项工作同步协调发展。

　　第八条　村级组织应指定专人担任档案工作人员并保持相对稳定，负责本村各种门类和载体档案的收集、保管、统计、利用和信息化等工作。

　　档案工作人员应具有良好的政治素质，遵纪守法，忠于职守，具备相应的档案管理知识，并经过档案业务培训。

　　第九条　村级组织要加强文件材料的收集，确保文件材料的齐全完整。村级组织要按照产业兴旺、生态宜居、乡风文明、治理有效、生活富裕的总要求，加强对实施乡村振兴战略过程中推进农村政治建设、经济建设、文化建设、社会建设、生态文明建设和党的建设等各项工作中形成的各类文件材料的收集，特别是农村集体土地承包经营权确权登记颁证、农村集体产权制度改革、农村宅基地制度改革等各项涉及村民切身利益的制度改革工作和文明村、环保村、美丽乡村等农村文化和生态文明建设工作及农村基层组织建设工作中形成的各类文件材料，要按照工作程序将各工作环节形成的文件材料全部纳入村级文件材料归档范围。具体归档范围参见《天津市村级文件材料归档范围和档案保管期限表》（附件）。

　　第十条　村级组织要将反映乡村历史变迁、行政区划变更、乡村面貌变化、乡村文化建设等记录乡村记忆的各类文件材料纳入村级文件材料归档范围，加强对乡村记忆文件材料的收集、整理和开发利用。

　　第十一条　凡属村级归档范围内的文件材料，须按有关规定向本村档案室或档案工作人员归档，任何单位和个人不得据为己有或拒绝归档。

　　第十二条　村级档案一般包括文书、基建项目、设施设备、会计、音像、照片、实物、电子文件等类别。各类文件材料整理方法和归档时间如下：

　　（一）文书类应当按照《文书档案案卷格式》（GB/T 9705—2008）或者《归档文件整理规则》（DA/T 22—2015）的要求进行整理，于次年上半年归档。

　　（二）基建项目类应当按照《科学技术档案案卷构成的一般要求》（GB/T 11822—2008），并参照《国家重大建设项目文件材料归档要求与档案整理规范》（DA/T 28—2002）的有关规定，按工程项目分类整理及时整理归档。

　　（三）设施设备类应当在开箱验收后即时归档，使用维修记录等按照《科学技术档案案卷构成的一般要求》进行收集管理。

（四）会计类应当按照《会计档案管理办法》（财政部 国家档案局令第79 号）的要求进行收集整理，在会计年度终了后于次年 3 月底之前归档。

（五）照片应当按照《照片档案管理规范》（GB/T 11821—2002）、《数码照片归档与管理规范》（DA/T 50—2014）整理，由拍摄者在拍摄后 1 个月内将照片原图连同文字说明一并归档。

（六）电子文件应当按照《电子文件归档与电子档案管理规范》（GB/T 18894—2016）收集归档并管理。

（七）实物和其他门类按照档案工作有关规定及时归档。

第十三条 凡归档的文件材料应当齐全、完整、准确，要求图样清晰、字迹工整、签字手续完备，保管期限划分准确，所使用的载体、书写材料和装订材料应符合档案保护要求。

第十四条 村级党组织、村民委员会应加强档案管理基础设施建设，为档案的安全保管提供必需的场所，配备档案装具及防火、防盗、防水（潮）、防光、防尘、防磁、防高温、防有害生物等必要设施设备，有条件的村应设立专用档案库房，对本村各类档案实行集中统一管理，确保档案安全。

档案管理人员应当定期检查档案的保管状况，确保档案安全。对音像档案和电子档案，要定期检查信息记录的安全性，确保档案可读可用。

第十五条 不具备档案安全保管条件的，应当将档案交由乡镇人民政府（街道办事处）档案机构代为保管，村级组织要保存档案目录等检索工具以方便利用。

第十六条 村级组织换届选举后 10 日内，应当履行档案交接手续。必要时可在选举前将档案暂存乡镇人民政府（街道办事处）。

档案工作人员离任时应当进行档案移交，履行交接手续，防止档案散失。

第十七条 销毁已达到保管期限的档案时，村级组织应当成立鉴定工作小组，根据实际利用需要对到期档案及时进行鉴定。

档案鉴定工作小组由村级档案管理人员和形成档案的村级组织的人员（或者村民代表）组成，鉴定后应当形成鉴定报告。对失去保存价值的档案，应当清点核对并编制档案销毁清册，经过必要的审批手续后按照规定销毁。

禁止擅自销毁档案。村级档案销毁清册应当永久保存。

第十八条 档案管理人员应当对档案的收进、移出、保管、利用等情况进行登记，按规定填写档案收进移出登记簿，编制各类档案数量的统计和利用情况统计。

第十九条　村级档案工作应当积极推进档案信息化建设，配备必要的设施设备和档案管理软件，建立档案电子目录和全文数据库。有条件的村应结合本区域信息网络建设情况，采用适宜的方式，逐步与本区域信息网络互联互通，实现档案管理现代化和服务网络化。

第二十条　村级档案工作应当建立档案查阅利用制度，积极主动为本村各类组织及其成员、村民提供服务，查阅档案要遵守利用规定、履行查阅手续，做好档案借阅登记和利用效果反馈汇总。

档案利用过程中，不得有涂改、损毁、调换、抽取档案等行为。同时，须严格执行档案保密制度，不得泄露国家秘密、商业秘密和个人隐私。

第二十一条　档案管理人员应当围绕村中心工作或村级组织及其成员、村民利用需求，加强档案信息资源的开发利用，积极开展档案编研工作，编写村史、村志、大事记、组织沿革、村情民情简介、基础数据汇编等编研材料，利用档案举办多种形式的展览，开展科普宣传、爱国主义教育等活动。

第二十二条　在利用村级档案组织各类迎检材料时，应当以档案复制件进行编排组织，不得将村级档案拆散重组。

第二十三条　村及村民小组在设立、撤销、范围调整时，档案应整理后移交合并后新的村档案室或乡镇人民政府（街道办事处）档案室保存，并按规定办理交接手续。

第二十四条　对在村级档案工作中作出突出贡献的村干部、档案工作人员和其他组织、个人，由各涉农区人民政府、档案行政管理部门及相关单位给予表彰和奖励。

第二十五条　本细则由天津市档案局、天津市民政局、天津市农村工作委员会负责解释。

第二十六条　本细则自发布之日起施行。

附件：天津市村级文件材料归档范围和档案保管期限表

附件

天津市村级文件材料归档范围和档案保管期限表

一、文书档案

序号	归　档　范　围	保管期限
一	**党群组织工作文件材料**	
1	本村党组织(党委、党总支、党支部)委员会会议记录、党员大会会议记录、村"两委"联席(班子)等各类会议记录	永久
2	本村党组织年度及以上工作计划、规划、总结、统计表和工作大事记等文件材料	永久
3	本村党组织关于机构设置、撤并、名称更改、启用和废止印章的请示,上级批复、通知、决定等文件材料	永久
4	本村党务干部任免、分工、考察、奖惩等文件材料	永久
5	本村党组织换届选举候选人的请示、批复和换届选举工作的方案、通知、议程、报告、领导人讲话、大会发言、选举办法、选举结果、决议、上级批复等文件材料	永久
6	本村党员教育培训、组织活动、党性分析、民主评议等方面的计划、总结、会议(活动)记录、请示及上级的批复	永久
7	本村发展新党员,党员转正、延期、退党,处置不合格党员等方面的材料	永久
8	上级党组织制发的针对本村党、团、妇联、工会、民兵等组织建设工作的决定、指示、纪要、通知等文件材料	永久
9	本村党组织报送的关于党、团、妇联、工会、民兵等组织建设问题的报告、请示及上级机关的批示、批复等文件材料	永久
10	上级机关召开的党、团、妇联、工会、民兵等代表大会上,有本村各组织有关领导或代表在大会上的发言及被选为代表的申报表、审批表等文件材料	永久
11	上级机关召开的党、团、妇联、工会、民兵等代表大会的会议通知、领导讲话、报告等文件材料	10 年

序号	归 档 范 围	保管期限
12	本村党组织、党员名册和年报表	永久
13	本村党员关系介绍信、通知书存根	永久
14	本村党员交纳党费的清单、票据、统计表等文件材料	永久
15	本村党、团、妇联、工会、民兵组织受到区级(含)以上表彰、奖励形成的先进集体、先进个人登记表、审批表、表彰通知、名册及各种事迹材料	永久
16	本村党、团、妇联、工会、民兵组织受到区级以下表彰、奖励形成的先进集体、先进个人登记表、审批表、表彰通知、名册及各种事迹材料	30 年
17	本村党员违法违纪受到警告(不含)以上处分的有关材料,处理意见和上级决定、批复等文件材料	永久
18	本村党员违法违纪受到警告处分的有关材料,处理意见和上级决定、批复等文件材料	30 年
19	本村纪检、党风廉政、民主评议等工作的计划、总结、报告等文件材料	30 年
20	本村开展政治思想、形势教育、精神文明建设工作的计划、总结等有关文件材料	30 年
21	本村共青团组织发展、换届选举材料,团员名册、组织关系介绍信及存根、团费缴纳、年度统计表等材料	永久
22	本村团代会通知、议程、代表名单、开幕词、报告、决定、选举结果、闭幕词等材料	永久
23	本村团组织、团员获得表彰奖励及违法违纪受到处分的请示、报告、批复等材料	永久
24	本村工会年度工作计划、总结,工会代表大会的通知、名单、议程、开幕词、报告、决议、闭幕词、选举结果等材料	永久
25	本村工会干部任免的请示、批复,会议记录,工会干部、会员名册及统计年报表等材料	永久

序号	归　档　范　围	保管期限
26	本村妇代会换届选举等材料	永久
27	本村计划生育工作年度计划、总结、统计表等材料	永久
28	本村独生子女证申请表,育龄妇女生育多胎的申请表、审批表及超生调查报告、汇报、处罚决定等材料	永久
29	本村村民婚姻状况证明存根等材料	永久
30	本村五好家庭、敬老爱幼模范、文明户、好婆婆、好媳妇等评选活动的材料	30 年
31	上级发布的本村民兵工作需要执行的文件材料	10 年
32	本村普通民兵、基干民兵登记表和花名册	永久
33	本村兵役登记材料,现役军人、退伍军人情况登记表	永久
34	其他有保存价值的文件材料	30 年
二	**村务管理文件材料**	
1	本村村委会会议记录、纪要、决议等材料	永久
2	本村村委会年度及以上工作计划、发展规划、总结、统计等材料	永久
3	本村村史、组织沿革、大事记等材料	永久
4	本村村委会换届选举工作的方案、通知、选票、选举结果、干部任免等文件材料	永久
5	上级机关下发的针对本村工作需要贯彻执行的决定、纪要、通知等文件材料	永久
6	本村报送的关于村建设、村务管理、村民自治、村务公开等工作的报告、请示及上级机关的批示、批复等文件材料	永久
7	上级机关召开的代表大会上,有本村有关领导或代表在大会上的发言及被选为代表的申报表、审批表等文件材料	永久
8	上级机关召开的代表大会的会议通知、领导讲话、报告等文件材料	10 年

续表

序号	归 档 范 围	保管期限
9	上级机关来本村视察、参观、调研、座谈等工作形成的领导讲话、报告等文件材料	永久
10	本村村务公开记录簿、村财务收支情况报告、财务收支预算方案等财务公开底册	永久
11	本村财务管理的年度计划、总结,有关财务审计情况材料	永久
12	本村干部、村民名册,村办股份公司股民名册、各类技术人员名册等文件材料	永久
13	本村干部的招聘、录用、定级、调配、人员任免、离退、调动介绍信存根、工资表,农业村级协管员的聘书、合同或协议等文件材料	永久
14	本村和村内机构设置、更名、撤并及行政区划与隶属关系的变化,启用、废止印章等文件材料	永久
15	本村关于年终分配方案、工资福利、劳动保护的各种文件材料和参加社会养老保险人员名册等文件材料	永久
16	本村干部、职工工资单及年终收益分配审批表、归户结算表等文件材料	永久
17	本村关于房屋拆迁、土地征用、村民房产、地产等材料,相关人员名册等	永久
18	本村的村规民约等各种规章制度材料	永久
19	本村各种年度统计报表(包括农副工业生产年报,收益分配报表,土地、人口、户数等基本情况统计表等材料)	永久
20	本村各种保险材料、综合治理、安全生产承包责任和各种案件、民事纠纷的调解协议、处理决定等材料	永久
21	本村村民家庭情况调查表,村人口户籍管理等文件材料	永久
22	村民迁入、出生人口及死亡人口登记表	永久
23	本村信访信件处理有领导重要批示及处理结果的	永久
24	本村信访信件处理有处理结果的	30 年

序号	归　档　范　围	保管期限
25	本村信访信件处理没有处理结果的	10 年
26	本村拥军优属、优抚救助等文件材料	30 年
27	本村开展教育、卫生、合作医疗等工作的文件材料	永久
28	本村规划、经济建设及重大决策等文件材料	永久
29	本村公共设施管理、维修维护的文件材料	永久
30	本村生产管理、企业管理的年度工作计划及总结和重大决策等文件材料	永久
31	本村工业、农业等相关税收征收清册和纳税变动情况等文件材料	永久
32	本村各种经济、人口普查统计表	永久
33	本村重大事故事件登记材料,调查处理意见、情况报告及善后工作中形成的文件材料	永久
34	本村创建文明村、文明小区、爱国卫生等工作形成的文件材料	30 年
35	本村农业村级协管事项公开、协查工作记录等文件材料	30 年
36	本村重要历史文化遗产、非物质文化遗产的记录、保护及著名人物等相关文件材料	永久
37	本村村级文艺团体、民间艺人、民俗民乐、地方戏曲等文化活动相关文件材料	永久
38	本村各项事业改革工作形成的文件材料	永久
39	其他有保存价值的文件材料	10 年
三	**村级集体经济组织经营管理文件材料**	
1	本村经营管理中长期规划和专项发展计划等文件材料	永久
2	本村企业发展重大经营决策方案、规划	永久
3	本村企业董事会会议记录、纪要、决议等文件材料	永久

续表

序号	归 档 范 围	保管期限
4	本村企业负责人对企业承包、租赁、任期目标责任等文件材料	永久
5	本村企业改制、转制等各种法律证书等文件材料	永久
6	本村企业历史沿革、大事记等文件材料	永久
7	本村集体经济组织、所属各企业年度工作计划、总结等文件材料	永久
8	本村企业的设置、撤并、名称更改、启用和废止印章的请示、批复、通知等文件材料	永久
9	本村及所属各企业的产权文件、土地使用证,各种集体财产合同、协议、委任书、公证书等法律文本、证书材料	永久
10	本村集体经济组织章程,换届选举工作的通知、选举结果等文件材料	永久
11	本村集体经济组织成员(股东)名册、股权登记簿等文件材料	永久
12	本村新办公司、企业项目的申请和批复及可行性报告、章程、合同、验资、营业执照等文件材料	永久
13	本村有关工商企业管理执照的申报、登记、批复以及违章违法被处理,经营不善歇业、破产等文件材料	永久
14	本村企业年度各种统计报表及经济分析等文件材料	永久
15	本村有关物资供销工作的合同、协议等文件材料	30 年
16	本村有关经营活动的争议、索赔、判决等文件材料	永久
17	本村企业合资、独资、联营招商的合同、协议等文件材料	永久
18	本村企业年度经营、销售统计等报表	永久
19	本村企业年度以下经营、销售统计等报表	10 年
20	本村企业工资计划、工资总额、奖惩、年终分配方案等表册	永久

序号	归　档　范　围	保管期限
21	本村企业物资管理、安全生产检查、整改措施执行情况等文件材料	永久
22	本村企业环境保护等文件材料	永久
23	本村企业有关产品标准、国际质量认证等文件材料	永久
24	本村企业有关资产评估,资金、价格管理的审查、验证材料	永久
25	本村企业有关经营、审计活动中形成的各项证明和结论等文件材料	永久
26	本村有关产品市场调查、宣传、广告和用户服务等文件材料	30 年
27	本村有关产品销售等活动中形成的文件材料	30 年
28	本村各类农业普查材料	永久
29	本村农作物规划布局,粮、棉、油多种经营实种面积、产量以及采、购、留、分配等文件材料	永久
30	本村科学种植、科学饲养的经验总结及原始记录	永久
31	本村"星火""丰收""火炬"计划项目的申报、验收材料	永久
32	本村农业植保、农机管理、水利建设等文件材料	永久
33	本村副业生产及上交任务的指标(畜、禽、蛋、鱼、菌菇等)以及各项任务完成情况、年报、统计表等材料	永久
34	本村村办副业项目材料	30 年
35	本村村民建房协议、登记表,公共建筑、村民建房施工执照存根等文件材料	永久
36	本村土地变性文件、土地使用证、国有土地使用权合同、征收地补偿协议及村民补偿明细、通知书等文件材料	永久
37	本村关于土地批租、出让、租赁等关于出让土地收益管理的文件材料	永久

序号	归 档 范 围	保管期限
38	本村农村集体产权制度改革实施方案、工作计划、总结、汇报材料	永久
39	本村成立的农村集体产权制度改革工作领导小组、理事会、监事会等机构及组成人员名单	永久
40	本村农村集体产权制度改革工作领导小组、理事会、监事会工作职责及工作制度	30年
41	本村研究农村集体产权制度改革工作所形成的会议记录、纪要、决议	永久
42	通过协商、招标、挂牌、拍卖等方式流转农村土地承包经营权的文件材料	永久
43	农村集体产权制度改革的动员会、宣传、培训等形成的文件材料	10年
44	农村耕地保护、土地承包经营权、集体建设用地使用权台账	永久
45	集体土地调查材料及统计表	永久
46	农村集体土地所有权、农村建设用地使用权、村民宅基地使用权等相关确权、登记、颁证的文件材料	永久
47	农村土地承包经营权登记申请书、变更登记申请书、登记簿、核准文件	永久
48	农村土地承包经营权流转备案申请书、登记表和备案证明等材料	永久
49	农村土地承包经营权确权登记方案、登记册、花名册及审核材料	永久
50	农村土地使用权确权登记注册情况公告、注册表	永久
51	农村土地承包合同、土地承包经营权流转合同、耕地保护合同	永久
52	其他有保存价值的文件材料	10年

序号	归 档 范 围	保管期限
四	**村务监督委员会文件材料**	
1	本村村务监督委员会会议记录、纪要等文件材料	永久
2	本村村务监督委员会年度及以上工作计划、总结、统计等文件材料	永久
3	本村村务监督委员会换届选举工作的通知、选票、选举结果、干部任免等文件材料	永久
4	上级机关下发的关于村务监督工作需要贯彻执行的决定、纪要、通知等文件材料	永久
5	本村报送的关于村务监督工作重要事项的报告、请示及上级机关的批示、批复等文件材料	永久
6	本村村务监督委员会人员名册	永久
7	本村村务监督委员会受理和收集的村民关于村务、财务管理等情况的意见、建议及处理情况、处理结果等文件材料	30 年
8	本村村务监督委员会对村民反映强烈的村务、财务问题进行质询,并请有关方面向村民作出的说明等文件材料	30 年
9	本村村务监督委员会对民主理财和村务公开等制度落实情况进行审核形成的审核材料、审核结果、报告等文件材料	永久
10	本村村务监督委员会向村"两委"及乡镇(街)党委和政府(办事处)提出的村务管理建议等文件材料	30 年
11	本村村务监督委员会考核工作形成的考核表、考核材料	永久
12	其他有保存价值的文件材料	10 年

备注：1. 对本表中未能详尽的内容,各区可结合实际及时将新的工作领域中形成的文件材料纳入归档范围,确保村级归档文件材料的齐全、完整。

2. 村办企业形成的文件材料参照《企业档案工作规范》进行收集、整理和归档。

二、基建项目档案

序号	归档范围	保管期限
1	项目建议书、申请、报告及批复等材料	永久
2	可行性研究报告、论证意见、项目评估、调查报告等材料	永久
3	项目设计任务书、计划任务书或立项报告、批复等材料	永久
4	基建项目的会议记录等材料	永久
5	地质勘探合同、报告、记录、说明等材料	永久
6	征用土地移民申请、报告、批复、通知、许可证、使用证、用地范围等材料	永久
7	工程建设执照、防火、环保、防疫等审核通知单	30年
8	工程建设招投标文件、会议纪要等材料	30年
9	工程初步设计图纸、概算、设计合同等材料	30年
10	施工设计、说明、总平面图、建设施工图、给排水图和全套竣工图等专业图纸	永久
11	施工合同、协议,施工预决算,图纸会审纪要、技术核定单、工程更改、材料代用、原材料质保书等材料	永久
12	施工监理文件材料	30年
13	水电安装合同、协议,施工预决算,技术交底,图纸会审,材料出厂证明和竣工图等材料	永久
14	项目竣工验收申请、批复,消防、环保、防疫、档案等验收记录,基建财务结、决算,项目审计,项目竣工验收证书等材料	永久

三、设施设备档案

序号	归档范围	保管期限
1	设备仪器购置可行性研究报告、申请、批复和购置仪器资金申请、批复等材料	30年

续表

序号	归 档 范 围	保管期限
2	设施设备招投标文件、设备采购合同、购买协议等材料	30 年
3	设备仪器开箱验收记录、使用说明书、操作手册、合格证、装箱清单等材料	30 年
4	设备仪器安装调试记录、验收报告、操作保养规定等材料	30 年
5	设备仪器运行、检修、保养、事故处理等记录材料	30 年
6	设施设备技术改造、升级改装、革新改进等文件材料	30 年
7	设备仪器报废申请、批复、证明等材料	30 年

四、会计档案

序号	归 档 范 围	保管期限
一	**会计凭证类**	
1	各类会计原始凭证、记账凭证、汇总凭证	30 年
二	**会计账簿类**	
1	银行日记账、现金日记账	30 年
2	总账、明细账、辅助账簿	30 年
三	**会计报表类**	
1	年度财务报表	永久
2	年度财务决算表	永久
3	月、季度财务报表	10 年
四	**其他类**	
1	会计档案移交清册	永久
2	会计档案保管清册	永久
3	会计档案销毁清册	永久
4	银行对账单	10 年

五、照片、音像档案

序号	归 档 范 围	保管期限
1	上级领导来村视察、检查工作的照片、音像材料	永久
2	国际友人、专家、学者等知名人士前来活动的照片、音像材料	永久
3	本村委会各种会议、重要活动形成的照片、音像材料	永久
4	本村委会各种产品、奖状、证书、奖杯、锦旗等的拍摄照片	永久
5	反映村容、厂貌、市政项目建设等的照片、音像材料	永久
6	新闻媒体刊登的反映本村情况的照片、音像材料	永久
7	本村重要历史文化遗产、非物质文化遗产及著名人物的照片、音像材料	永久
8	本村村级文艺团体、民间艺人、民俗民乐、地方戏曲等文化活动的照片、音像材料	永久
9	其他有保存价值的照片、音像材料	10 年

六、实物档案

序号	归 档 范 围	保管期限
1	本村各级组织荣获的奖杯、奖牌、奖状、证书、锦旗等	永久
2	本村举办各项重大活动的签名册、留言簿、题词等	永久
3	本村重要历史文化遗产、非物质文化遗产及著名人物遗留或赠与的实物	永久
4	本村各历史时期的公章、牌匾等	永久
5	其他有保存价值的实物	10 年

关于印发《天津市农村集体产权制度
改革档案管理办法》的通知

津改农组〔2019〕1 号

各有农业的区区委、区人民政府:

为贯彻落实《中共中央国务院关于稳步推进农村集体产权制度改革的意见》和《中共天津市委天津市人民政府关于统筹推进农村集体产权制度改革的意见》精神及市委、市政府有关工作要求，进一步规范天津市农村集体产权制度改革档案管理工作，确保农村集体产权制度改革档案完整收集、规范整理、安全保管、有效利用和合理流向，经市委全面深化改革委员会农业农村改革专项小组审定，现将《天津市农村集体产权制度改革档案管理办法》印发你们，请结合本区实际，认真抓好落实。

市委全面深化改革委员会
农业农村改革专项小组
2019 年 6 月 24 日

天津市农村集体产权制度改革
档案管理办法

第一条　为进一步规范天津市农村集体产权制度改革档案管理工作，确保农村集体产权制度改革档案完整收集、规范整理、安全保管、有效利用和合理流向，根据《中华人民共和国档案法》《天津市档案管理条例》等法律法规和《中共中央国务院关于稳步推进农村集体产权制度改革的意见》《中共天津市委天津市人民政府关于统筹推进农村集体产权制度改革的意见》文件精神，结合本市实际，制定本办法。

第二条　本办法所称农村集体产权制度改革档案是指在农村集体产权制度改革工作中形成的，对国家、社会和个人有保存价值的文字、图表、声像、数据等各种形式和载体的文件材料的总称，是农村集体产权制度改革工作的重要凭证和原始记录。

第三条　本办法适用于天津市开展农村集体产权制度改革工作的区、镇（乡、街道）和村级有关农村集体产权制度改革档案的收集、整理、鉴定、保管、开发利用和归档、移交等工作。

第四条　农村集体产权制度改革档案管理工作是农村集体产权制度改革工作的重要内容，其管理情况是评价农村集体产权制度改革工作效果和验收的重要依据，应当与农村集体产权制度改革工作同步实施、同步检查、同步验收。

第五条　农村集体产权制度改革档案工作坚持统一领导、分级实施、分类整理、集中保管的原则。

第六条　各级农村集体产权制度改革工作领导小组负责对本级农村集体产权制度改革工作的领导，将档案工作纳入农村集体产权制度改革工作中统筹规划、组织协调、监督检查。

各级档案行政管理部门负责对农村集体产权制度改革工作所形成文件材料的收集、整理、鉴定、保管、归档、移交和开发利用工作进行监督指导和业务培训。市委全面深化改革委员会农业农村改革专项小组办公室将适时组织开展农村集体产权制度改革档案验收，凡农村集体产权制度改革档案验收不合格的，不得通过农村集体产权制度改革工作验收。

第七条　区、镇（乡、街道）农村集体产权制度改革工作领导小组要将农村集体产权制度改革工作文件材料的收集、整理、归档纳入总体工作计划，制定相关工作方案；建立健全并落实文件材料的收集、整理、归档、保管和利用等各项制度；保障专项工作经费；配备档案管理人员；配置必要设施设备，确保农村集体产权制度改革档案资料的完整与安全。

第八条　区农村集体产权制度改革工作领导小组要按照档案工作的标准和要求，认真抓好本级农村集体产权制度改革档案的收集、整理、保管和利用等工作，并监督、指导和帮助镇（乡、街道）、村加强农村集体产权制度改革档案管理。

第九条　各级农村集体产权制度改革工作部门要确保档案质量，按照档案管理规范要求，严把档案材料形成关。凡需要归档的文件材料要确保真实有效，做到字迹工整、数据准确、图样清晰，签字盖章、日期等具有法律效用的标识完整齐备；使用的书写材料、纸张和装订材料等符合档案保护的要求；照片、声像及其他非纸质材料要配以相应的目录和说明文字，并确保载体有效；重要的电子文件使用不可擦写光盘，并制成纸质备份保存。归档材料应为原件，需以复制件归档的，应由经办人核准，并在备考表上注明原因或原件存放地点。

第十条　农村集体产权制度改革档案分为：综合管理类和产权登记类等。各级农村集体产权制度改革工作部门在收集、整理及形成档案过程中，要根据本部门的职能分工和工作实际，本着工作需要和使用方便的原则，科学分类，建立分类归档制度。具体参照《天津市农村集体产权制度改革文件材料归档范围和保管期限表》（见附件）执行。

第十一条　农村集体产权制度改革档案应当按照《归档文件整理规范》（DB12/T 127—2018）的要求进行整理；农村集体产权制度改革工作中形成的会计档案、照片档案、声像档案等应当按照《会计档案管理办法》（财政部国家档案局令第79号）、《照片档案管理规范》（GB/T 11821—2002）、《数码照片归档与管理规范》（DA/T 50—2014）收集归档；农村集体产权制度改革工作中形成的电子文件，包括农村集体资产管理信息系统及其形成的电子文件应当按照《电子文件归档与电子档案管理规范》（GB/T 18894—2016）收集归档；其他门类按照档案工作有关规定、标准整理。

第十二条　各级农村集体产权制度改革工作部门要把农村集体产权制度改革档案管理责任落实到岗、到人，根据工作需要配备档案库房或档案专柜及相应的设施设备，采取各种防范措施，切实做好防火、防盗、防潮、防尘、防光、防污染、防鼠、防虫霉等工作，确保档案安全。

第十三条 各级农村集体产权制度改革工作部门档案管理人员在工作调离前，必须办理农村集体产权制度改革档案移交手续。未按要求归档或移交及造成档案损毁的，要依法追究当事人的相关责任。

第十四条 各区、镇（乡、街道）、村农村集体产权制度改革工作部门形成的农村集体产权制度改革档案应在每一阶段工作结束后及时收集整理，待本区域农村集体产权制度改革工作结束年统一归档，并在通过农村集体产权制度改革工作验收后移交。

村农村集体产权制度改革工作小组应在本村农村集体产权制度改革工作结束后，及时完成农村集体产权制度改革档案整理，并将本村农村集体产权制度改革档案一并移交所属区域的镇农村集体产权制度改革工作部门，村集体经济组织应保留一套农村集体产权制度改革档案副本或复制件；

镇（乡、街道）农村集体产权制度改革工作部门应在本镇（乡、街道）农村集体产权制度改革工作结束后，及时完成本镇农村集体产权制度改革档案整理，并在通过农村集体产权制度改革工作验收后，将本镇（乡、街道）农村集体产权制度改革档案和辖区内各村移交的农村集体产权制度改革档案，一并向区农村集体产权制度改革工作部门移交；

区农村集体产权制度改革工作部门应在本区农村集体产权制度改革工作结束后，及时完成本区农村集体产权制度改革档案整理，并在通过农村集体产权制度改革工作验收后，将本区各级农村集体产权制度改革档案一并移交区国家综合档案馆。

第十五条 档案保管单位应当按照有关规定，为社会提供利用服务。要制定农村集体产权制度改革档案利用管理制度，在提供档案利用服务时，不得损害国家安全和利益，不得损害社会和其他组织的利益，不得侵犯他人合法权益。档案移交单位利用有关档案资料时，区国家综合档案馆应做好服务工作，并为查阅档案提供便利条件。

第十六条 区、镇（乡、街道）农村集体产权制度改革工作部门和档案保管单位要积极推进农村集体产权制度改革档案的数字化和信息化建设，加强农村集体产权制度改革档案电子文件归档和电子档案的规范化管理。及时开展农村集体产权制度改革纸质档案数字化工作，建立农村集体产权制度改革档案的全文数据库，提升农村集体产权制度改革档案信息资源共享水平。

第十七条　对于违反有关规定，造成农村集体产权制度改革档案失真、损毁或丢失的，由有关部门依法追究相关人员的法律责任；涉嫌犯罪的，移送司法机关依法追究刑事责任。

第十八条　本办法由市委全面深化改革委员会农业农村改革专项小组办公室、天津市档案局负责解释。

第十九条　本办法自发布之日起施行。

附件：天津市农村集体产权制度改革文件材料归档范围和保管期限

附件

天津市农村集体产权制度改革文件材料
归档范围和保管期限表

区农村集体产权制度改革工作部门

类别	归 档 范 围	保管期限
综合管理类	1.关于成立农村集体产权制度改革领导小组、工作小组及其责任分工的文件,农村集体产权制度改革指导意见、工作方案,领导小组、工作小组会议记录、纪要等文件材料	永久
	2.本级下发的农村集体产权制度改革政策性文件和重要业务文件	永久
	3.重要问题请示与上级批复、重要业务问题往来文件	永久
	4.农村集体产权制度改革工作的重要报告、总结、统计报表等文件材料	永久
	5.农村集体产权制度改革工作重要会议和重大活动形成的文件材料	永久
	6.上级下发的关于农村集体产权制度改革的政策性文件	永久
	7.本级在农村集体产权制度改革工作中形成的政策宣传、业务培训资料	永久
	8.本级下发的产权动态、信息、通知、讲话、典型材料、宣传材料、会议纪要、有关会议签到表等文件材料	永久
	9.本级编写、下发的总结、计划、报告、产权统计报表、工作大事记等文件材料	永久
	10.反映农村集体产权制度改革工作重要活动事件的照片、声像材料	永久
	11.农村集体资产管理信息系统数据库等电子数据	永久

续表

类别	归　档　范　围	保管期限
产权登记类	1.农村集体经济组织登记批准文件	永久
	2.农村集体经济组织章程	永久
	3.农村集体经济组织登记证书复印件	永久
	4.法定代表人身份证复印件	永久
	5.农村集体经济组织股权登记台账、股权证发放登记表	永久
	6.农村集体经济组织成员登记表、劳龄统计登记表	永久
	7.进行注册登记时所需要的其他资料	永久
	8.农村集体经济组织选举相关资料	永久

镇(乡、街道)农村集体产权制度改革工作部门

类别	归　档　范　围	保管期限
综合管理类	1.关于成立农村集体产权制度改革领导小组、工作小组及其责任分工的文件,农村集体产权制度改革指导意见、工作方案,领导小组、工作小组会议记录、纪要等文件材料	永久
	2.本级下发的农村集体产权制度改革政策性文件和重要业务文件	永久
	3.重要问题请示与上级批复、重要业务问题往来文件	永久
	4.农村集体产权制度改革工作的重要报告、总结、统计报表等文件材料	永久
	5.农村集体产权制度改革工作重要会议和重大活动形成的文件材料	永久
	6.上级下发的关于农村集体产权制度改革的政策性文件	永久
	7.农村集体经济组织的改革申请、改革决议以及镇(乡、街道)批复等文件材料	永久

类别	归 档 范 围	保管期限
综合管理类	8.农村集体经济组织关于集体经济组织成员身份确认结果的决议	永久
	9.农村集体经济组织的产权改革方案和决议	永久
	10.农村集体经济组织关于修改、通过农村集体经济组织章程的有关会议记录、决议等	永久
	11.清产核资报告或集体资产评估以及决议	永久
	12.本级在农村集体产权制度改革工作中形成的政策宣传、业务培训资料	永久
	13.本级下发的产权动态、信息、通知、讲话、典型材料、宣传材料、会议纪要、有关会议签到表等文件材料	永久
	14.本级编写、下发的总结、计划、报告、产权统计报表、工作大事记等文件材料	永久
	15.反映农村集体产权制度改革工作重要活动事件的照片、声像材料	永久
	16.农村集体资产管理信息系统数据库等电子数据	永久
产权登记类	1.农村集体经济组织章程	永久
	2.法定代表人身份证复印件	永久
	3.各农村集体经济组织股权登记台账、股权证发放登记表	永久
	4.农村集体经济组织登记证复印件	永久
	5.进行注册登记时所需要的其它资料	永久
	6.农村集体经济组织选举相关资料	永久
	7.农村集体经济组织成员登记表、劳龄统计登记表	永久

村集体产权制度改革工作小组

类别	归　档　范　围	保管期限
综合管理类	1.关于成立农村集体产权制度改革工作小组的文件,农村集体产权制度改革工作方案,工作小组会、座谈会会议记录、决议等文件材料	永久
	2.上级下发的关于农村集体产权制度改革的政策性文件	永久
	3.本村发布的关于农村集体产权制度改革工作公告、通知等文件材料	永久
	4.本村发布的关于农村集体产权制度改革工作的政策宣讲、明白纸、公开信、宣传单等文件材料	永久
	5.本村农村集体产权制度改革过程中召开的村两委联席会、党员代表会、村民(代表)大会会议记录、决议、表决书等重要会议和重大活动形成的文件材料	永久
	6.本村关于农村集体产权制度改革工作过程中制定实施方案、成员身份确认、清产核资、设置股权、制定组织章程制度、成立组织等重要工作环节中形成的制度、认定结果的公示、群众意见建议、反馈情况记录簿、修订结果及公告等文件材料	永久
	7.本村关于农村集体产权制度改革工作过程中制定实施方案、成员身份确认、清产核资、设置股权、制定组织章程制度、成立组织等重要工作环节中形成的重要问题请示、报告与镇(乡、街道)的批复等文件材料	永久
	8.本村在清产核资过程中形成的《村集体资产清产核资清查登记表》《权属界定明细表》、资源性资产确权登记成果相关材料及计划调整的账务内容、资产负债表、资产台账等文件材料	永久
	9.本村在设置股权过程中形成的股权设置和管理办法、股权份额设置明细表、成员代表名单等文件材料	永久
	10.农村集体经济组织的改革申请、改革决议以及镇(乡、街道)批复	永久

续表

类别	归　档　范　围	保管期限
综合管理类	11.农村集体经济组织关于集体经济组织成员身份确认结果的决议	永久
	12.农村集体经济组织关于修改、通过农村集体经济组织章程的有关会议记录、决议等文件材料	永久
	13.清产核资工作报告或集体资产评估以及决议	永久
	14.村集体经济组织召开成员大会形成的请示、批复、通知、章程、制度(议事规则、财务管理、人事管理等)、理事会、监事会、理事长、监事长名单、表决结果、签到簿等文件材料	永久
	15.村委会与股份经济合作社签订的农村集体资产经营管理职能及债权债务交接协议和动产、不动产变更手续等文件材料	永久
	16.股权登记簿	永久
	17.股权托管协议	永久
	18.本村编写的总结、计划、报告、产权统计报表、工作大事记等文件材料	永久
	19.反映农村集体产权制度改革工作重要活动事件的照片、声像材料永久	
	20.村集体经济组织在农村集体产权制度改革工作中形成的会计报告、会计账簿、会计凭证等	按照《会计档案管理办法》(财政部国家档案局令第79号)执行

类别	归　档　范　围	保管期限
产权登记类	1.村集体经济组织章程	永久
	2.法定代表人身份证复印件	永久
	3.村集体经济组织股权登记台账、股权证发放登记表	永久
	4.村集体经济组织成员登记表、劳龄统计登记表	永久
	5.村集体经济组织登记证复印件、公章印模、开户许可证等文件材料	永久
	6.进行注册登记时所需要的其他文件材料	永久
	7.村集体经济组织选举相关资料	永久

河北省农业农村厅　河北省档案局
关于加强农村集体产权制度改革档案
管理工作的通知

冀农发〔2020〕87号

各市（含定州、辛集市）农业农村局、档案行政管理部门，雄安新区管委会公共服务局、党政办公室：

为贯彻落实《中共中央国务院关于稳步推进农村集体产权制度改革的意见》（中发〔2016〕37号）、《中共河北省委河北省人民政府关于稳步推进农村集体产权制度改革的实施意见》（冀发〔2017〕21号）等文件精神，规范全省农村集体产权制度改革档案管理工作，确保改革过程中形成的档案资料真实、完整、可用和安全，现就有关事项通知如下：

一、工作要求

农村集体产权制度改革档案是推进全省农村集体产权制度改革工作中形成的，对国家和社会有保存价值的文字、图表、声像、数据等各种形式和载体的原始记录，是农村集体产权制度改革工作的重要内容。改革档案的管理情况是评价农村集体产权制度改革效果的重要依据之一。各地要进一步提高思想认识，将农村集体产权制度改革档案管理工作列入重要议事日程，坚持统一领导、分级实施、分类管理、集中保管的原则，层层抓管理、级级促落实，确保农村集体产权制度改革档案能够准确、全面地记录和反映全省农村集体产权制度改革的全过程。

二、工作责任

各级农业农村行政管理部门要将农村集体产权制度改革档案管理工作作为一项重要任务，进一步加强与各级档案行政管理部门的沟通协调，做到同规划、同部署、同检查、同验收。市级农业农村行政管理部门负责有序推进辖区内农村集体产权制度改革档案管理工作，制定具体的工作指导意见，定期组织指导和检查，重点查看档案的完整、准确、规范、安全保管等情况，对于档案检查不合格的单位，应督促其及时纠正，按期整改。县级农业农村行政管理部门负责指导辖区内所有乡镇、村（组）改革档案的形成、保管、移交等工作，建立档案整理和移交计划，明确专职人员，落实工作经费，配备必要设备，确保农村集体产权制度改革工作中形成的所有实体文件材料及电子文件齐全完整，从源头上保证档案质量。

各级档案行政管理部门负责对农村集体产权制度改革档案的形成、整理、归档和移交工作进行业务培训和监督指导工作。各级国家综合档案馆要按照档案接收的进馆要求，做好农村集体产权制度改革档案成果检查验收、接收进馆、安全保管工作。

三、工作任务

（一）完善工作制度。县级以上农业农村行政管理部门（农村集体产权制度改革领导小组办公室）和档案行政管理部门要建立健全农村集体产权制度改革文件资料的收集、整理、归档、保管、利用等各项制度，确保相关程序和标准的规范和统一。

市、县、乡（镇）相关部门要结合工作实际制定相关工作方案，健全档案管理工作规章制度，落实专项工作经费，明确专人负责，配备必要设施设备，确保档案完整与安全。

（二）加大收集力度。要重视对农村集体产权制度改革档案的收集工作，把与农村集体产权制度改革密切相关的文字、图表、音像、实物、数据等各种形式和载体的档案收集齐全完整，确保不遗漏、不缺失。对于收集不及时、不齐全，造成农村集体产权制度改革档案失真、损毁或丢失的，将依法追究相关人员责任。

农村集体产权制度改革档案资料管理要保存文件原件，一般情况下不得以复印件代替原件归档。对于在改革过程中已形成的只有一份原件的资料由乡镇保管，复印件加盖乡镇公章并标注"与原件一致"后由县级和村级保存；要明确文件形成单位和责任人，签字盖章手续完备，审批程序合规，时间标注清晰；书写时要用签字笔或钢笔，不得使用铅笔和圆珠笔。

以乡镇为单位进行改革的，资料应一式两份，县、乡镇各保存一份；以村组为单位进行改革的，登记发证类档案资料要一式三份，县、乡（街道)、村(组)各保存一份。

（三）规范整理归档。农村集体产权制度改革档案主要包括综合类和登记发证类，整理标准按照农业农村部、国家档案局档案管理有关要求执行。

综合类主要包括省、市、县、乡、村五级形成的综合管理类文件资料及相关特殊载体类资料，规范整理后，按照文件归档要求可先移交本单位档案机构集中保管，到期随同其它档案移交进馆。

登记发证类主要包括清产核资、成员身份确认、集体经济组织建立和管理等阶段形成的摸底调查、评估、公示公开、报表台账、会议记录、合同等资料及其特殊载体类资料，以村（组）分阶段组卷。县级农业农村行政管理部门在改革工作结束后3个月内，将列为30年以上保管期限的纸质档案、电子档案及数据库数据移交同级国家综合档案馆。农村集体产权制度改革结束后形成的档案资料，由县级农业农村行政管理部门保存，定期向县级国家综合档案馆移交。

农村集体产权制度改革结束后形成的变更档案，按照《村级档案管理办法》（国家档案局民政部农业部令第12号）有关规定进行整理和归档。

（四）提升管理水平。各级有关部门要按照档案管理要求，不断改善农村集体产权制度改革档案的安全保管条件，抓好农村集体产权制度改革档案数字化建设，建立档案数据库，纳入农村集体资产监督管理平台，实现信息化管理，提升农村集体产权制度改革档案科学管理水平。

四、工作保障

（一）加强组织领导。各地要加强对农村集体产权制度改革档案工作的组织领导，建立健全档案工作责任制和考核机制，明确任务目标，落实主体责任。要加强档案工作人、财、物等基本保障，配备专职或兼职档案员，落实专项工作经费，购置必要设施设备，为做好农村集体产权制度改革档案管理工作夯实基础保障。原各级清产核资和农村集体产权制度改革项目经费可用于本工作。

（二）加强部门配合。各级农业农村行政管理部门和档案行政管理部门要通力合作，协同推进农村集体产权制度改革档案管理工作，制定工作机制和管理办法，不断提高档案管理水平。各相关部门要积极支持，主动作为，推动档案管理工作更好地为农村集体产权制度改革服务。

（三）加强监督指导。各级档案行政管理部门要会同同级农业农村行政管理部门，加强对农村集体产权制度改革档案管理工作的监督指导。要把农村集体产权制度改革档案管理工作纳入改革评估内容，重点检查产权制度改革档案完整收集、安全保管和有效利用情况。各地要切实落实农村集体产权制度改革档案监管责任分工，对重要档案严格落实监管责任主体，加大监督检查力度，定期开展农村集体产权制度改革档案管理专项检查。

　　附件：河北省农村集体产权制度改革文件材料归档范围及保管期限表

河北省农业农村厅　河北省档案局

2020 年 6 月 22 日

附件

河北省农村集体产权制度改革文件材料
归档范围及保管期限表

级别	工作内容	资料收集内容	备注
省、市级	产权综合类	中央、国务院、省、市下发的有关农村集体产权制度改革的规范性文件(本单位形成的为永久,其他单位形成的10年)	永久 30年
		中央、国务院、省、市有关农村集体产权制度改革的重要规范性文件(本单位形成的为永久,其他单位形成的10年)	永久 30年
		中央、国务院、省、市下发的各类农村集体产权制度改革普通文件	30年
		中央、国务院、省、市下发的动态、领导讲话、总结、通报、有关声像资料	30年
区县级	产权登记发证类	农村集体经济组织登记批准文件	永久
		农村集体经济组织章程	永久
		农村集体经济组织登记证书复印件	永久
		法定代表人身份证复印件	永久
		农村集体经济组织股权登记台账、股权证发放登记表	永久
		农村集体经济组织成员登记表、股权统计登记表	永久
		进行注册登记时所需要的其他资料	永久
	产权综合类	上级下发的有关农村集体产权制度改革的规范性文件	30年
		区县下发的有关农村集体产权制度改革的规范性文件	永久
		区县业务部门有关农村集体产权制度改革的重要规范性文件	永久
		区县业务部门下发的有关农村集体产权制度改革的各类普通文件	30年

续表

级别	工作内容	资料收集内容	备注
区县级	产权综合类	区县业务部门下发的动态、信息、通知、讲话、典型材料、宣传材料、会议纪要、有关会议签到表等	30 年
		区县业务部门编写、下发的总结、计划、报告、统计报表、工作大事记等重要材料	永久
		与本辖区农产改革工作有关的重要声像资料	永久
乡镇级	产权登记发证类	农村集体经济组织章程	永久
		法定代表人身份证复印件	永久
		各农村集体经济组织股权登记台账、股权证发放登记表	永久
		农村集体经济组织选举相关资料	永久
		进行注册登记时所需要的其他资料	永久
		农村集体经济组织选举相关资料	永久
		农村集体经济组织成员登记表、股权统计登记表	永久
	产权综合类	区县政府下发的有关农村集体产权制度改革的规范性文件	永久
		本乡镇政府下发的有关农村集体产权制度改革的方案等重要文件材料	永久
		区县业务部门和本乡镇制发的有关农村集体产权制度改革的各类普通文件	30 年
		农村集体经济组织的改革申请、改革决议以及乡镇批复	永久
		农村集体经济组织关于集体经济组织成员界定成果的决议	永久
		农村集体经济组织的产权改革方案和决议	永久
		农村集体经济组织关于修改、通过农村集体经济组织章程的有关会议记录、决议等材料复印件	永久

级别	工作内容	资料收集内容	备注
乡镇级	产权综合类	清产核资报告或集体资产评估以及决议	永久
		本乡镇制发的改革动态、信息、通知、讲话、总结、计划、报告、统计报表、典型材料、宣传材料、会议纪要、工作大事记、有关会议签到表等	10年
村级	产权登记发证类	农村集体经济组织章程	永久
		股权登记台账、股权证发放登记表	永久
		集体经济组织成员登记表、股权统计登记表	永久
		农村集体经济组织登记证	永久
		进行注册登记时所需要的其它资料	永久
		选举相关资料	永久
	产权综合类	本乡镇政府下发、本村制定的有关农村集体产权制度改革的重要文件材料	永久
		改革申请、成员(代表)大会改革决议、改革批复	永久
		集体经济组织成员界定结果的决议	永久
		农产改革方案和决议	永久
		农村集体经济组织关于修改、通过章程的有关会议记录、决议等	永久
		清产核资报告或集体资产评估以及决议	永久
		本农村集体经济组织与农产改革有关的会议记录、表决票、会议签到表、宣传材料、公示照片等普通材料	永久

关于印发《内蒙古自治区农村牧区集体产权制度改革档案管理办法(试行)》的通知

内农牧政改发〔2019〕167 号

各盟市农牧局、档案局：

　　为切实加强农村牧区集体产权制度改革工作档案规范化管理，自治区农牧厅、档案局联合制定了《内蒙古自治区农村牧区集体产权制度改革档案管理办法（试行）》，现印发给你们，请遵照执行。

内蒙古自治区农牧厅　内蒙古自治区档案局
2019 年 6 月 6 日

内蒙古自治区农村牧区集体产权制度改革
档案管理办法（试行）

第一章　总　则

第一条　为了加强和规范我区农村牧区集体产权制度改革档案管理工作，确保档案完整、准确、系统、安全和有效利用，根据《中华人民共和国档案法》《村级档案管理办法》《内蒙古自治区档案条例》，结合我区工作实际，制定本办法。

第二条　本办法适用于内蒙古自治区行政区域内自治区、盟市、旗县（市、区）、苏木乡镇（街道）、嘎查村（社区）农村牧区集体产权制度改革文件材料的收集、整理、归档，档案的保管、开发利用和移交等工作。

第三条　本办法所称农村牧区集体产权制度改革档案（以下简称产权制度改革档案）是指在农村牧区集体产权制度改革工作中形成，对国家、社会和个人有保存价值的文字、图表、音像、数据等不同形式和载体的文件材料的总称，是农村牧区集体产权制度改革的重要凭证和原始记录。

第四条　产权制度改革档案管理工作应坚持统一领导、分级实施、分类整理、集中保管的原则。产权制度改革档案管理工作是农村牧区集体产权制度改革的重要内容，其管理情况是评价农村牧区集体产权制度改革效果和验收的重要依据，要与农村牧区集体产权制度改革工作同步部署、同步实施、同步检查。

第二章　组织管理

第五条　各级农牧行政管理部门负责对本级产权制度改革档案管理工作的领导，要将档案工作纳入农村牧区集体产权制度改革工作中，统筹规划、组织协调、监督检查；各级档案行政管理部门负责对农村牧区集体产权制度改革文件材料的收集、整理、归档以及档案的保管、开发利用等工作进行业务培训和指导。

第六条　各级负责农村牧区集体产权制度改革工作部门要建立健全农村牧区集体产权制度改革文件的收集、整理、归档以及档案保管、利用等各项制度，指定档案管理人员，配备必要设施设备，确保产权制度改革档案齐全、完整、真实、有效。

　　第七条　产权制度改革档案管理人员在工作调离前，必须办理档案移交手续。未按要求归档或移交及造成档案损毁的，要依法追究当事人的相关责任。

第三章　收集、整理与归档

　　第八条　旗县（市、区）、苏木乡镇（街道）、嘎查村（社区）负责产权制度改革工作部门要根据《内蒙古自治区农村牧区集体产权制度改革文件材料归档范围和保管期限表》（见附件）的要求将反映改革过程且具有查考利用价值的档案材料收集齐全。

　　第九条　各级农村牧区集体产权制度改革工作部门要按照档案管理规范要求，严把档案材料形成关，确保档案质量。凡需要归档的文件材料要真实有效，做到字迹工整、数据准确、图样清晰，签字盖章、日期等具有法律效用的标识完整齐备；使用的书写材料、纸张和装订材料等符合档案保护的要求；照片、声像及其他非纸质材料要配以相应的目录和说明文字，并确保载体有效；重要的电子文件使用不可擦写光盘，并制成纸质备份保存。归档材料应为原件，需以复制件归档的，要由经办人核准，并在备考表上注明原因或原件存放地点。

　　第十条　产权制度改革档案包括综合管理类、清产核资类、成员确认类、股权设置类、集体经济组织管理类、特殊载体类和其他类，档号结构依据《档号编制规则》（DA/T 13—1994）编制。

档号的编制方法

项　　目	档号编制方法
全宗号	1. 由同级档案行政管理部门给定 2. 嘎查（村）无全宗号
类别代号	综合管理类：NC·01　清产核资类：NC·02 成员确认类：NC·03　股权设置类：NC·04 集体经济组织类：NC·05 特殊载体类：NC·06　其他类：NC·07
年　　度	4 位阿拉伯数字
保管期限	永久：Y　30 年：D30　10 年：D10
件　　号	4 位阿拉伯数字
村编号	3 位阿拉伯数字
卷　　号	3 位阿拉伯数字

档案保管期限分为永久和定期，具有重要凭证、依据和查考利用价值的，应当永久保存；具有一般利用保存价值的，应当定期保存，期限为 30 年、10 年。

第十一条 产权制度改革档案要按照《归档文件整理规则》（DA/T 22—2015）或《文书档案案卷格式》（DA/T 9705—2008）的要求进行整理。农村牧区集体产权制度改革工作中形成的会计档案、照片档案分别按照《会计档案管理办法》（财政部国家档案局令第 79 号）《照片档案管理规范》（GB/T 11821—2002）《数码照片归档与管理规范》（DA/T 50—2014）收集归档，形成的电子文件要按照《电子文件归档与电子档案管理规范》（GB/T 18894—2016）收集归档，其他门类按照档案工作有关规定、标准整理。

第十二条 各盟市、旗县（市、区）有关部门形成的综合管理类档案每年要按时向本单位档案机构归档，其他类别档案在改革结束 6 个月内向本单位档案机构归档。苏木乡镇（街道）形成的产权制度改革档案要移交本级档案机构归档。各集体经济组织形成的产权制度改革档案每年要按时向嘎查村（社区）档案室归档。

第五章　保管利用

第十三条 各级农村牧区集体产权制度改革工作部门要把产权制度改革档案管理责任落实到岗、到人，根据工作需要配备档案库房或档案专柜及相应的设施设备，具备防火、防盗、防高温、防潮、防尘、防紫外线、防磁、防有害生物、防污染等保管条件，确保档案安全。嘎查村（社区）不具备档案保管条件的，可由苏木乡镇（街道）档案机构代为保管。

第十四条 农村牧区集体产权制度改革档案管理单位要按照有关规定，及时为社会提供产权制度改革档案利用服务，不得损害国家、社会和其他组织及公民的合法权益。

第十五条 旗县（市、区）、苏木乡镇（街道）农村牧区集体产权制度改革工作部门和档案保管单位要积极推进产权制度改革档案信息化建设，加强产权制度改革档案电子文件归档和电子档案的规范化管理。有条件的地区要及时开展产权制度改革纸质档案数字化工作，建立产权制度改革档案的全文数据库，提升产权制度改革档案信息资源共享水平。

第六章　附　则

第十六条 对于违反有关规定，造成产权制度改革档案失真、损毁、丢失的，由有关部门依法追究相关人员的责任。

第十七条 各盟市、旗县（市、区）农牧行政管理部门、档案行政管理部门可根据本办法，结合本地实际，制定农村牧区集体产权制度改革档案工作的有关规定。

第十八条 本办法由内蒙古自治区农牧厅、内蒙古自治区档案局负责解释。

第十九条 本办法自发布之日起施行。

附件：内蒙古自治区农村牧区集体产权制度改革文件材料归档范围和保
　　　管期限表

附件

内蒙古自治区农村牧区集体产权制度改革
文件材料归档范围和保管期限表

旗县(市、区)级

序号	归 档 范 围	保管期限
1	**综合管理类**	
1.1	本级关于成立农村牧区集体产权制度改革领导小组、工作小组及其责任分工的文件	永久
1.2	本级党委政府出台的产权制度改革工作方案	永久
1.3	本级下发的产权制度改革政策性文件和重要业务文件	永久
1.4	产权制度改革重要问题请示与上级批复、产权制度改革重要业务问题往来文件	永久
1.5	上级普(下)发的产权制度改革政策性文件	永久
1.6	本级召开或承办的产权制度改革工作会议通知、领导讲话、会议记录、会议纪要等重要文件	永久
1.7	上级召开的产权制度改革工作会议通知、领导讲话、会议记录会议纪要等重要文件	30 年
1.8	产权制度改革汇报材料、验收报告、工作总结	永久
1.9	产权制度改革工作调研、宣传、培训、检查材料和工作简报	30 年
1.10	关于产权制度改革与本级部门及下级之间来往的文件材料	永久
1.11	农村牧区集体产权制度改革完成报告	永久
2	**清产核资类**	
2.1	本级关于成立农村牧区集体资产清产核资工作领导机构的文件	永久
2.2	以本级党委政府、产权制度改革领导小组等出台集体资产清产核资指导性文件或工作方案	永久

序号	归　档　范　围	保管期限
2.3	本级出台的集体资产登记、保管、使用、处置等制度	永久
2.4	本级出台的集体资产清查制度和定期报告制度	永久
2.5	本级出台的集体资产运营管理制度	永久
2.6	本级出台的集体资产评估制度	永久
2.7	本级出台的非经营性资产统一运营管护办法	永久
2.8	旗县各苏木乡镇(街道)、嘎查村(社区)、组(社)集体经济组织审核校验后的《内蒙古自治区农村牧区集体资产清产核资报表》	永久
2.9	旗县汇总审核的苏木乡镇、嘎查村、组三级《资产负债汇总表》《资源性资产清产登记汇总表》《经营性资产清查登记汇总表》和《待界定资产清查登记汇总表》	永久
2.10	农村牧区集体资产清产核资工作完成报告	永久
3	**成员确认类**	
3.1	以本级党委政府、产权制度改革领导小组等出台的关于农村牧区集体经济组织成员身份界定的指导性文件	永久
3.2	本级出台的关于农村牧区集体经济组织成员登记备案管理制度	永久
3.3	各苏木乡镇、嘎查村、组集体经济组织成员登记簿及成员变动材料	永久
4	**股权设置类**	
4.1	以本级党委政府、产权制度改革领导小组等出台的关于农村牧区集体资产股权设置与管理办法	永久
4.2	本级出台的政府拨款、减免税费等形成资产折股量化的具体办法	永久
4.3	本级出台的集体经济组织集体资产收益分配制度	永久
4.4	旗县各苏木乡镇、嘎查村、组级集体经济组织股份改革方案	永久

序号	归 档 范 围	保管期限
4.5	农村牧区集体经济组织股权登记台账	永久
4.6	以本级党委政府、产权制度改革领导小组等出台的集体资产股份有偿退出办法	永久
4.7	本级出台的集体资产股份继承办法	永久
4.8	本级出台的集体资产股份抵押、担保贷款办法及配套政策	永久
5	**集体经济组织管理类**	
5.1	以本级党委政府、产权制度改革领导小组等出台的农村牧区集体经济组织登记管理办法	永久
5.2	本级制定的农村牧区集体经济组织示范章程	永久
5.3	本级集体经济组织登记簿	永久
5.4	批准成立集体经济组织的文件	永久
5.5	集体经济组织登记赋码申请材料	永久
5.6	集体经济组织换证赋码申请材料	永久
5.7	集体经济组织事项变更申请材料	永久
5.8	集体经济组织成员名册	永久
5.9	集体经济组织章程	永久
5.10	集体经济组织法定代表人身份证复印件、住所材料等有关证明	永久
5.11	集体经济组织成员大会或成员代表会议关于成立、变更集体经济组织的会议决议材料	永久
5.12	以本级党委政府、产权制度改革领导小组等制定的关于发展壮大集体经济的指导性文件	永久
6	**特殊载体类**	
6.1	农村牧区集体产权制度改革工作中形成的照片、录音、录像光盘和实物	永久

序号	归　档　范　围	保管期限
7	**其他类**	
7.1	农村牧区集体产权制度改革其他重要文件材料	永久
二	**苏木乡镇(街道)级**	
1	**综合管理类**	
1.1	本级关于成立农村牧区集体产权制度改革工作领导机构成立的文件	永久
1.2	本级党委政府出台的产权制度改革的工作方案	永久
1.3	产权制度改革重要问题请示与上级批复、产权制度改革重要业务问题往来文件	永久
1.4	上级、本级有关单位普(下)发的产权制度改革政策性文件	永久
1.5	本级召开或承办的产权制度改革工作会议通知、领导讲话、会议记录会议纪要等重要文件	永久
1.6	上级召开的产权制度改革工作会议通知、领导讲话、会议记录、会议纪要等重要文件	永久
1.7	产权制度改革汇报材料、验收报告、工作总结	永久
1.8	产权制度改革工作调研、宣传、培训、检查材料和工作简报	10 年
1.9	关于产权制度改革与本级部门及下级之间来往的文件材料	永久
1.10	农村牧区集体产权制度改革完成报告	永久
2	**清产核资类**	
2.1	本级成立农村牧区集体资产清产核资工作领导机构的文件材料	永久
2.2	本级制定的集体资产登记、保管、使用、处置等制度	永久
2.3	本级制定的集体资产清查制度和定期报告制度	永久
2.4	本级制定的集体资产运营管理制度业	永久
2.5	本级制定的集体资产评估制度	永久

序号	归　档　范　围	保管期限
2.6	本级制定的非经营性资产统一运营管护办法	永久
2.7	本级辖区范围内的苏木乡镇（街道）、嘎查村（社区）、组（社）集体经济组织审核校验后的《内蒙古自治区农村牧区集体资产清产核资报表》	永久
2.8	苏木乡镇汇总审核的苏木乡镇、嘎查村、组三级《资产负债汇总表》《资源性资产清产登记汇总表》《经营性资产清查登记汇总表》和《待界定资产清查登记汇总表》	永久
2.9	农村牧区集体资产清产核资工作完成报告	永久
3	**成员确认类**	
3.1	本级范围内经成员大会或代表会讨论通过的各集体经济组织成员身份确认方案	永久
3.2	本级范围内各集体经济组织成员登记簿及成员变动材料	永久
3.3	农村牧区集体经济组织成员登记备案管理制度	永久
4	**股权设置类**	
4.1	本级范围内经成员大会或代表会讨论通过的各集体经济组织股份改革方案	永久
4.2	本级范围内集体经济组织股权登记台账	永久
5	**集体经济组织管理类**	
5.1	本级范围内集体经济组织登记簿	永久
5.2	旗县或苏木乡镇人民政府出具的批准成立集体经济组织的文件	永久
6	**特殊载体类**	
6.1	农村牧区集体产权制度改革工作中形成的照片、录音、录像光盘和实物	永久
7	**其他类**	
7.1	农村牧区集体产权制度改革其他重要文件材料	永久

续表

序号	归 档 范 围	保管期限
三	**嘎查村(社区)级**	
1	**综合管理类**	
1.1	本级关于成立农村牧区集体产权制度改革工作小组成立的文件	永久
1.2	嘎查村召开集体经济组织成员大会或成员代表会议讨论决定产权制度改革有关工作的会议记录、会议纪要	永久
1.3	农村牧区集体产权制度改革完成报告	永久
2	**清产核资类**	
2.1	本级关于成立嘎查村清产核资工作小组的文件	永久
2.2	嘎查村召开集体经济组织成员大会或成员代表会议讨论本集体资产、债务核销决定的会议记录及相关证明材料	永久
2.3	嘎查村集体资产清产核资结果公示材料	永久
2.4	嘎查村召开集体经济组织成员大会或成员代表会议确认集体资产清产核资结果的会议记录及相关证明材料	永久
2.5	公示确认无误的农村牧区集体资产清产核资报表	永久
2.6	本级制定的集体资产登记、保管、使用、处置等制度	永久
2.7	本级制定的集体资产清查制度和定期报告制度	永久
2.8	本级制定的集体资产运营管理制度	永久
2.9	本级制定的集体资产评估制度	永久
2.10	本级制定的非经营性资产统一运营管护办法	永久
2.11	集体资产台账	永久
3	**成员确认类**	
3.2	本级集体经济组织成员摸底调查表	永久
3.3	经嘎查村集体经济组织成员大会或成员代表会议讨论通过的本集体经济组织成员确认的具体程序、标准和管理办法	永久
3.4	经嘎查村集体经济组织成员大会或成员代表会议讨论决定的涉及集体经济组织成员认定的会议记录	永久

序号	归　档　范　围	保管期限
3.5	确定本集体经济组织成员的公示表、集体经济组织成员签字确认材料	永久
3.6	成员登记簿、成员名册及变动记录	永久
4	**股权设置类**	
4.1	经嘎查村集体经济组织成员大会或成员代表会议讨论通过的本集体经济组织股份改革方案及相关证明材料	永久
4.2	农村牧区集体经济组织股权登记台账	永久
4.3	股权证书领取记录	永久
5	**集体经济组织管理类**	
5.1	经嘎查村集体经济组织成员大会或成员代表会议讨论决定成立股份经济合作社或经济合作社的会议记录	永久
5.2	经嘎查村集体经济组织成员大会或成员代表会议讨论通过股份经济合作社经济合作社章程及相关证明材料	永久
5.3	嘎查村集体经济组织成员大会或成员代表会议讨决选举股份经济合作社经济合作社法人代表、董事会、监事会的会议记录	永久
5.4	本集体经济组织集体关于申请成立集体经济组织股份经济合作社或经济合作社的申请报告	永久
5.5	旗县或苏木乡镇人民政府出具的批准成立集体经济组织的文件	永久
5.6	本集体经济组织的集体经济组织登记证(正本)、(副本)	永久
6	**特殊载体类**	
6.1	农村牧区集体产权制度改革工作中形成的照片、录音、录像、光盘和实物	永久
7	**其他类**	
7.1	农村牧区集体产权制度改革其他重要文件材料	永久

关于印发辽宁省农村集体产权制度改革
档案管理办法的通知

辽农综〔2021〕108 号

各市农业农村局、档案局，沈抚示范区管委会办公室、产业发展局：

　　为指导各地做好农村集体产权制度改革档案管理工作，省农业农村厅、省档案局联合起草了《辽宁省农村集体产权制度改革档案管理办法》，现印发给你们，请认真遵照执行。

辽宁省农业农村厅　辽宁省档案局

2021 年 5 月 24 日

辽宁省农村集体产权制度改革档案管理办法

第一章 总 则

第一条 为规范辽宁省农村集体产权制度改革档案工作，加强管理和有效利用农村集体产权制度改革档案，根据《中华人民共和国档案法》《中共中央 国务院关于稳步推进农村集体产权制度改革的意见》等法律法规，结合本省实际，制定本办法。

第二条 本办法适用于辽宁省行政区域内市、县（市、区）、乡镇（街道）、村（社区）的农村集体产权制度改革（以下简称产改）档案工作。

第三条 本办法所称产改档案，是指在产改过程中形成的对国家、社会和个人有保存价值的文字、图表、声像、数据等各种形式和载体文件材料的总称，是产改的重要成果和历史记录。

第四条 本办法所称产改档案工作是指产改档案的收集、整理、保管、利用、移交等工作。

第五条 产改档案工作坚持统一领导、分级管理、集中保管、同步进行的原则。

第六条 对在产改档案工作中做出突出贡献的单位和个人，由农业农村行政主管部门、档案主管部门依据相关规定给予表彰、奖励。

第二章 组织管理

第七条 产改档案工作由省级农业农村行政主管部门会同档案主管部门统一领导，实行分级管理。各级农业农村行政主管部门、乡镇人民政府（街道办事处）、村（社区）集体经济组织负责本级产改档案工作，同时接受上级农业农村行政主管部门、乡镇人民政府（街道办事处）和档案主管部门的监督和指导。同级国家综合档案馆负责产改档案的接收和保管工作。

第八条 各级农业农村行政主管部门、乡镇人民政府（街道办事处）和村（社区）集体经济组织应建立健全产改档案工作制度，指定工作人员，提供必要场所和设施设备，确保档案完整与安全。

第九条　产改档案管理部门应当履行下列工作职责：

（一）贯彻执行国家档案工作的有关法律、法规和方针、政策；

（二）按照有关规范和标准，制定产改档案管理制度和工作标准；

（三）负责产改文件材料的收集、整理、归档、统计等工作；

（四）负责产改档案日常管理，定期开展档案保管情况检查，确保档案安全；

（五）依法提供产改档案利用；

（六）按照国家法律法规以及有关规定，做好产改档案的移交工作。

第十条　产改档案管理人员在调离工作岗位前，应当及时办理产改档案移交手续。未按要求移交造成档案损毁的，依法追究相关责任。

第三章　整理归档

第十一条　承担产改工作的机构应根据《辽宁省农村集体产权制度改革文件材料归档范围及档案保管期限表》（见附件）的要求，完整收集本单位与产改密切相关的文件材料，确保不遗漏、不流失，任何单位和个人不得据为己有。对于收集不及时、不齐全，造成产改档案失真、损毁或丢失的，依法追究相关责任。

第十二条　收集的产改文件纸质材料应为原件，签字盖章手续完备，审批程序合规。应当使用碳素、蓝黑墨水等不易褪变色的材料书写，且应字迹工整、数字准确、图样清晰。纸张、装订材料等应当符合档案保护要求。针对相关材料容易产生字迹模糊或褪变色的情况，应当附一份清晰的复印件。

第十三条　产改档案分为综合类和程序类。综合类主要包括各级机关形成的产改工作规范性文件、指导性文件、会议通知、会议纪要，领导讲话，工作总结、简报、通报以及上级机关检查产改工作的领导讲话、照片、音视频资料等文件材料。程序类主要包括清产核资、成员身份确认、股份量化、农村集体经济组织成立各阶段形成的工作方案，工作程序、结果类等能真实、准确反映工作流程的文字、照片、音视频资料。具体分类办法按照《辽宁省农村集体产权制度改革文件材料归档范围及档案保管期限表》执行。

第十四条　产改档案应当以集体经济组织为单位整理，一般遵照《辽宁省归档文件整理实施细则》，采用年度—问题（综合、程序）—保管期限分类整理；产改工作中形成的照片、音视频、电子文件等按照《照片档案管理规范》（GB/T 11821）、《数码照片归档与管理规范》（DA/T 50）、《录音录像档案管理规范》（DA/T 78）、《电子文件归档与电子档案管理规范》（GB/T 18894）等相关标准进行整理。

第十五条　各市、县（市、区）相关部门形成的综合类材料每年应按时向本单位档案部门归档。针对程序类材料，已经完成产改工作的集体经济组织应自本办法发布之日起 3 个月内完成归档工作。未完成产改工作的，应自产改工作结束之日起 3 个月内完成归档工作。

第四章　档案保管

第十六条　各市、县农业农村行政主管部门、乡镇人民政府（街道办事处）、村（社区）集体经济组织要有专用档案库房、档案装具及相应的设施设备，符合防火、防盗、防紫外线、防有害生物、防水、防潮、防尘、防高温、防污染的要求，要定期检查档案保管状况，确保档案安全。

第十七条　产改工作结束后，集体经济组织形成的除集体经济组织登记证原件外，其余全部产改档案原件应当移交乡镇人民政府（街道办事处）保管，村（社区）集体经济组织保留一份复印件，组的复印件可交由所在的村（社区）集体经济组织保管。

第十八条　各级农业农村行政主管部门和档案主管部门应当积极推进档案信息化建设，推动产改档案管理部门开展档案数字化工作，加强产改电子文件归档和电子档案规范化管理，逐步实现数字档案信息资源共享。

第五章　档案移交与利用

第十九条　市、县农业农村行政主管部门、乡镇人民政府（街道办事处）应按有关法律法规，按期向同级国家综合档案馆移交产改档案。各级国家综合档案馆应当将产改档案纳入档案进馆接收范围。

第二十条　产改档案管理部门和国家综合档案馆应当按照有关规定向社会开放产改档案，为社会提供利用产改档案服务，但涉及国家秘密、个人隐私和法律另有规定的除外。

第六章　附　则

第二十一条　本办法由辽宁省农业农村厅、辽宁省档案局负责解释。

第二十二条　本办法自印发之日施行。

附件

辽宁省农村集体产权制度改革文件材料
归档范围及档案保管期限表

级别	类别	归　档　范　围	保管期限
市级	综合类	中央、国务院、省、市下发的有关农村集体产权制度改革的规范性文件,重要性、示范性文件(本单位形成的为永久,其他单位形成的 30 年)	永久30 年
		中央、国务院、省、市下发的各类农村集体产权制度改革一般性文件,产权动态、领导讲话、总结、通报及有关声像等资料	30 年
县级	综合类	上级下发的有关农村集体产权制度改革的规范性文件	永久
		县(市、区)委、政府、县(市、区)业务部门下发的有关农村集体产权制度改革的规范性文件	永久
		县(市、区)业务部门下发的有关农村集体产权制度改革的各类一般性文件、动态信息资料,以及领导讲话、典型材料、宣传资料、会议纪要等	30 年
		县(市、区)业务部门编写下发的有关农村集体产权制度改革的计划、报告、总结、统计报表、工作大事记及重要声像资料等	永久
	程序类	农村集体经济组织登记赋码申请表	永久
		批准农村集体经济组织成立的文件	永久
		成员大会、成员代表大会会议决议	永久
		农村集体经济组织成员名册	永久
		农村集体经济组织章程	永久
		法定代表人身份证复印件	永久
		住所证明	永久
		进行赋码登记时所需要的其他资料	永久

级别	类别	归　档　范　围	保管期限
乡镇级	综合类	县(市、区)委、政府下发的有关农村集体产权制度改革的规范性文件	永久
		县(市、区)业务部门下发的有关农村集体产权制度改革的一般性文件	30 年
		乡镇(街道)下发的有关农村集体产权制度改革的规范性文件及计划总结、报告报表等	永久
		乡镇(街道)下发的有关农村集体产权制度改革的一般性文件	30 年
		乡镇(街道)有关农村集体产权制度改革的动态信息、领导讲话、典型材料、宣传材料、会议纪要、工作大事记及重要声像资料	30 年
	程序类	村(组)集体产权制度改革申请及乡镇人民政府(街道办事处)批复	永久
		村(组)集体产权制度改革方案	永久
		村(组)集体资产清产核资方案	永久
		村(组)集体经济组织成员认定办法、成员名册	永久
		村(组)集体经济组织股权设置方案	永久
		农村集体经济组织章程	永久
		农村集体经济组织选举办法(方案)	永久
		村级上报理事会、监事会提名候选人名单	永久
		乡镇(街道)及批复理事会、监事会、候选人名单	永久
		农村集体经济组织理事会理事、监事会监事、理事长、监事长选举结果报告单	永久
		农村集体经济组织登记证复印件	永久

续表

级别	类别	归　档　范　围	保管期限
村（组）级（含乡镇集体经济组织）	综合类	乡镇（街道）级下发有关农村集体产权制度改革的规范性文件	永久
		乡镇（街道）级下发有关农村集体产权制度改革的一般性文件	30年
		村（组）农村集体产权制度改革方案及批复	永久
		村（组）农村集体产权制度改革形成的会议记录、决议等	永久
		村（组）宣传动员培训形成的文件资料	30年
		村（组）有关农村集体产权制度改革的重要声像资料、图片资料	30年
		集体资产管理制度、财务管理制度、成员管理、股权管理制度、收益分配制度和决策管理制度等	永久
		集体经济组织财务账目和资产、资源台账等	永久
		集体经济合同等	永久
	程序类	清产核资专卷：清产核资方案、成立清产核资工作小组的资料、清产表、登记表、汇总表、账务调整、资产盘点、盘盈、盘亏和资产评估资料、公示公告、成员（代表）大会确认、结果报告、上级批复文件、审查验收等资料	永久
		成员确认专卷：成立成员确认工作小组的资料、成员确认办法、初始登记表、登记汇总表、征求意见表、确认汇总表、公示公告、成员花名册、上级批复文件及相关会议记录等资料	永久
		股权设置与量化专卷：农村集体经济组织股权设置、量化方案、征求意见表、确认汇总表、持股花名册、公示公告、股权证发放登记表及相关会议记录等资料	永久

级别	类别	归　档　范　围	保管期限
村（组）级(含乡镇集体经济组织)	程序类	集体经济组织成立专卷：农村集体经济组织选举办法、理事会、监事会提名候选人名单,乡镇(街道)级批复理事会、监事会候选人名单,公布正式候选人名单公告,召开成立大会的会议流程、选举记录,理事会理事和监事会监事选举结果、理事长和监事长选举结果等资料	永久
		集体经济组织登记专卷：农村集体经济组织成立申请、乡镇(街道)批复文件,注册登记时所需要的其他资料	永久
		农村集体经济组织登记证、开户许可证复印件	永久
		农村集体经济组织章程	永久
		理事会、监事会职责及工作制度	永久
		产权改革遗留问题处理资料、纠纷调处资料等	永久

关于在实施乡村振兴战略中
加强村务档案管理的通知

吉档字〔2021〕7号

各市（州）档案局，长白山开发区工委办公室，长春新区、中韩（长春）国际合作示范区工委党政综合办公室，各县（市、区）档案局：

为深入贯彻省委、省政府关于实施乡村振兴战略的重要部署，确保《村级档案管理办法》（国家档案局、中华人民共和国民政部、中华人民共和国农业部令第12号）落地见效，我省将"健全村务档案管理制度，规范村务档案立卷、归档和使用，提高村务档案管理水平"写入《中共吉林省委、吉林省人民政府关于印发〈吉林省乡村振兴战略规划（2018—2022年）〉的通知》（吉发〔2018〕50号）中，将"村务档案管理"考核指标纳入到年度市（州）、县（市、区）党政领导班子和领导干部推进乡村振兴战略实绩考核工作中。为进一步加强村务档案管理，现将有关要求通知如下：

一、提高认识，强化组织领导

村务档案是农村历史发展面貌的真实记录，是农村经济社会发展成就的历史见证，是农民维护自身权益的重要凭证。特别是在当前实施乡村振兴战略的伟大实践中，更有着不可或缺的参考借鉴和信息支撑作用。各级档案主管部门要进一步认识村务档案管理在服务实施乡村振兴战略中的现实意义，深入推进村务档案管理建设，不断强化本地区村务档案管理的组织领导，把村务档案管理的工作重点落实到服务实施乡村振兴战略上来，切实增强做好村务档案管理的责任感和使命感。要明确各级分管领导、指定具体管理人员，将村务档案管理与实施乡村振兴战略统筹安排。要创新方法、途径，加强对新修订的《中华人民共和国档案法》和配套法规标准的宣传解读，扩大村务档案管理的社会影响，促进村务档案管理工作的顺利开展。

二、健全制度，规范档案管理

各级档案主管部门要结合实际，依据新修订的《中华人民共和国档案法》《村级档案管理办法》（国家档案局、中华人民共和国民政部、中华人民共和国农业部令第12号）、《归档文件整理规则》（DA/T 22—2015）等相关法律法规，建立完善村务档案收集、整理、安全保管、保密、查阅利用等制度，规范村务档案立卷、归档和使用。要建立健全适应实施乡村振兴战略的村务档案管理工作机制和管理网络，切实提高村务档案管理水平，发挥好村务档案管理在服务全面实施乡村振兴战略中的基础性、支撑性作用。

三、加强指导，夯实业务基础

各级档案主管部门要主动适应新形势，探索新方式，积极借鉴好的经验做法，科学做好村务档案管理各项工作，确保村务档案的真实、完整、规范和安全。要夯实业务基础，利用好线上、线下多种渠道，加强对村务档案管理的业务指导及对具体管理人员的实用性技能培训，切实提高基础业务素质和实际工作能力。要建立市（州）、县（市、区）、乡（镇）、行政村档案工作四级联动机制，切实做到村务档案收集齐全、整理规范、管理科学。

四、保障经费，完善设施设备

各县（市、区）档案主管部门要按照"村务档案管理"考核指标要求，积极争取本地区党委和政府的支持，将村务档案工作所需各项经费列入乡村振兴总概算或年度经费预算，配齐档案管理基础设施，充分满足档案工作需要。村务档案室要采取防火、防盗、防水（潮）、防光、防尘、防磁、防高温、防有害生物等安全保护措施，最大限度地改善档案保管条件。各地要结合实际，对确实不具备档案安全保管条件的行政村，在充分尊重行政村意愿的前提下，将档案交由乡（镇）档案机构代为保管，行政村可以保存档案目录等检索工具以方便利用。实行"村档乡（镇）管"的村务档案，在乡（镇）档案机构代为保管一定年限后，可随乡（镇）档案一并移交县级综合档案馆代为保管。各地应积极推进村务档案信息化建设，有条件的可配备必要的设施设备和档案管理软件。

五、强化监督，服务乡村振兴

各级档案主管部门要根据国家档案局《村级档案管理办法》（国家档案

局、中华人民共和国民政部、中华人民共和国农业部令第 12 号），进一步强化监督检查，将村务档案管理情况纳入年度档案监督检查计划或年度工作目标考核指标之中。要依法依规，对执行不力、落实不到位的限期整改，对失职渎职的按有关规定通报批评，对做得好的给予表扬鼓励，力争村务档案管理水平提质增效，确保村务档案管理抓细抓实。要充分发挥村务档案管理服务实施乡村振兴战略的积极作用，努力提供全方位的优质档案服务，为我省乡村振兴作出应有贡献。

吉林省档案局

2021 年 5 月 21 日

浙江省档案局 浙江省民政厅 浙江省农业厅
关于印发《浙江省实施〈村级档案管理办法〉细则》的通　　知

浙档发〔2018〕29 号

各市、县（市、区）档案局、民政局、农业局（农林水局）：

　　为加强行政村档案规范化管理，确保村级档案完整齐全，促进档案工作更好地为实施乡村振兴战略、构建和谐社会服务，按照国家档案局、民政部、农业部的《村级档案管理办法》有关规定，结合我省实际工作，省档案局会同省民政厅、省农业厅联合制定了《浙江省实施〈村级档案管理办法〉细则》。现印发给你们，请遵照执行。

浙江省档案局　浙江省民政厅　浙江省农业厅

2018 年 10 月 9 日

浙江省实施《村级档案管理办法》细则

第一章　总　则

第一条　为加强我省农村档案工作，规范村级档案管理，服务新形势下的农村工作，根据《中华人民共和国档案法》《中华人民共和国村民委员会组织法》《中华人民共和国农业法》《村级档案管理办法》和国家有关规定，结合本省实际，制定本细则。

第二条　本细则所称村级档案是指村党组织、村民委员会、村集体经济组织等（以下简称村级组织）在党组织建设、村民自治、生产经营等活动中形成的具有保存价值的文字、图表、音像等不同形式和载体的历史记录。

第三条　村级档案工作是实施乡村振兴战略，建设美丽乡村，推进基层治理，维护农民切身利益的一项重要基础性工作。行政村应当重视档案工作，加强领导，将各类组织的档案工作纳入村规范化管理要求和各项建设内容。

第四条　村级档案工作实行统一领导、集中管理、安全方便的原则。村级档案工作主要包括村级组织对村级档案进行的收集、整理、保管、鉴定、利用等工作。

第二章　组织体系及职责

第五条　村级档案工作在业务上接受乡镇人民政府（街道办事处）、档案行政管理部门、民政部门、农业部门和相关部门的监督和指导。

乡镇（街道）对村级档案工作负有直接领导责任，应依法履行本乡镇（街道）区域内村级档案工作的组织、协调、指导和监督职责。

各级档案行政管理部门对村级档案工作负有行政监管责任。按照分级管理原则，县级档案行政管理部门应依法对本行政区域内村级档案工作进行指导和监督。

各级民政、农业等涉农部门对村级档案工作负有行业监管责任，应依法对本部门在相关农业农村工作中所涉及的村级档案业务进行管理、指导和监督。

　　第六条　村级组织应将档案工作作为村级工作的重要事项，健全相应的工作制度，明确领导、健全机制、保障经费，确保档案的真实、完整、规范和安全。

　　村党组织应领导村民委员会、村集体经济组织和村务监督委员会建立村级档案工作领导小组，明确档案工作责任人，建立村档案室，并确定专人管理本村各类档案。

　　村务监督委员会应对本村的档案管理和利用情况进行监督。

　　第七条　村级组织应当指定专人负责档案的收集、管理和提供利用。档案工作人员应当具有良好的政治素质，遵纪守法，忠于职守，具备相应的档案管理知识，并经过一定的档案业务培训。

　　档案工作人员离任时应当进行档案移交，履行交接手续，防止档案散失。

第三章　硬件设施

　　第八条　有条件的行政村应设专室保管村级档案，库房面积要满足档案存放的需要；无条件的行政村应设专柜保管，确保村级档案安全。

　　第九条　档案柜架应牢固耐用，具有防火、防盗、防尘、防虫鼠等功能。有条件的村可采用密集架。

　　各类档案盒（卷皮）的规格、式样和质量应符合档案行业相关标准的要求。

　　第十条　档案库房应配置温湿度记录设备、灭火器材、防光窗帘、防盗门窗等必要的设施。

　　根据当地气候情况和经济条件，可配置去湿机、空调等设备，控制档案库房温湿度。

　　第十一条　村档案室应配置计算机、打印机、装订机和数码照相机等设备。

第四章　档案管理

　　第十二条　村级组织应建立健全村级档案管理制度。明确文件归档的责任，规范档案收集、整理、保管、鉴定、统计、利用和信息化等各个环节的具体要求。

　　建立档案工作责任追究制度和档案管理应急预案等。

第十三条　村级组织形成的具有保存价值的文件材料，均应当按照要求规范整理后归档，任何组织和个人不得据为己有或者拒绝归档。

县级档案行政管理部门可以依据《村级文件材料归档范围和档案保管期限表》（见附件）的规定，制定符合本地实际的指导用表。

村级组织应根据实际情况，制定和完善本村的文件材料归档范围和档案保管期限表，并加以执行。

第十四条　村级组织和相关个人应按期向村档案室移交应归档的文件。

（一）文书材料于次年6月底前归档；

（二）基建项目文件在基建项目竣工后或结算完成后3个月内归档，设施设备文件在开箱验收或接收后及时归档；

（三）会计核算材料由会计部门在会计年度终了后保管1年，于次年3月底前归档。实行乡镇（街道）统一会计核算的，按现有规定执行；

（四）村重大活动产生的文件在活动结束后及时归档；

（五）特种载体形式的文件在工作或活动结束后及时归档。

第十五条　归档文件应当字迹工整、图样清晰、手续完备。制成材料、书写材料和装订材料应当符合档案保护的要求。非纸质文件应与其说明一并归档。文件移交时应办理交接手续。

第十六条　村级档案以建制村为立档单位，村党组织、村民委员会和所属单位所形成的全部档案组成一个全宗。村与村集体经济组织合一的单位，形成的档案归入村同一全宗。规模较大的村所属单位，其档案可以独立构成全宗的，由该单位自行管理；不能独立构成全宗的，移交村档案室集中统一管理。

全宗名称由乡镇（街道）和所在村名称组成。

第十七条　村级档案一般包括文书、基建项目、设施设备、会计、音像、实物等类别。

第十八条　村级档案的整理应遵循简便易行的原则。档案整理完毕后，村档案室应及时撰写年度整理说明。

（一）文书档案整理标准执行《文书档案案卷格式》或《归档文件整理规则》，按年度、问题结合保管期限进行分类、编号。

（二）基建项目档案、设施设备档案整理标准执行《科学技术档案案卷构成的一般要求》，按基建项目和设施设备台套进行组卷。

（三）会计档案按照《会计档案管理办法》《会计档案案卷格式》的要求进行整理，按年度和形式（报表、账册、凭证、其他会计核算材料）进行组卷。

（四）数码格式的照片、录音和录像应刻录到光盘或复制到移动硬盘进行保存，整理标准可参照《数码照片归档与管理规范》；重要的数码照片可冲洗成纸质照片进行保存，整理标准执行《照片档案管理规范》。

（五）电子文档应刻录到光盘或复制到移动硬盘进行保存，整理标准执行《电子文件归档与电子档案管理规范》。

（六）实物档案以件为单位，按时间顺序跨年度大流水编号整理。

第十九条　档案库房应保持干净、整洁，采取防火、防盗、防水（潮）、防光、防尘、防磁、防高温、防有害生物等措施。

档案人员应当定期检查档案的保管状况，确保档案安全。对音像档案和电子档案，要定期检查、做好备份，确保档案可读可用。

第二十条　不具备档案安全保管条件的，应当将档案交由乡镇（街道）档案机构代为保管，村级组织可以保存档案目录、数字化成果等检索工具以方便利用。

第二十一条　村档案室应根据村务管理的需要和为村积累历史文化财富的需要，对档案的现实作用和历史作用进行分析，确定档案的保存价值，划分档案的保管期限。

（一）反映本村主要职能活动和历史面貌的，对本村和历史研究有长远利用价值的档案，列为永久保管期限；

（二）反映本村一般工作活动，在较长时间内对本村工作有查考利用价值的文件材料，列为30年保管期限；

（三）在较短时间内对本村有参考利用价值的文件材料，列为10年保管期限。

第二十二条　销毁失去保存价值的档案时，须成立由村党组织、村民委员会成员，村务监督委员会负责人和档案人员组成的档案鉴定工作小组，由档案鉴定工作小组提出意见，登记造册后履行必要的审批手续按照规定销毁。

档案销毁须有两人以上在指定地点监销，并在销毁清册上签字，注明销毁时间、地点和方法。档案销毁清册永久保存。

禁止擅自销毁档案。

第五章　开发利用

第二十三条　村档案室应编制各类档案、资料目录等检索工具，建立文件移交接收登记簿、档案收进移出登记簿、档案库房检查登记簿、档案利用登记簿等统计台账，以对档案"收、管、用"方面的特征信息进行收集、整理与分析，以掌握档案和档案工作基本情况。

档案统计工作应保持连续性。

第二十四条 村级档案工作应当积极推进档案信息化建设，配备必要的设施设备和档案管理软件，建立档案电子目录和全文数据库，逐步实现档案的信息网络共享。

县级国家综合档案馆和乡镇（街道）档案室应为村形成的档案数字资源提供备份服务。

第二十五条 村党组织、村民委员会、村集体经济组织和村务监督委员会应将档案的查阅利用列为村党务、村（社）务、财务公开的重要内容，建立档案查阅利用制度，为本村各类组织及其成员、村民提供服务。

已设立便民服务机构的村，应将档案查询利用纳入便民服务机构服务事项。

档案的查阅利用须维护村集体和村民个人的合法权益，应当遵守利用规定、履行查阅手续，利用者不得有涂改、损毁、调换、抽取档案等行为。

第二十六条 村档案室应当围绕村中心工作或村级组织及其成员、村民利用需求，加强档案信息资源的开发利用。

（一）村档案室应组织编写大事记、组织沿革、文件汇编等基础编研材料，记录和保存本村范围内的乡村物质文化、非物质文化和特色文化；

（二）有条件的村可利用档案组织开展宗谱、村史和村志的编修工作，充分利用档案资料，建成村级档案陈列展览；

（三）村档案室可向村民和社会开展档案征集活动，收集各种有关于本村的历史文献、资料、音像和实物等，丰富村档案室室藏；

（四）村档案室可指导村民建立各种类型的家庭档案。有条件的村，村档案室可接收保管村民家庭档案。

第六章　档案移交

第二十七条 村以及村民小组在设立、撤销、范围调整时，应当将档案妥善移交。

（一）在村撤并之前完成现存文件的归档整理工作。各种承包合同、协议、人口、土地、固定资产台账、收益分配、统计报表以及事关村民利益和村集体经济发展的重要决定、规划、记录等重要文件须收齐。

（二）对村撤并过程中所形成的文件，要指定专人收齐保管，在撤并村后由并入村档案人员负责整理归档。

（三）撤制村的档案一般由并入村接收保管，如有特殊因素，应由乡镇（街道）档案室接收保管。

（四）办理移交手续时，须对档案进行清点核对，签署并保存档案接交文据。

第二十八条 村级组织换届时，应当履行档案交接手续。

（一）村级组织换届前，乡镇（街道）应指导监督辖区内各村对现存档案进行全面清点，做好档案数量统计和编目工作。原村级组织成员要将本人在执行工作活动中形成的，属于归档范围的文件，全部移交给指定人员进行整理归档。

（二）新一届村级组织产生后，原村级组织须在 10 日内将档案全部移交给新一届村级组织，并履行交接手续。交接工作由村级组织选举委员会主持，乡镇（街道）负责监督。不能及时移交的应由村级组织选举委员会进行监管，严防散失。必要时可在选举前将档案暂存乡镇（街道）。

（三）换届工作结束后，乡镇（街道）应及时统计所辖村的换届档案管理情况，并在 1 个月内将有关情况报县级组织部门和档案行政管理部门。

第七章　附　则

第二十九条 对在村级档案工作中作出突出贡献的村干部、档案工作人员和其他组织、个人，由各级人民政府、档案行政管理部门及相关单位给予表彰和奖励。

第三十条 各市、县（市、区）档案行政管理部门商同级民政部门和农业部门，可以结合本细则和本地实际，制定实施办法及细则。

第三十一条 本细则由浙江省档案局、浙江省民政厅、浙江省农业厅负责解释。

第三十二条 本细则自 2018 年 11 月 1 日起施行。

附件：村级文件材料归档范围和档案保管期限表

附件

村级文件材料归档范围和档案保管期限表

一、文书类

1.党群组织工作文件材料

　　1.1 本村党组织(党委、党总支、党支部)委员会会议记录、党员大会会议记录、村"两委"联席(班子)会议记录　　　　　　　　　　　　永久

　　1.2 本村党组织年度工作计划、总结等材料　　　　　　　　永久

　　1.3 本村党组织关于机构设置、撤并、名称更改、启用和废止印章的请示,上级批复、通知、决定等材料　　　　　　　　　　　永久

　　1.4 本村党务干部任免、分工、考察、奖惩等材料　　　　　永久

　　1.5 本村党组织换届选举候选人的请示、批复和换届选举工作的通知、议程、报告、领导人讲话、大会发言、选举办法、选举结果、决议、上级批复等材料　　　　　　　　　　　　　　　　　　　　　　　永久

　　1.6 本村党员教育培训、组织活动、党性分析、民主评议等方面的计划、总结、会议(活动)记录、请示及上级的批复　　　　　　永久

　　1.7 本村发展新党员,党员转正、延期、退党,处置不合格党员等方面的材料　　　　　　　　　　　　　　　　　　　　　　　　　永久

　　1.8 本村执行上级党组织工作的决定、纪要、报告等材料　　永久

　　1.9 本村党组织、党员名册和年报表　　　　　　　　　　　永久

　　1.10 本村党组织关系介绍信、通知书存根　　　　　　　　永久

　　1.11 本村党员交纳党费的清单、票据等　　　　　　　　　永久

　　1.12 本村先进集体、先进个人登记表,审批表,名册及各种事迹材料　永久

　　1.13 本村党员违法违纪的有关材料,处理意见和上级决定、批复等材料　　　　　　　　　　　　　　　　　　　　　　　　　　　永久

　　1.14 本村纪检、党风廉政工作的计划、总结、报告等材料　　30年

　　1.15 本村开展政治思想、形势教育、精神文明建设工作的计划、总结等有关材料　　　　　　　　　　　　　　　　　　　　　　　30年

　　1.16 本村共青团组织发展、换届选举材料,团员名册、组织关系介绍信及存根、团费缴纳、年度统计表等材料　　　　　　　　　　永久

　　1.17 本村团代会通知、议程、代表名单、开幕词、报告、决定、选举结果、闭幕词等材料　　　　　　　　　　　　　　　　　　　　　　永久

1.18 本村团组织、团员获得表彰奖励及违法违纪受到处分的请示、报告、批复等材料　　　　　　　　　　　　　　　　　　永久

1.19 本村工会年度工作计划、总结,工会代表大会的通知、名单、议程、开幕词、报告、决议、闭幕词、选举结果等材料　　　　永久

1.20 本村工会干部任免的请示、批复,会议记录,工会干部、会员名册及统计年报表等材料　　　　　　　　　　　　　　永久

1.21 本村妇代会换届选举等材料　　　　　　　　　　　永久

1.22 本村计划生育工作年度计划、总结、统计表等材料　　永久

1.23 本村独生子女证申请表,奖扶登记育龄妇女生育多胎的申请表、审批表及超生调查报告、汇报、处罚决定等材料　　　　　永久

1.24 本村村民婚姻状况证明存根等材料　　　　　　　　永久

1.25 本村五好家庭、平安家庭、绿色家庭、星级文明家庭、敬老爱幼模范、文明户、好婆婆、好媳妇等评选活动的材料　　　　　30 年

1.26 上级发布的本村民兵工作需要执行的文件材料　　　10 年

1.27 本村普通民兵、基干民兵登记表和花名册、民兵连工作形成的文件材料　　　　　　　　　　　　　　　　　　　　　　永久

1.28 本村兵役登记材料,现役军人、退伍军人情况登记表　永久

2.村务管理文件材料

2.1 本村村委会、村务监督委员会会议记录、村民会议纪录、纪要、决议等材料　　　　　　　　　　　　　　　　　　　　　　永久

2.2 本村村委会年度工作计划、总结等材料　　　　　　永久

2.3 本村村史、组织沿革、大事记等材料　　　　　　　永久

2.4 本村村委会换届选举工作的通知、选票、选举结果、干部任免等材料　　　　　　　　　　　　　　　　　　　　　　　永久

2.5 本村各类工作的请示、报告、汇报及上级的批复等材料

(1)重要的　　　　　　　　　　　　　　　　　　　永久

(2)一般的　　　　　　　　　　　　　　　　　　　30 年

2.6 本村干部、村民名册,村办股份公司股民名册、各类技术人员名册等　　　　　　　　　　　　　　　　　　　　　　　　永久

2.7 本村干部的招聘、录用、定级、调配、人员任免、离退、调动介绍信存根、工资表,农业村级协管员的聘书、合同或协议、干部考核、后备干部选拔、离任干部补助等材料　　　　　　　　　　　　　永久

2.8 本村和村内机构设置、更名、撤并及行政区划与隶属关系的变化,启

用、废止印章等材料　　　　　　　　　　　　　　　　　　　　　永久

　　2.9 本村关于年终分配方案、工资福利、劳动保护的各种文件材料和参加社会养老保险人员名册　　　　　　　　　　　　　　　　　　　　永久

　　2.10 本村干部、职工工资单及年终收益分配审批表、归户结算表等材料
　　　　　　　　　　　　　　　　　　　　　　　　　　　　　　　永久

　　2.11 本村关于房屋拆迁、土地征用、村民房产、地产等材料,相关人员名册等　　　　　　　　　　　　　　　　　　　　　　　　　　　　永久

　　2.12 本村农村住房改造、危房改造、建房审批形成的文件　　　　永久

　　2.13 农房立面改造、农厕改造,村落空间整治美化、绿化,景观建设形成的文件　　　　　　　　　　　　　　　　　　　　　　　　　　永久

　　2.14 自然生态系统保护和修复工作形成的文件　　　　　　　　永久

　　2.15 山水林田湖综合治理工作形成的文件　　　　　　　　　　永久

　　2.16 生活垃圾收集、生活污水治理形成的文件　　　　　　　　永久

　　2.17 违章建筑物和构筑物拆除、危房拆除、破旧房拆除形成的文件　永久

　　2.18 畜禽养殖整治形成的文件　　　　　　　　　　　　　　　30 年

　　2.19 本村的村规民约等各种规章制度材料　　　　　　　　　　永久

　　2.20 本村各种年度统计报表(包括农副工业生产年报,收益分配报表,土地、人口、户数等基本情况统计表等材料)　　　　　　　　　　　永久

　　2.21 本村各种保险材料、综合治理、安全生产承包责任和各种案件、民事纠纷的调解协议、处理决定等材料　　　　　　　　　　　　　　永久

　　2.22 本村信访信件处理结果等材料　　　　　　　　　　　　　30 年

　　2.23 本村拥军优属、优抚、救助(含残疾人、老年人、慈善、医疗、最低生活保障等)等材料　　　　　　　　　　　　　　　　　　　　　30 年

　　2.24 本村开展教育、卫生、合作医疗、食品安全、防汛防台、畜牧、乡贤参事等工作的材料　　　　　　　　　　　　　　　　　　　　　　永久

　　2.25 本村规划编制材料

　　(1)村庄规划编制计划,招投标采购文件,合同　　　　　　　　永久

　　(2)村庄规划草案、初步方案,讨论、评审、论证会议的意见、纪要　永久

　　(3)村庄规划征求意见公告、村民代表会议或村民会议意见　　　永久

　　(4)村庄规划报批文件、村庄规划成果　　　　　　　　　　　永久

　　(5)村庄规划编制中收集的基础资料　　　　　　　　　　　　永久

　　2.26 本村公共服务基础设施在建设、管理、维护过程中形成的文件　永久

　　2.27 本村生产管理、企业管理的年度工作计划及总结和重大决策等材料
　　　　　　　　　　　　　　　　　　　　　　　　　　　　　　　永久

2.28 本村财务管理的年度计划、总结,村务公开、阳光理财、有关财务审计情况材料　　　　　　　　　　　　　　　　　　　　　　　　永久

2.29 本村工业、农业等相关税收征收清册和纳税变动情况等材料　永久

2.30 本村各种经济、人口普查统计表 、人口四变、户口变动登记簿、常住人口登记簿、死亡证明存根　　　　　　　　　　　　　　　　　　　永久

2.31 本村重大事故事件登记材料,调查处理意见、情况报告及善后工作中形成的材料　　　　　　　　　　　　　　　　　　　　　　　　　永久

2.32 开展爱国主义、精神文明建设等宣传教育活动形成的文件　　永久

2.33 开展文化保护与传承工作形成的文件　　　　　　　　　　　永久

2.34 村庄典型模范、道德榜样评选活动产生的文件　　　　　　　永久

2.35 移风易俗工作形成的文件　　　　　　　　　　　　　　　　永久

2.36 农村文化礼堂建设形成的文件

(1)农村文化礼堂建设申报表、建设(设计)方案、实施方案、规划论证材料;成立领导(工作)小组、确定责任分工的文件;与文化礼堂筹建有关的村民代表大会、村两委会议的会议材料、记录、决议等　　　　　　　　　永久

(2)文化礼堂陈列展览布展设计方案、展陈大纲;广告公司制作的最终版面设计电子稿、照片、扫描图片,其他有关电子文稿　　　　　　　永久

(3)文化礼堂各种宣讲、礼仪、民俗、文体活动和评先活动中形成的通知、方案等文件及活动台账;重要活动的主持词、节目单,评先活动的个人事迹材料;各种活动照片、视频等。　　　　　　　　　　　　　　　30 年

(4)文化礼堂、讲堂的管理、学习制度、活动计划;专业宣讲员、文化指导员、礼堂管理员、文化志愿者、村民文体活动队伍等人员名单及相关制度;上级对本村文化礼堂的考核、验收材料,文化礼堂建设工作总结、文化礼堂建设评定申报表、星级评定申报表等。　　　　　　　　　　　　　30 年

2.37 本村各类创建工作形成的材料(无违建村、无邪教村、生态村、美丽乡村创建)创建文明小区、爱国卫生工作形成的材料　　　　　　30 年

2.38 村庄文体活动产生的文件　　　　　　　　　　　　　　　10 年

2.39 农村普法、科普、防灾避灾、动物防疫和综合治理等工作形成的文件

　　　　　　　　　　　　　　　　　　　　　　　　　　　　10 年

3.村级集体经济组织经营管理文件材料

3.1 本村经营管理中长期规划和专项发展计划等材料　　　　　永久

3.2 本村企业发展重大经营决策方案、规划　　　　　　　　　永久

3.3 本村企业董事会会议记录、纪要、决议等材料　　　　　　永久

3.4 本村企业负责人对企业承包、租赁、任期目标责任等材料　　　　永久

3.5 本村企业改制、转制等各种法律证书等材料　　　　永久

3.6 本村企业历史沿革、大事记等材料　　　　永久

3.7 本村集体经济组织、所属各企业年度工作计划、总结等材料　　永久

3.8 本村企业的设置、撤并、名称更改、启用和废止印章的请示、批复、通知等材料　　　　永久

3.9 本村及所属各企业的产权文件、土地使用证,各种集体财产合同、协议、委任书、公证书等法律文本、证书材料　　　　永久

3.10 本村集体经济组织章程,换届选举工作的通知、选举结果等材料

永久

3.11 本村集体经济组织成员(股东)名册、股权登记簿、成员身份确认、审计　　　　永久

3.12 本村新办公司、企业项目的申请和批复及可行性报告、章程、合同、验资、营业执照等材料　　　　永久

3.13 本村有关工商企业管理执照的申报、登记、批复以及违章违法被处理,经营不善歇业、破产等材料　　　　永久

3.14 本村企业年度各种统计报表及经济分析等材料　　　　永久

3.15 本村有关物资供销工作的合同、协议等材料　　　　30年

3.16 本村有关经营活动的争议、索赔、判决等材料　　　　永久

3.17 本村企业合资、独资、联营招商的合同、协议等材料　　　　永久

3.18 本村企业年度经营、销售统计等报表

(1)重要的　　　　永久

(2)一般的　　　　10年

3.19 本村企业工资计划、工资总额、奖惩、年终分配方案等表册　　永久

3.20 本村企业物资管理、安全生产检查、整改措施执行情况等材料　永久

3.21 本村企业环境保护等材料　　　　永久

3.22 本村企业有关产品标准、国际质量认证等材料　　　　永久

3.23 本村企业有关资产评估,资金、价格管理的审查、验证材料　　永久

3.24 本村企业有关经营、审计活动中形成的各项证明和结论材料　　永久

3.25 本村有关产品市场调查、宣传、广告和用户服务等材料　　　30年

3.26 本村有关产品销售等活动中形成的材料　　　　30年

3.27 本村各类农业普查材料　　　　永久

3.28 本村农作物规划布局,粮、棉、油多种经营实种面积、产量以及采、

购、留、分配等材料　　　　　　　　　　　　　　　　　永久

　　3.29 本村科学种植、科学饲养的经验总结及原始记录　永久

　　3.30 本村"星火""丰收""火炬"计划项目的申报、验收材料　永久

　　3.31 本村农业植保、农机管理、水利建设等材料　　　永久

　　3.32 本村副业生产及上交任务的指标(畜、禽、蛋、鱼、菌菇等)以及各项任务完成情况、年报、统计表等材料　　　　　　　　　永久

　　3.33 本村村办副业项目材料　　　　　　　　　　　30 年

　　3.34 本村关于特色小镇、现代农业示范园区和加工园区,休闲农业和乡村旅游招商引资和建设、经营过程中形成的文件　　　　　永久

　　3.35 本村发展传统文化、餐饮、旅游休闲产业,发展养老托幼、商贸等生活性服务业,农产品流通、农业金融保险等农业社会化服务业过程中形成的文件　　　　　　　　　　　　　　　　　　　30 年

　　3.36 本村关于精准扶贫工作形成的有关文件　　　　永久

　　3.37 本村关于土地批租、出让、租赁有关材料　　　　永久

　　3.38 本村农村集体产权制度改革实施方案、工作计划、总结、汇报材料

　　　　　　　　　　　　　　　　　　　　　　　　　永久

　　3.39 本村成立的农村集体产权制度改革工作领导小组、董事会、监事会等机构及组成人员名单　　　　　　　　　　　　　　永久

　　3.40 本村农村集体产权制度改革工作领导小组、董事会、监事会工作职责及工作制度　　　　　　　　　　　　　　　　　30 年

　　3.41 本村研究农村集体产权制度改革工作所形成的会议记录、纪要、决议　　　　　　　　　　　　　　　　　　　　　　永久

　　3.42 通过协商、招标、挂牌、拍卖等方式流转农村土地承包经营权的文件材料　　　　　　　　　　　　　　　　　　　　　永久

　　3.43 农村集体产权制度改革的动员会、宣传、培训,上级领导检查等形成的文件材料　　　　　　　　　　　　　　　　　　10 年

　　3.44 农村耕地保护、土地承包经营权、集体建设用地使用权台账　永久

　　3.45 集体土地调查材料及统计表　　　　　　　　　永久

　　3.46 农村集体土地所有权、农村建设用地使用权、村民宅基地使用权等相关确权、登记、颁证的文件材料　　　　　　　　　　　永久

　　3.47 农村土地承包经营权登记申请书、变更登记申请书、登记簿、核准文件　　　　　　　　　　　　　　　　　　　　　　永久

　　3.48 农村土地承包经营权流转备案申请书、登记表和备案证明等材料

　　　　　　　　　　　　　　　　　　　　　　　　　永久

3.49 农村土地承包经营权确权登记方案、登记册、花名册及审核材料

永久

3.50 农村土地使用权确权登记注册情况公告、注册表　　　永久

3.51 农村土地承包合同、土地承包经营权流转合同、耕地保护合同　永久

3.52 农村植树造林、林业普查及山林承(延)包的合同书、山林承(延)包经营权流转合同、登记簿、协议书、责任状等文件材料　　　永久

二、基建项目类(包括历史文化村落保护、农村污水管网改造等生活设施建设项目)

1.项目建议书、申请、报告及批复等材料　　　永久

2.可行性研究报告、论证意见、项目评估、调查报告等材料　　　永久

3.项目设计任务书、计划任务书或立项报告、批复等材料　　　永久

4.基建项目的会议记录等材料　　　永久

5.地质勘探合同、报告、记录、说明等材料　　　永久

6.征用土地移民申请、报告、批复、通知、许可证、使用证、用地范围等材料

永久

7.工程建设执照、防火、环保、防疫等审核通知单　　　30 年

8.工程建设招投标文件、会议纪要等材料　　　30 年

9.工程初步设计图纸、概算、设计合同等材料　　　30 年

10.施工设计、说明、总平面图、建设施工图、给排水图等专业图纸　30 年

11.施工合同、协议,施工预决算,图纸会审纪要、技术核定单、工程更改、材料代用、原材料质保书和全套竣工图等材料　　　永久

12.施工监理文件材料　　　30 年

13.水电安装合同、协议,施工预决算,技术交底,图纸会审,材料出厂证明和竣工图等材料　　　永久

14.项目竣工验收申请、批复,消防、环保、防疫、档案等验收记录,基建财务结、决算,项目审计,项目竣工验收证书等材料　　　永久

三、设施设备类

1.设备仪器购置可行性研究报告、申请、批复和购置仪器资金申请、批复等材料　　　30 年

2.设施设备招投标文件、设备采购合同、购买协议等材料　　　30 年

3.设备仪器开箱验收记录、使用说明书、操作手册、合格证、装箱清单等材

料　　　　　　　　　　　　　　　　　　　　　　　　30年

　4.设备仪器安装调试记录、验收报告、操作保养规定等材料　　30年

　5.设备仪器运行、检修、保养、事故处理等记录材　　　　　　30年

　6.设施设备技术改造、升级改装、革新改进等文件材料　　　　30年

　7.设备仪器报废申请、批复、证明等材料　　　　　　　　　　30年

四、会计类

　1.各类会计原始凭证、记账凭证、汇总凭证　　　　　　　　　30年

　2.会计账簿类

　2.1 银行日记账、现金日记账　　　　　　　　　　　　　　　30年

　2.2 总账、明细账、辅助账簿　　　　　　　　　　　　　　　30年

　3.会计报表类

　3.1 年度财务报表　　　　　　　　　　　　　　　　　　　　永久

　3.2 年度财务决算表　　　　　　　　　　　　　　　　　　　永久

　3.3 月、季度财务报表　　　　　　　　　　　　　　　　　　10年

　4.其他类

　4.1 会计档案移交清册　　　　　　　　　　　　　　　　　　永久

　4.2 会计档案保管清册　　　　　　　　　　　　　　　　　　永久

　4.3 会计档案销毁清册　　　　　　　　　　　　　　　　　　永久

五、特种载体类

　1.上级领导来村视察、检查工作的音像材料　　　　　　　　　永久

　2.国际友人、专家、学者等知名人士前来活动的音像材料　　　永久

　3.本村委会各种会议、重要活动形成的音像材料　　　　　　　永久

　4.反映村容、厂貌、市政项目建设等的音像材料　　　　　　　永久

　5.新闻媒体刊登的反映本村情况的照片、视频材料　　　　　　永久

　6.本村作废印章　　　　　　　　　　　　　　　　　　　　　永久

　7.本村委会各种产品、奖状、证书、奖杯、锦旗等　　　　　　永久

　8.各种礼品、手工艺品　　　　　　　　　　　　　　　　　　永久

　9.各种实物翻拍照片　　　　　　　　　　　　　　　　　　　永久

　10.各类档案的电子版与相应档案一致

浙江省村（社区）组织换届工作领导小组办公室

浙江省档案局关于印发《浙江省村（社区）组织换届档案管理办法》的通知

浙村换办发〔2020〕2号

各市、县（市、区）村（社区）组织换届工作领导小组办公室、档案局：

为贯彻落实省委省政府关于做好村（社区）组织换届工作的部署要求，进一步加强和规范村（社区）组织换届档案工作，省村（社区）组织换届工作领导小组办公室和省档案局制定了《浙江省村（社区）组织换届档案管理办法》，现印发给你们，请遵照执行。

浙江省村（社区）组织换届工作领导小组办公室

浙　江　省　档　案　局

2020 年 8 月 31 日

浙江省村（社区）组织换届档案管理办法

第一条 为加强村（社区）组织换届档案工作，规范换届档案管理，维护村社档案完整与安全，使其更好地服务全面从严治党、基层民主政治建设和基层治理现代化，根据《中华人民共和国档案法》《中华人民共和国村民委员会组织法》《中华人民共和国城市居民委员会组织法》等有关法律法规，结合本省实际，制定本办法。

第二条 村（社区）组织换届档案工作包括对村（社区）党组织、村（居）民委员会、村（居）务监督委员会、经济合作社等村（社区）组织和机构换届工作文件的收集、整理、归档以及换届前后村社档案的交接工作等。

第三条 村（社区）组织换届档案工作对于反映村（社区）组织换届工作真实历史面貌，维护村（居）民合法权益、保障选举合法性，促进村（社区）组织换届工作顺利进行和换届后各项工作有序开展具有重要意义，是村（社区）组织换届工作的重要内容。

第四条 坚持党对档案工作的领导。村（社区）组织换届档案工作与村（社区）组织换届工作同步部署、同步实施、同步督导、同步评价。

换届档案工作实行分级管理原则。县级以上村（社区）组织换届工作机构负责本行政区域内村（社区）组织换届档案工作的统筹协调。同级档案主管部门负责本行政区域内村（社区）组织换届档案工作的指导、监督和检查。乡镇（街道）负责做好本乡镇（街道）村（社区）组织换届档案工作，对村（社区）组织档案交接等进行指导、监督和检查。村（社区）组织应指定专人负责做好本村（社区）组织换届档案管理工作。

第五条 村（社区）组织换届过程中形成的具有保存价值的文字、图表、声像等不同形式的文件和记录都应归档（归档范围及档案保管期限表参见附件1）。

第六条 县级及以上党委政府形成的换届工作文件，由本级党委政府设立的村（社区）组织换届工作机构负责收集、整理，待换届工作全部完成后，移交同级组织部门保管；乡镇（街道）形成的换届工作文件，属于乡镇（街道）文书档案，由乡镇（街道）村（社区）组织换届工作机构收集、整理，移交乡镇（街道）档案室统一保管；村（社区）组织形成的换届工作文件，属于村（社区）文书档案，由村（社区）负责收集、整理，移交村（社区）档案室统一保管。对于不具备档案安全保管条件或因其他原因档案不宜在本村（社区）保管的，应由乡镇（街道）代为保管。

第七条　归档文件应真实、准确、系统，文件组件齐全、内容完整，签字盖章和日期等具有法律效力的标识完整齐备，记录载体和记录方式符合长期保存的要求。

第八条　纸质档案的整理应根据各地实际情况，按《归档文件整理规则》（DA/T 22）或《文书档案案卷格式》（GB/T 9705）标准执行。声像档案、电子档案的整理分别按《数码照片档案归档与管理规范》（DA/T 50）、《电子文件归档与电子档案管理规范》（GB/T 18894）等有关标准执行。实物档案按件整理。

第九条　村（社区）组织换届前，各乡镇（街道）应指导监督所辖村（社区）对现存档案进行全面清点，做好档案数量统计、编目和报备工作。乡镇（街道）应核查各村（社区）重要档案的归档情况。原村（社区）组织成员须将本人在执行村（居）务活动中形成的、属于归档范围的文件，全部移交给指定人员进行整理归档。

第十条　新一届村（社区）组织产生后，原村（社区）组织须在 10 日内将村社档案全部移交给新一届村（社区）组织，并履行交接手续（档案交接凭据参见附件 2）。交接工作由村（社区）组织选举委员会主持，乡镇（街道）负责监督。不能及时移交的应由村（社区）组织选举委员会进行监管，严防散失。必要时可在选举前将村社档案移交乡镇（街道）暂时保管。

第十一条　新一届村（社区）党组织应明确档案工作责任人，确定档案管理人员，配置必要的档案保管场所和档案装具设备，确保本村（社区）组织换届档案和所移交的村社档案的完整、安全和有效利用。

第十二条　换届工作结束后，乡镇（街道）应及时对所辖村（社区）换届工作文件的收集、整理、归档和村社档案的交接工作情况进行检查和统计（情况统计表参见附件 3），并在 1 个月内将有关情况报县（市、区）组织部门和档案主管部门。

第十三条　换届档案保管单位应建立村（社区）组织换届档案利用制度，严格履行查阅登记手续。严禁涂改、圈划、抽取、撤换档案。查阅者不得泄露和擅自公开选举有关内容。

第十四条 封存的选票未经乡镇（街道）批准，任何组织和个人不得私自开启。选票至少保留 1 届以上时间。销毁档案前应按规定办理销毁手续，未经批准不得擅自销毁。

第十五条 任何组织和个人不得擅自带走、留存、转移和处置档案。对在村（社区）组织换届工作过程中篡改、损毁、伪造档案或者擅自销毁档案的，换届后原组织成员不按规定归档或者不按期移交档案的，按照有关法律法规进行严肃处理，并追究有关人员责任，情节严重涉嫌犯罪的，移交司法机关追究其刑事责任。

第十六条 本办法由浙江省村（社区）组织换届工作领导小组办公室、浙江省档案局负责解释。

第十七条 本办法自印发之日起施行。《浙江省村级组织换届档案管理暂行规定》（浙档发〔2017〕8 号）同时废止。

附件 1

村（社区）组织换届工作文件归档范围
和档案保管期限表

一、换届工作机构

1.本级成立换届工作机构、确定成员单位职责的文件；　　　　　　　永久

2.本级召开的换届工作有关会议材料、领导讲话、会议记 录和会议纪要等；　　　　　　　　　　　　　　　　　　　　　　　　　　　　　永久

3.本级制定的换届工作政策性文件和重要业务文件；　　　　　　　永久

4.向上级部门报送的有关换届工作的请示、报告及上级部 门的批复等；

　　　　　　　　　　　　　　　　　　　　　　　　　　　　　　　　　　　永久

5.本级在换届工作中形成的调研、宣传、培训、指导、督 导、检查、评价等文件材料；　　　　　　　　　　　重要的:永久,一般的:10 年

6.换届工作汇编材料；　　　　　　　　　　　　　　　　　　　　10 年

7.换届工作简报和情况通报；　　　　　　　　　　　　　　　　　30 年

8.换届工作来信来访及调查、处理等材料；　　　　　　　　　　　永久

9.换届工作总结、评价文件；　　　　　　　　　　　　　　　　　永久

10.换届工作中形成的照片、音频、视频、电子文件和实物 等；　　　永久

11.其他有保存价值的文件。　　　　　　　　　　　　　　　　　30 年

二、乡镇(街道)

1.上级有关换届工作的文件；　　　　　　　　　　　　　　　　　30 年

2.本级成立换届工作领导小组、指导组的文件,工作成员 名单,下派指导换届选举的工作人员名单；　　　　　　　　　　　　　　　　　　　　永久

3.换届工作实施方案；　　　　　　　　　　　　　　　　　　　　永久

4.换届工作有关会议材料、领导讲话、会议记录和会议纪 要等；　　　永久

5.向上级部门报送的有关换届工作的请示、报告及上级部 门的批复等；

　　　　　　　　　　　　　　　　　　　　　　　　　　　　　　　　　　　永久

6.本级在换届工作中形成的宣传、培训、指导、监督、检 查等文件材料；

　　　　　　　　　　　　　　　　　　　　　重要的:永久,一般的: 10 年

7.换届工作来信来访及调查、处理等材料；　　　　　　　　　　　永久

8.换届工作文书样式,各类表格、选民证、委托投票证、选票样张等;

　　　　　　　　　　　　　　　　　　　　　　　　　　　　　　30 年

9.各村(社区)呈报的换届选举请示、批复,候选人(自荐人)名单等;　永久

10.对候选人(自荐人)的审核、考察、批复文件;　　　　　　　　永久

11.各村(社区)上报的选举结果报告单、备案表等;　　　　　　　永久

12.对各村(社区)选举结果的批复、通知;　　　　　　　　　　　永久

13.换届工作统计表、登记表、名册;　　　　　　　　　　　　　永久

14.换届工作的预决算文件;　　　　　　　　　　　　　　　　　永久

15.换届工作的检查验收文件与总结;　　　　　　　　　　　　　永久

16.换届工作中形成的照片、音频、视频、电子文件和实物 等;　　永久

17.其他有保存价值的文件。　　　　　　　　　　　　　　　　　30 年

三、村(社区)组织

(一)村(社区)党组织

1.成立村(社区)党组织换届选举工作领导小组的文件;　　　　　永久

2.村(社区)党组织换届选举工作实施方案;　　　　　　　　　　永久

3.村(社)务联席会议材料及制定的村(社区)发展目标、具体工作任务文件;　　　　　　　　　　　　　　　　　　　　　　　　　　30 年

4.向乡镇(街道)党组织呈报的选举请示、工作报告;　　　　　　永久

5.乡镇(街道)党组织的批复、公示材料;　　　　　　　　　　　永久

6.民主测评会会议材料;　　　　　　　　　　　　　　　　　　永久

7.乡镇(街道)党组织推荐的相关材料;　　　　　　　　　　　　永久

8.党员群众推荐的相关材料;　　　　　　　　　　　　　　　　永久

9.候选人初步人选名单;　　　　　　　　　　　　　　　　　　永久

10.候选人预备人员名单、呈报乡镇(街道)党组织审批的 报告;　永久

11.候选人预备人员资格审查材料和考察材料;　　　　　　　　　永久

12.乡镇(街道)党组织反馈的考察和审查情况材料;　　　　　　永久

13.村(社区)党组织上报的公示情况报告;　　　　　　　　　　永久

14.乡镇(街道)党组织对候选人预备人选的正式批复文件;　　　永久

15.候选人预备人选签订的竞职承诺书、干事承诺书、辞职 承诺书("三项承诺书");　　　　　　　　　　　　　　　　　　　　　　　　30 年

16.村(社区)党组织换届选举办法;　　　　　　　　　　　　　永久

17.党员大会组织党员酝酿产生的正式候选人名单;　　　　　　　永久

18.党员选举大会会议材料、选举结果统计材料、选举结果 报告单、备案表等；　　　　　　　　　　　　　　　　　　永久

19.选票；　　　　　　　　　　　　　　　　　　　　　5年

20.乡镇(街道)党组织对选举结果的批复文件。　　　　　永久

(二)村(居)民委员会

1.村(社)务联席会议、村(居)民代表会议会议记录、会议纪要等；　永久

2.现任村(居)民代表会议会议材料及讨论通过的村(居)民委员会选举办法、村(居)民代表选举办法、村(居)民选举 委员会推选办法；　　永久

3.村(居)民选举委员会成员名单、选民资格等公告；　　　永久

4.选民登记材料、选民名单及公告；　　　　　　　　　　永久

5.村(居)民委员会成员职位、"自荐"报名、委托等公告；　10年

6.正式选民名单,选区划分、村(居)民代表名额分配等 公告；　10年

7.委托投票登记材料；　　　　　　　　　　　　　　　　10年

8.候选人(自荐人)资格审查材料；　　　　　　　　　　30年

9.选举公告；　　　　　　　　　　　　　　　　　　　　永久

10.候选人(自荐人) 名单、竞选职位、照片、身份证复印 件、"三项承诺书"等材料及相关公告；　　　　　　　　　　　　　　　30年

11.委托投票确认和公告,选民证、委托投票证样式；　　　30年

12.流动票箱投票、无效票认定规则、投票须知,唱票、计 票、监票等工作安排；　　　　　　　　　　　　　　　　　　　10年

13.选举结果统计材料、选举结果报告单；　　　　　　　永久

14.选票；　　　　　　　　　　　　　　　　　　　　　5年

15.乡镇(街道)印发的选举结果通知等。　　　　　　　永久

(三)村(居)务监督委员会

1.村(居)民代表会议、村(居)民会议讨论通过的村(居)务监督委员会选举办法；　　永久

2.村(居)务监督委员会候选人推选(自荐)公告；　　　30年

3.候选人资格审查材料及正式候选人名单；　　　　　　永久

4.正式候选人签订的"三项承诺书"；　　　　　　　　　30年

5.村(居)民代表会议、村(居)民会议发布的选举公告；　永久

6.选举会议会议材料、选举结果统计材料、选举结果报告 单、当选人名单；　　永久

7.选票。　　　　　　　　　　　　　　　　　　　　　5年

(四)经济合作社

1.社员代表会议会议材料、会议记录、会议纪要等；　　　　永久

2.社员代表推选办法；　　　　永久

3.社员选民(社员户)登记、公示材料,社员代表授权书；　　　30年

4.新一届社员代表大会会议材料、会议记录、会议纪要等；　　永久

5.经济合作社换届选举办法；　　　　永久

6.经济合作社管理委员会、监督委员会候选人推选材料、资格审查材料；

　　　　　　30年

7.乡镇(街道)对候选人的批复；　　　　永久

8.社员选民大会、社员代表大会会议材料,经济合作社章程、选举结果统计材料、选举结果报告单；　　　　永久

9.选票。　　　　5年

(五)其他

1.上级有关换届工作的文件；　　　　永久

2.村(社区)组织换届财务审计(审查)结果报告；　　　　永久

3.换届选举宣传工作中形成的文件；　　　　10年

4.换届选举期间形成的各类简报、信息；　　　　10年

5.与换届选举工作有关的数据统计表,换届工作总结；　　　永久

6.新老村(社区)组织的档案交接凭证、文据；　　　　永久

7.有关换届选举工作的照片、音频、视频、电子文件和实物等；　　永久

8.其他有保存价值的文件。　　　　30年

附件 2

村（社区）组织换届档案交接文据

单位名称（盖章）：

档案名称（类别）	载体形式	数　量	
		卷	件
合计			
需要说明的事项			

负责人（签字）： 移交人（签字）： 　年　月　日	负责人（签字）： 接收人（签字）： 　年　月　日	监交人（签字）： 　年　月　日

附件 3

村（社区）组织换届档案工作情况统计表

填报单位：　　　　　　　　　　　　　　　　　填报时间：

村(社区)	换届工作文件归档情况		村社档案交接情况				换届后档案工作落实情况		备注
	是否归档	归档数量	是否交接	是否办理移交手续	移交数量	档案工作责任人	档案管理人员	是否具备档案安全保管条件	

填报人：　　　　　　　　　　　　　　　　负责人：

浙江省档案局 浙江省民政厅 浙江省农业农村厅
关于开展档案工作服务农村基层社会治理
试点工作的通知

浙档发〔2020〕8 号

各市档案局、民政局、农业农村局：

为贯彻落实党的十九届四中全会和省委十四届六次全会精神，深入实施中央、省委关于加强和改进农村基层社会治理的有关部署，浙江省档案局、浙江省民政厅、浙江省农业农村厅决定联合组织开展"档案工作服务农村基层社会治理"试点工作。现将有关事项通知如下：

一、总体要求

（一）指导思想

以习近平新时代中国特色社会主义思想为指导，全面贯彻党的十九大和十九届二中、三中、四中全会及省第十四次党代会、省委十四届历次全会精神，紧紧围绕中央和省委关于实施乡村振兴战略的总体部署，认真学习贯彻习近平总书记考察浙江重要讲话精神，对标建设"重要窗口"新目标新定位，紧扣"最多跑一次"改革和数字乡村建设，聚焦农村基层社会治理体系和治理能力现代化，鼓励地方结合实际，在农村基层档案工作的重要领域和关键环节积极创新、大胆实践，形成可复制、可推广的经验做法，发挥试点示范引领作用，为提升农村基层社会治理能力提供基本保障和有效服务，不断增强农民群众的获得感、幸福感、安全感，为努力成为新时代全面展示中国特色社会主义制度优越性的重要窗口贡献档案力量。

（二）基本原则

——坚持党的领导。毫不动摇地坚持和加强党对档案工作的领导，健全党管档案的领导体制机制，发挥农村基层党组织在农村基层档案工作中的领导作用，为农村基层档案工作提供坚强有力的政治保障。

——坚持服务导向。坚持以人民为中心的发展思想，把服务群众、服务农村基层社会治理作为试点工作的出发点和落脚点，针对农村基层档案工作的短板弱项，从体制机制层面探索解决方案，形成具有普遍意义的经验做法。

——坚持底线思维。以满足农村基层社会治理工作的基本保障需求和档案安全保管为底线，科学指导农村基层社会治理文件材料归档，织密扎牢档案"安全网"，有序推进农村基层档案规范化建设。

——坚持因地制宜。从当地实际出发，根据不同镇村的发展特色、经济条件、工作基础等情况分类施策，采取集约化、数字化的档案管理手段，节约管理成本，促进农村基层社会治理工作提质增效。

（三）工作目标

通过两年左右试点工作，在全省范围内培树一批档案工作服务农村基层社会治理的典型，提炼形成可复制、可推广的工作模式和管理方法，推动夯实全省档案基层基础工作，有效发挥档案在农村基层社会治理中的基础支撑作用。试点范围内的农村基层组织档案工作普遍达到规范化标准，档案管理的装备、手段得到提升，农村基层档案能够存得下来、管得安全、用得方便；农村基层档案管理体制机制不断健全完善，人才队伍专业化程度不断提高，为提升农村基层社会治理能力提供基本保障和有效服务。

二、试点内容

（一）推进农村基层档案规范化建设。推动档案工作规范化建设在试点地区乡镇（街道）、行政村全覆盖。乡镇（街道）档案工作机构人员设置较为完备，制度健全，各部门及所属单位的档案集中统一管理；压实村级组织对村级档案工作的主体责任，健全村务档案管理制度，行政村档案工作有人管、有人抓、有人干，各类文件材料能有效收集和整理，具备基本的档案安全保管条件。

（二）加强农村基层治理档案资源建设。兼顾减轻农村基层组织"过度留痕"和保障农村基层治理规范运行双重目标，围绕"基层治理四平台"建设和村级小微权力运行，研究编制镇村两级权力事项基本档案目录，探索数字形式和传统载体形式相结合的档案保管方式，规范农村基层社会治理文件材料归档。

（三）完善农村基层档案工作体系。建立健全县（市、区）、乡镇（街道）、行政村三级联动的农村基层档案工作体系，建立科学有效的管理体制和考核机制，强化乡镇（街道）对行政村档案工作依法监督指导职能，建立镇村两级档案人员的轮训制度。探索完善"村档乡管"、政府购买农村基层档案事务服务、村级档案协作等工作机制，鼓励有条件的地区建设乡镇（街道）档案馆。

（四）优化农村基层档案公共服务。深化"跨馆查档、便民服务"，用好浙江档案服务网等查档服务平台，推进档案查询利用事项覆盖乡镇（街道）便民服务中心（党群服务中心），有条件的延伸到行政村。加快建设县域数字档案管理服务一体化平台，推进乡镇（街道）档案室普遍建立数字档案室，引导行政村档案室逐步开展数字化。

三、试点工作安排

（一）试点对象和时间。试点工作以县（市、区）为对象开展。试点工作为期 2 年，于 2021 年 12 月底前完成。

（二）试点类型。试点类型包括整体试点和个别试点两种。整体试点是在全县（市、区）范围内整体推进试点工作，个别试点是以辖区内若干乡镇（街道）为范围开展试点工作。试点地区应在 4 方面试点内容中选择部分或者全部内容进行试点（其中第 1 项为必选内容），也可以根据实际需要自主增加其他试点内容。

（三）试点条件。试点地区应具备基本条件：一是党委、政府高度重视和支持试点工作；二是具有与承担试点任务相适应的工作力量，相关部门有较强的改革创新意识和工作积极性；三是能形成档案行政管理部门牵头、国家综合档案馆参与、相关部门共同推进的工作机制；四是具备较好的农村基层社会治理体系建设基础。全国乡村治理体系建设试点县和示范镇可择优推荐。

（四）试点报批。试点申报采取县（市、区）自愿申报、设区市审核推荐的方式。申报地区应填写《浙江省档案工作服务农村基层社会治理试点工作申报表》（见附件），经设区市档案行政管理部门审核把关后，于 2020 年 5 月 30 日前推荐报送至省档案局。省档案局将会同省民政厅、省农业农村厅择优选择 30 个左右的县（市、区）和乡镇（街道）作为试点地区并批复确认。

四、工作要求

（一）加强组织领导。各级档案行政管理部门、民政部门和农业农村部门要高度重视试点工作，精心安排，密切配合，形成工作合力。试点县

（市、区）和乡镇（街道）要适当增加年度预算，用于村级档案工作支出。试点地区档案行政管理部门要做好试点工作的组织协调，把握试点工作进度，保证试点工作质量，推进试点工作有序开展。

（二）加强工作指导。设区市档案行政管理部门要在本地区的试点工作申报、组织实施、经验总结中全程跟踪指导与监督检查，研究制定推进试点工作的配套措施，开展相关业务培训和经验交流，组织相关部门协助解决试点工作中的问题。

（三）加强示范引领。各地要边试点、边总结、边推广，发挥好试点的示范引领作用，大力宣传推介可复制、可推广的档案工作服务农村基层社会治理的路径和模式，及时将试点工作成果转化为加强和改进农村基层社会治理的有效政策措施。

（四）加强经验总结。各试点地区每年年底前要总结上报试点工作进展情况，试点工作完成后，应向省档案局提交全面系统的总结报告。省档案局将会同省民政厅、省农业农村厅适时进行抽查，并组织试点工作经验交流活动，宣传推广试点成果，对试点工作先进地区和单位予以表彰。

附件：浙江省档案工作服务农村基层社会治理试点工作申报表（略）

浙江省档案局　浙江省民政厅　浙江省农业农村厅
2020 年 4 月 30 日

中共浙江省委办公厅　浙江省人民政府办公厅
印发《关于全面推进新时代基层档案工作的
实施意见》的通知

各市、县（市、区）党委和人民政府，省直属各单位：

《关于全面推进新时代基层档案工作的实施意见》已经省委、省政府领导同志同意，现印发给你们，请结合实际认真贯彻落实。

中共浙江省委办公厅

浙江省人民政府办公厅

2020 年 12 月 24 日

关于全面推进新时代基层档案工作的实施意见

为认真贯彻落实中央关于推进国家治理体系和治理能力现代化的决策部署和省委工作要求，围绕"忠实践行'八八战略'、奋力打造'重要窗口'"主题主线，深入践行档案工作"三个走向"，推动基层档案工作高质量发展和档案治理现代化，现就全面推进新时代基层档案工作提出如下实施意见。

一、加强党对基层档案工作的领导

（一）坚持和加强党对档案工作的领导。各级党委（党组）要从为党管档的政治高度出发，高度重视基层档案工作，加强组织领导，落实经费保障，抓好工作落实，把档案工作作为党的建设的基础性工程，纳入重要议事日程，与中心业务工作同部署、同推进。各级党委办公室（厅）要发挥牵头作用，组织建立档案、组织、民政、农业农村、大数据管理等部门参加的协调联动机制，及时研究解决基层档案工作新情况新问题。

（二）强化基层档案工作责任制。按照国家规定应当形成档案的单位要建立档案工作部门（单位）责任清单、岗位责任清单，实行档案工作清单化管理。各级档案主管部门要建立健全档案工作责任追究制度，强化事中事后监管，对有档案管理违法违纪行为的单位负责人和直接责任人，依法依规追究责任。

二、深化推进基层档案依法治理

（三）全面推进基层档案法制建设。深入开展新修订的《中华人民共和国档案法》学习宣传贯彻活动，将档案法治教育培训纳入基层领导干部和工作人员培训内容，充分运用各类媒体和平台，广泛开展宣传教育活动。推动制（修）订一批地方性档案法规规章和标准规范，建立健全档案工作具体操作性制度体系。

（四）规范基层档案行政执法。县级档案主管部门要落实档案行政执法人员力量配备要求，规范档案执法行为，做到持证上岗。建立完善全省档案行政执法资源库,全面推进"互联网+档案监管",落实"双随机、一公开"监管机制,加强省市县三级协同执法和跨部门、跨地区执法,加大对涉民涉农重点领域档案的专项执法力度。

(五)筑牢基层档案安全防线。加强基层档案风险管控、应急管理体系和能力建设,加大对重点领域、重点单位、重点工作档案的安全监管力度,按规定落实档案登记备份制度,规范涉密档案管理和档案服务外包业务活动,确保档案实体安全、信息安全和网络安全。

三、创新完善基层档案工作平台载体

(六)推进基层档案工作标准化建设。建立档案室业务建设评价制度,全面推进党政机关、国有企事业单位、村(社区)档案工作标准化建设。到2025年,全省县以下党政机关、国有企事业单位档案工作标准化建设率达到90%以上,村(社区)档案工作标准化建设率达到80%以上。

(七)实施基层档案数字化转型工程。开展档案工作数字化转型先行区、示范区建设。加快县域数字档案管理服务一体化平台建设,构建县、乡、村三级数字档案馆(室)系统。推进乡镇(街道)档案室普遍建立数字档案室,把村级档案数字化经费纳入县乡两级财政预算,加快村级档案数字化。

(八)强化镇村档案安全管理。实行村级重要档案报备制度,村级重大事项形成的档案要向乡镇(街道)报备。对于不具备档案长期安全保管条件的村(社区),乡镇(街道)应代管其档案实体,集中开展数字化,并将档案数字副本提供给村(社区)利用。支持省级中心镇和有条件的乡镇(街道)建成一批有示范作用的乡镇(街道)档案馆。

(九)培育"两新"组织建档示范点。建立完善非公企业档案工作协作组制度,吸收500家以上非公企业进入各级非公企业档案工作协作组,指导建立与现代企业制度相适应的档案工作,支持设立企业档案馆。引导行业协会、商会、民办非企业单位等社会组织规范建立档案工作,培育100个社会组织档案管理示范点。

(十)支持档案服务业发展。支持鼓励机关、企事业单位和其他组织依法依规购买档案整理、数字化、寄存、培训、咨询和开发利用等档案服务。加强对档案服务企业的监督检查,做好信用等级评价及其应用工作,探索组建档案服务行业协会,培育一批信用好、业务强、服务优的重点档案服务企业。

四、健全完善基层档案服务功能

（十一）服务基层党组织建设。围绕全面加强党的建设和政治监督，聚焦建立"四清单""两档案""两报告"要求，规范单位政治生态建设档案和公职人员廉政档案管理。推进农村（社区）党员档案标准化管理，优化党员档案服务效能。

（十二）服务基层法治建设。深入推进档案工作服务法治浙江建设，建立健全重大行政决策档案管理制度。建立镇村两级权力事项基本档案目录，加强对村社组织换届、村社规模调整档案交接的监督管理，将档案工作纳入村（社区）党组织"堡垒指数"管理。

（十三）服务基层经济建设。建立健全各类开发区（园区）档案工作体系。指导企业完善上市融资、境外经营合规管理档案工作，规范企业市场退出档案处置，加快实现电子会计凭证报销入账归档。加强深化农村土地和集体产权制度改革中的档案管理，引导新型农业经营主体规范建档。

（十四）服务基层社会治理。在试点工作的基础上，全面推进档案工作服务农村基层社会治理。将档案公共服务纳入乡镇（街道）、村（社区）党群（便民）服务中心的服务内容。依托省市两级公共数据平台，进一步强化国家综合档案馆、部门间的档案数据共享，将镇村两级档案数据纳入乡村治理数字化平台体系，推动实现档案数据在行政服务中心、社会矛盾纠纷调处化解中心和一线工作现场的推送应用，方便企业和群众办事。

（十五）服务基层文化建设。建设利用好红色档案资源、"三个地"和"重要窗口"建设档案资源，在党群服务中心、新时代文明实践中心和农村文化礼堂等基层阵地建设和爱国主义教育、公民道德建设中发挥作用。引导社会民众建立家庭档案，支持建立地方历史档案文献数据库。

五、建好带强基层档案专业人才队伍

（十六）落实基层档案人员。县级党委办公室要落实承担的档案行政管理职能，确保档案监督管理工作有人抓、有人管、有人干。县以下党政机关、国有企事业单位要配备与档案工作任务相适应的档案工作人员力量。乡镇（街道）要指定人员负责档案工作，并履行好对所属单位及村（社区）的监督指导职能。村（社区）要落实专人收集保管档案。

（十七）加强专业化建设。各地要制定年度培训计划，加大面向监管对象、进馆单位和基层档案人员的培训力度，抓好岗位培训和继续教育培训，全省年培训量达到 5000 人次以上。县级档案主管部门要建立乡镇（街道）、村（社区）档案人员轮训制度，每 5 年实现轮训全覆盖。

（十八）激发创新活力。实施"浙江档案工匠"培育工程，组织开展档案技能大赛，培养一批档案工作业务能手。完善省市县三级档案行业专家库，面向基层提供技术指导和服务。鼓励以县或乡镇为基础建立档案协作队伍，开展巡回指导、互助交流活动。鼓励有条件的地区探索由乡镇（街道）设岗招聘档案人员、村（社区）统筹使用的机制。鼓励开展档案志愿服务。

六、积极营造基层档案工作良好环境

（十九）强化工作机制。县级党委、政府要将档案工作纳入对部门、乡镇（街道）年度绩效考核指标体系。设区市档案主管部门要加强对县（市、区）的指导协调和监督检查。各地监督检查情况纳入全省"三个地"和"重要窗口"档案资源建设指数测评指标体系。

（二十）激励担当作为。大力弘扬"忠诚担当、创新开放、敬业守真、淡泊清廉"的浙江档案人职业精神，激励广大基层档案人员担当作为、干事创业。积极为基层档案人员在职称评定、评优评先、参与科研项目研究、参加教学培训工作等方面创造条件，切实增强基层档案人员的荣誉感、归属感、获得感。

（二十一）加大宣传和示范引领。及时总结推广基层档案工作经验，大力宣传基层档案工作中的先进人物和创新实践，充分调动社会各界和群众参与基层档案建设的积极性和创造性。

浙江省档案局关于印发《浙江省档案室业务建设评价办法》的通知

浙档发〔2022〕10 号

各市、县（市、区）档案局，省直各单位：

　　为加强机关、团体、企业事业单位和其他组织档案工作依法管理，提升档案室业务建设规范化水平，推动全省档案事业高质量发展，我局根据《中华人民共和国档案法》《机关档案管理规定》《档案检查工作办法》等法律法规及相关规范，结合我省实际，制定了《浙江省档案室业务建设评价办法》。现予发布，请遵照执行。

　　　　　　　　　　　　　　　　　　　　　浙江省档案局

　　　　　　　　　　　　　　　　　　　　　2022 年 6 月 15 日

浙江省档案室业务建设评价办法

第一条　为加强机关、团体、企业事业单位和其他组织（以下简称"单位"）档案工作依法管理，提升档案室业务建设规范化水平，推动全省档案事业高质量发展，根据《中华人民共和国档案法》《机关档案管理规定》《乡镇档案工作办法》《档案检查工作办法》等法律法规及相关规范，结合我省实际，制定本办法。

第二条　本办法适用于全省各级机关、团体、国有企业事业单位、行政村和社区等单位档案室业务建设评价工作（以下简称"评价工作"）。中央在浙单位、非国有企业等可参照本办法执行。

第三条　评价工作是各级档案主管部门对各单位贯彻实施国家和省有关档案法律法规和规章制度情况的检查和认定。评价工作分别以《浙江省机关、团体、企业事业单位档案室业务建设评价标准》（见附件1）、《浙江省行政村、社区档案室业务建设评价标准》（见附件2）为依据开展，重点对评价对象近3年的档案室业务建设情况进行评价。评价结果分为优秀、良好、合格3个等次。

第四条　省市县三级档案主管部门按照分级管理的原则，分别负责省、市、县（市、区）直单位（以下简称直属单位）的评价工作，并监督指导其组织开展所属单位的评价工作。

乡镇（街道）机关的评价工作由县级档案主管部门负责，行政村（社区）的评价工作由县级档案主管部门监督指导乡镇（街道）组织开展；设区市直管的开发园区内乡镇（街道）机关的评价工作由设区市档案主管部门监督指导开发园区管委会组织开展，行政村（社区）的评价工作由开发园区管委会监督指导乡镇（街道）组织开展。

中央在浙单位的评价工作由省档案主管部门负责；非国有企业和其他组织的评价工作由其所在地县级档案主管部门负责。

第五条　评价工作采取自愿申报方式，以5年为一个周期。已通过评价的单位（包括本办法实施之前已取得省、市级各类档案工作目标管理和档案工作等级认定的单位）每满5年需进行复评。

第六条　评价工作程序：

（一）制定计划。申请评价的单位，应对照评价标准进行自评，并向相应档案主管部门报送《浙江省档案室业务建设评价申请表》（见附件3）。各级档案主管部门在每年6月底前汇总申报情况，确定并公布本年度评价对象名单及评价工作安排，通知有关单位。

（二）组织评价。档案主管部门应组织有关专家，对照评价标准，通过问询、实勘、抽查、核对等形式对评价对象档案室业务建设情况进行评价，填写《浙江省档案室业务建设评价表》（见附件4），并向评价对象反馈评价情况。评价专家一般不少于3人，对申报优秀、良好等次的，至少邀请1名省级专家库人员参与。

由各级直属单位、开发园区管委会、乡镇（街道）负责组织的评价，应在15个工作日内将评价结果报同级档案主管部门。

（三）公布结果。评价结果在每年11月底前公布。其中，优秀、良好等次经各级档案主管部门逐级审核上报后，由省档案主管部门统一审定并公布；合格等次由本级档案主管部门审定并公布。评价结果为优秀、良好等次的，分别命名为"省级优秀档案室""省级良好档案室"。

第七条　各级档案主管部门应不定期对本行政区域内评价工作进行抽查，发现通过评价的单位不能保持评价标准要求的，应责令其限期整改，整改后仍未达到评价标准要求的，取消其原有等次并予以通报；发现评价组织单位存在违反评价工作程序、降低评价标准等情况的，应对相关单位予以通报批评，限期整改。

第八条　各级直属单位、乡镇（街道）机关和行政村（社区）的评价工作完成情况和通过情况，作为全省档案事业发展规划年度监测的重要内容，省档案主管部门每年通报全省评价工作情况。

第九条　各级档案主管部门应将评价工作与日常监督指导、档案登记管理、年检、行政执法等工作有机结合，统一标准、统筹开展。未通过评价的单位应按执法权限范围重点列入年度"双随机、一公开"抽查范围。

第十条　各省级行业主管部门应切实履行对所属单位、系统（行业）档案工作的业务指导职责，组织并推动所属单位及本系统（行业）单位的评价工作。

第十一条　评价工作坚持实事求是的原则，不专门制作台账。评价重点查看档案库房、档案实体、数字档案管理系统和原始工作记录等。

第十二条　各级档案主管部门应加快推进评价工作数字化运行，积极应用"互联网+"等技术实施评价，建立完善评价工作信息数据库，实现评价工作量化闭环管理，为档案工作整体智治提供基础支撑。

第十三条　本办法由浙江省档案局负责解释。

第十四条　本办法自印发之日起施行。《关于印发〈浙江省乡镇机关档案工作目标管理办法〉的通知》（浙档〔1998〕50号）、《关于印发〈浙江省机关档案工作目标管理省级认定办法〉的通知》（浙档〔2001〕34号）、《浙江省档案局关于印发〈企业档案工作等级评定办法〉的通知》（浙档〔2005〕46号）、《浙江省档案局关于开展"浙江省行政村示范档案室"创建活动的通知》（浙档〔2006〕29号）、《浙江省档案局关于开展创建社区规范化档案室和评选省级社区示范档案室活动的通知》（浙档〔2008〕48号）、《浙江省档案局关于开展科技事业单位档案工作目标管理等级认定活动的通知》（浙档发〔2010〕19号）、《关于印发〈浙江省省直机关规范化综合档案室认定办法（修订）〉的通知》（浙档发〔2010〕24号）、《浙江省档案局关于组织开展省直单位规范化档案室审核确认工作的通知》（浙档发〔2015〕24号）同时废止。

附件 1

浙江省机关、团体、企业事业单位档案室
业务建设评价标准

评价清单			评价内容	评 价 项 目	风险等级	操作方法和要领
一、体制机制	1	组织领导	建立档案工作责任制	1.未明确档案工作分管领导和归口管理部门	高	查看分工文件或有关制度
				2.未建立档案管理网络,落实各部门档案工作责任	低	
	2	机构人员	确定档案机构或档案工作人员负责管理本单位的档案	3.未配备档案工作人员,高风险;档案工作人员为编外人员,中风险	中/高	了解档案工作人员配备情况
				4.档案工作人员缺少档案专业知识,且未参加过档案业务培训	低	了解档案工作人员知识背景,查看参加培训的记录
	3	监督指导	对所属单位的档案工作实行监督和指导	5.未对所属单位档案工作开展监督和指导	中	查看发文、培训、检查等监督指导记录
二、设施建设	4	档案用房	配置适宜档案保存的库房	6.无独立档案库房或档案库房选址、设计存在危及档案安全的情况	高	查看有无档案库房及其安全情况
				7.档案库房面积不足或不能满足未来5年档案保管需求	低	查看档案库房是否存在胀库风险
				8.档案库房存在混用现象并危及档案安全的情况,高风险;档案库房堆放与档案工作无关杂物,低风险	低/高	查看档案库房使用情况
	5	设施设备	配备必要的设施、设备	9.档案装具不符合规定要求	低	查看档案柜架等装具的质量性能
				10.未配备温湿度调控、消防、安防等设备或设备不能正常使用	高	结合楼宇场所实际,查看空调、除湿机、消防器材、防盗设施等设备的使用情况

评价清单		评价内容	评 价 项 目	风险等级	操作方法和要领
三、业务建设	6 管理制度	依法健全档案管理制度	11.未建立包含档案工作体制机制、机构人员、职责分工以及档案业务基本要求的综合性档案管理制度	中	查看制度文件是否包含相关内容
			12.未编制文件材料归档范围和档案保管期限表或未报档案主管部门审查同意	中	查看归档范围保管期限表,并核查其报审情况
	7 统一管理	集中、统一管理档案	13.文书、科技、专业（业务）、声像、实物档案未按规定集中、统一管理,少1—2类的为中风险,超过2类为高风险	中/高	允许因数量、场地、利用等原因,档案实体另行保管,但档案管理状态可控的情形;实际确无某类档案的,可不计入缺少数量。
			14.到期会计档案未向档案部门实体移交或目录移交	低	查看移交的会计档案实体或目录
	8 形成收集	按规定形成符合要求的归档文件材料,并对各类档案进行收集	15.归档文件材料存在组件不齐全、内容不完整等情况	中	抽查发现超过20卷(盒)的
			16.党委政府领导批办文件材料、党组会议文件材料、重要会议文件材料、主要业务办理文件材料、重大行政决策文件材料、重大活动、突发事件文件材料等重要档案或大量其他档案未收集,高风险;部分其他档案未收集,中风险	中/高	抽查发现超过2类重要文件材料或超过2个档案门类未收集的为高风险
	9 整理归档	档案整理工作符合标准规范要求,归档及时,履行交接手续	17.档案未整理,高风险;档案整理不规范,存在系统性问题,对档案利用造成较大影响,中风险	中/高	查看档案整理情况
			18.归档不及时,无归档交接手续或手续不全	低	查看档案交接文据

续表

评价清单		评价内容	评 价 项 目	风险等级	操作方法和要领
三、业务建设	10 保管保护	对档案进行安全存储和保管,具备档案安全应急处置能力	19.档案库房温湿度严重超标,高风险;未监测和记录温湿度,低风险	低/高	查看档案库房防护情况
			20.大量档案存在霉蛀、污损、退变等情况,未采取抢救保护措施	高	抽查发现超过20卷(盒)的
			21.光盘、移动硬盘等档案数据存储载体不能正常读取	高	抽查发现多份载体或大量数据损坏
			22.未制定档案管理应急预案,中风险;未组织档案管理应急演练,低风险	低/中	查看应急预案和应急演练记录,档案管理应急演练可随单位整体应急演练进行
	11 鉴定销毁	档案鉴定和销毁工作履行必要的手续	23.销毁档案未履行鉴定手续,高风险;档案鉴定、销毁程序不规范,中风险	中/高	查看档案鉴定、销毁记录及销毁清册
	12 利用开发	开展档案利用工作,推进档案信息开发工作	24.未按规定履行利用审批手续或无档案查阅登记记录,档案开发利用成果出现严重错误或违反规定公布档案	高	查看档案查阅登记记录和开发利用成果
			25.未建立全宗卷或未编制全宗介绍、组织沿革、大事记,中风险;全宗卷不规范或未更新全宗介绍、组织沿革、大事记,低风险	低/中	查看全宗卷相关材料
	13 统计移交	定期统计并建立完备台账,按照国家有关规定移交档案	26.未进行档案统计或未按规定报送档案统计年报	低	查看档案统计材料,核查档案统计年报报送情况
			27.未按档案馆接收计划及时移交期限届满的档案	中	查看是否存在移交期限届满的档案以及档案移交接收凭据
			28.发生机构变动或者撤销、合并等,未按规定开展档案处置工作	高	了解是否存在应处置而未处置或不按规定处置的情形

续表

评价清单		评价内容	评 价 项 目	风险等级	操作方法和要领
三、业务建设	14 服务外包	规范开展档案服务外包工作	29.档案服务外包范围、服务供方信息安全保障能力及业务资质、服务现场管理不符合要求,高风险	高	查看机关档案业务社会化服务是否超出规定范围,档案服务外包合同是否规范,服务供方是否有相应信息安全保障能力及业务资质,服务外包现场是否落实安全管理措施
四、信息化建设	15 信息化建设	加强档案信息化建设,并采取措施保障档案信息安全	30.未使用数字档案管理系统或软件安全保密不符合国家有关规定	高	查看数字档案管理系统配备使用及安全管理情况
			31.主要业务系统如政务服务、电子公文系统等不具备归档功能或形成的电子文件未归档	中	查看主要业务系统是否具有归档模块或是否已与数字档案管理系统对接,电子文件是否已以在线(离线)方式归档
			32.室藏各类档案未建立完整的电子目录	中	查看各门类档案目录数据库建立情况
			33.室藏永久和30年的传统载体档案(除会计凭证)数字化率未达60%	低	查看应数字化的传统载体档案数字化情况
			34.未按规定开展档案登记备份工作	中	查看档案登记备份工作相关数据
五、违法违纪行为	16 违法违纪行为	未发生档案管理违法违纪行为	35.存在拒不归档以及丢失、篡改、损毁、藏匿、伪造档案和擅自销毁档案等情况	高	了解是否有档案管理违法违纪行为发生

续表

评价清单			评价内容	评 价 项 目	风险等级	操作方法和要领
				——	分值	——
六、工作亮点	17	工作亮点	在档案业务建设方面有显著成效	36.单位领导班子召开会议研究档案工作,解决实际问题,加1分;制定印发档案工作计划、规划,加1分;将档案工作纳入主要业务活动管理制度或考核制度,加1分	3	查看相关会议纪要、计划、规划、制度等文件
				37.组织或参与档案法治宣传、国际档案日等活动,加1分;组织开展所属单位、条线单位档案业务培训,加1分;建立档案工作协作组并开展活动,加1分;对建设项目、科研项目等开展档案验收或对有关业务活动档案进行审核把关,加1分	4	查看相关活动和工作记录
				38.档案管理制度和档案业务规范完善、修订及时,加1分;设置了档案整理用房、阅览用房,功能布局科学,加1分;档案设施设备齐全,自动化程度较高,加1分	3	查看制度和规范文件,查看档案用房和设施设备情况
				39.重大决策、重大活动、突发事件、重点项目等档案管理规范,建立了档案专题数据库,每1种加1分,最高3分	3	查看专题档案管理及数据库建设情况
				40.开展档案编研工作,专题性的每1种加1分,综合性的每1种加2分,最高5分;利用档案资料举办陈列展览或拍摄专题片,加3分	8	查看近5年档案编研材料、陈列展览、专题片制作情况

续表

评价清单		评价内容	评 价 项 目	风险等级	操作方法和要领
			——	分值	——
六、工作亮点	17 工作亮点	在档案业务建设方面有显著成效	41.通过省级示范数字档案室测评,加3分;通过国家级示范数字档案室测评,加6分	6	核查数字档案室测评情况
			42.参与市厅级以上(含)档案科研项目研究、档案标准制修订工作,加3分	3	核查近5年参与档案科研项目、档案标准制修订工作情况
			43.档案工作人员作为专家参与档案主管部门、国家综合档案馆组织开展的专项工作任务,加2分;档案工作受到档案主管部门、国家综合档案馆肯定或本单位的表彰,加3分	5	核查近5年相关工作任务记录和肯定表彰文件
			44.专家认为可以加分的其他工作亮点,加1~2分	2	查看相关工作成果

评价标准:

　　1.优秀:评价项目无高风险项,中风险项不多于1项且中、低风险项合计不多于3项,加分不低于20分;

　　2.良好:评价项目无高风险项,中风险项不多于2项且中、低风险项合计不多于6项,加分不低于15分;

　　3.合格:评价项目无高风险项,中风险项不多于4项且中、低风险项合计不多于10项;

　　4.未通过:评价项目存在高风险项,或中、低风险项合计多于10项。

附注:操作方法和要领中未专门注明查看(了解、抽查、核查)周期的,一般为近3年。

附件 2

浙江省行政村、社区档案室业务建设评价标准

评价清单			评价内容	评 价 细 则	风险等级	操作方法和要领
一、体制机制	1	组织领导	建立档案工作责任制	1.未明确村社党组织负责人为档案工作责任人	高	查看分工文件或有关制度文件
				2.未建立相应的档案工作制度和工作机制	中	查看制度文件,了解工作落实情况
	2	人员配备	指定专人负责档案的收集、管理和提供利用,档案工作人员经过一定的档案业务培训	3.未指定专人负责档案的收集、管理和提供利用	高	了解档案管理人员配备情况
				4.档案工作人员不具备相应的档案管理知识,并未经过一定的档案业务培训	低	查看培训记录
二、设施设备	3	设施设备	设立专用档案柜和档案库房集中管理档案	5.自行保管档案的行政村无独立档案库房或档案库房建筑不符合安全保管要求,社区或"村档乡管"的行政村无专用档案柜	高	查看档案库房和档案柜情况
				6.档案柜架不符合安全保管要求	低	查看档案装具质量性能情况
三、业务建设	4	整理归档	具有保存价值的文件材料均应当按照要求规范整理后归档	7.未按规定做好年度立卷归档工作	高	查看年度立卷归档工作完成情况
				8.村社组织重要会议文件材料,"三资管理"文件材料、小微权力运行文件材料,工程项目建设文件材料、重大活动文件材料等重要文件材料或大量其他文件未归档,高风险;部分其他文件材料未归档,中风险	中/高	抽查发现超过2类重要文件材料未收集的为高风险
				9.归档文件材料耐久性不符合要求,存在组件不齐全、内容不完整等情况	低	抽查发现超过20卷(盒)的

评价清单		评价内容	评　价　细　则	风险等级	操作方法和要领
三、业务建设	5 保管保护	定期检查档案的保管状况，确保档案安全	10.档案库房未采取防火、防盗、防水（潮）、防光、防尘、防磁、防高温、防有害生物等措施，导致档案保管存在严重安全隐患	高	查看档案库房安全防护措施，结合实际综合研判档案安全风险
			11.未定期检查档案保管状况，大量档案出现账物不符、霉蛀、污损、退变等情况	高	抽查发现超过20卷（盒）的
	6 利用开发	提供档案查询利用服务，履行查阅手续，积极开展档案编研工作	12.查阅档案未遵守利用规定，未履行查阅手续	中	查看档案查阅登记记录
			13.未编写组织沿革、大事记	低	查看组织沿革、大事记编写情况
	7 档案移交	按规定做好村社规模调整、村社换届、人员离任档案交接工作	14.村社组织换届、规模调整、人员离任时，未按规定移交接收档案	高	查看档案实际交接留存情况及交接文据等，综合研判是否影响村社工作正常开展
	8 鉴定销毁	销毁档案履行了必要的鉴定审批手续	15.销毁已达到保管期限的档案未履行鉴定审批手续	高	查看档案鉴定、销毁记录及销毁清册
四、信息化建设	9 信息化建设	配备必要的设施设备和档案管理软件，建立档案电子目录和全文数据库	16.未配备使用数字档案管理系统	中	查看数字档案管理系统配备使用情况
			17.未建立档案电子目录或档案电子目录不全	低	查看档案电子目录数据
			18.未开展传统载体档案数字化工作	低	查看传统载体档案数字化情况
五、违法违纪行为	10 违法违纪行为	未发生档案管理违法违纪行为	19.存在拒不归档以及丢失、篡改、损毁、藏匿、伪造档案和擅自销毁档案等情况	高	了解是否有档案管理违法违纪行为发生

续表

评价清单			评价内容	评　价　细　则	风险等级	操作方法和要领
六、工作亮点	11	工作亮点	在档案业务建设方面有显著成效	——	加分分值	——
				20.建立并规范管理有本村特色的专题档案,每种加1分,最高2分	2	查看特色专题档案管理情况
				21.利用档案编写了村史、村志及有关出版物或举办展览,每种加1分,最高3分	3	查看近5年相关编研、展陈成果
				22.在便民(党群)服务中心提供档案查询服务,加2分	2	查看是否提供档案查询服务
				23.传统载体档案数字化率达到80%以上,加2分	2	核查应数字化的传统载体档案数字化情况
				24.村社重要档案在乡镇(街道)或国家综合档案馆实现了数据备份,加1分	1	核查村社重要档案数据备份情况
				25.专家认为可以加分的其他工作亮点,加1~2分	2	查看相关工作成果

评价标准:

1.优秀:评价项目无高、中风险项,低风险项不多于1项,加分不低于7分;

2.良好:评价项目无高风险项,中风险项不多于1项且中、低风险项合计不多于3项,加分不低于5分;

3.合格:评价项目无高风险项,中风险项不多于2项且中、低风险项合计不多于6项;

4.未通过:评价项目存在高风险项,或中、低风险项合计多于6项。

附注:操作方法和要领中未专门注明查看(了解、抽查、核查)周期的,一般为近3年。

附件3

浙江省档案室业务建设评价申请表

申报单位			申报等次		
统一社会信用代码		地　　址			
联 系 人		联系电话			
档案室业务建设基本情　　况	档案工作人员数量	人	是否专职	是／否	
	档案库房面积	m²	上年度档案利用数量	人次	
	室 藏 档 案 数 量			卷　件	
申报意见	单位盖章： 申报日期：				

附件 4

浙江省档案室业务建设评价表

申报单位			申报等次	
评价日期				
评价情况 （只填风险 项及加分 项情况）	评价项目 编号	风险等级/ 加分分值	说　明	
	高风险项合计：　　　　项 中风险项合计：　　　　项 低风险项合计：　　　　项 加分分值合计：　　　　分			
专家评价 意　　见				
专家签字				

附注：本表原件交由档案主管部门留存，评价对象单位可留存复制件。专家
　　　评价意见中有整改要求的，评价对象单位应及时向档案主管部门提交
　　　整改落实情况说明。

安徽省林业局　安徽省档案局
关于印发《安徽省国有林场档案管理实施细则》的
通　　知

林国〔2021〕107号

各有关市、县（市、区）林业主管部门、档案局：

　　为进一步加强和规范国有林场档案管理，提高档案工作科学化水平，确保国有林场档案完整、系统保存和有效利用，发挥国有林场档案在保护培育森林资源、生态修复建设和提供生态服务中的重要作用，根据《中华人民共和国森林法》《中华人民共和国档案法》《中华人民共和国档案法实施办法》及《国家林业和草原局 国家档案局关于印发〈国有林场档案管理办法〉的通知》等有关规定，研究制定《安徽省国有林场档案管理实施细则》，现印发给你们，请遵照执行。

安徽省林业局　安徽省档案局

2021年9月24日

安徽省国有林场档案管理实施细则

第一章 总 则

第一条 为规范和加强国有林场档案管理，有效保护和利用国有林场档案，发挥其在保护培育森林资源、生态修复建设和提供生态服务中的重要作用，根据《中华人民共和国森林法》《中华人民共和国档案法》《中华人民共和国档案法实施办法》及《国家林业和草原局 国家档案局关于印发〈国有林场档案管理办法〉的通知》等有关规定，结合我省实际，制定本实施细则。

第二条 本细则所称国有林场档案是指在国有林场设立、变更，营造林、森林资源保护和监测，科技推广示范，基础设施建设，林长制及国有林场改革等各项活动中形成的对国家和社会具有考查、利用和保存价值的各种文字、图表、声像、实物等不同形式的历史记录。

第三条 本细则所称国有林场档案工作包括国有林场档案的收集、整理、保管、鉴定、编研、利用等工作。

国有林场档案工作实行统一领导、分级管理、集中保管的原则。

第四条 国有林场档案工作接受所隶属的市、县（市、区）林业主管部门以及同级档案主管部门的监督和指导。

市、县（市、区）林业主管部门同档案主管部门应加强对国有林场档案工作的监督、指导和检查，定期开展档案业务培训，提升国有林场档案工作规范化水平。

第五条 国有林场档案管理应当维护档案的真实、完整、可用、安全和规范，便于检索、利用和开发。

第六条 国有林场应当加强对档案工作的组织领导，将档案工作纳入国有林场发展规划与年度工作计划，建立健全档案工作相关制度。

档案工作所需的基础设施设备和维护经费，档案日常管理工作经费，档案信息化建设经费，档案宣传、培训等其他经费应当列入单位年度财务预算。

第二章　机构和人员

第七条　国有林场应当明确相应的科室及工作人员负责档案具体工作。档案工作人员应当为国有林场正式在编人员，且政治可靠，遵纪守法，忠于职守，保守档案机密，具备熟练掌握档案工作技能和业务知识，并保持相对稳定，定期接受档案业务培训。

第八条　国有林场档案工作人员应当履行下列职责：

（一）贯彻执行档案工作的法律法规、制度、标准，建立健全本场档案工作管理制度并严格落实；

（二）按照有关规范和标准，对本场档案进行收集、整理、保管、鉴定、编目、统计，依法提供档案利用服务；

（三）编制各类档案检索工具，开展档案信息化建设，负责对应归档电子文件的元数据、背景信息进行相应归档，做好档案数字化、电子档案管理和重要档案异质备份工作；（四）采取档案保护技术措施，确保档案实体和信息安全；

（五）对已达到保管期限的档案及时进行鉴定，按规定销毁已无保存价值的档案；

（六）负责整理室藏档案，做好档案室管理工作，对档案室进行定期和不定期的检查，主要检查库房设施和档案保管情况，保证账物一致；

（七）档案工作人员调离岗位或退休的，应当在离岗前办好交接手续。涉密档案工作人员的调离应当按照国家有关保密法律法规执行。

第三章　整理与归档

第九条　国有林场所有归档文件材料均应是原件，保证组件齐全、图文清晰、签章完备、标识完整。无法获取原件而只能用复印件或复制件归档的，应标明原件所在位置，并加盖档案证明章。

归档文件材料的制成、装订材料应符合档案保护要求，使用耐久、可靠、能满足长期保存需求的记录载体和记录方式。

电子文件与其元数据一并归档，电子文件产生的软硬件环境及参数须符合有关要求。

第十条　国有林场档案应当编制《案卷目录》、档案资料存放位置示意图等检索工具，满足手工检索和计算机检索需要。

第十一条　国有林场档案包括综合管理类、森林资源类和森林经营类等内容，具体可参照《国有林场文件材料归档范围和档案保管期限表》（见附件）执行。

（一）综合管理类是指国有林场在进行机构内部管理和对外履职交流活动中形成的文件材料，涉及机构设置与变更、行政业务管理、机关事务管理、干部职工管理等方面。

森林资源类是指国有林场在开展各类森林资源调查、森林资源动态监测等活动中形成的森林资源基础数据、调查成果、统计图表、分析报告、监测记录等文件材料。

森林经营类是指国有林场依据林业长远发展规划和森林经营方案，依法开展森林资源经营、生产和保护等活动形成的文件材料，涉及营林生产、造林育林、森林管护、林场基础设施建设、林业科研等重要活动和林业生态重大工程。

（二）综合管理类应按照《文书档案案卷格式》（GB/T 9705）和《归档文件整理规则》（DA/T 22）要求，以件为单位进行管理，在次年上半年完成上一年度文件材料的归档工作。一般按照"年度—机构（问题）—保管期限"进行整理。整理时，应对归档文件进行编号，并以归档章的形式在归档文件上注明。编号项目为：全宗号、年度、件号、机构（问题）、保管期限、页数。

森林资源类和森林经营类均应按照科技档案管理要求，以卷为单位进行管理。其中按照项目或课题开展工作的，在项目或课题完成验收之后及时归档，周期比较长的也可按年度或项目实施阶段进行归档。整理过程中应当注意保持归档文件材料的成套性、完整性。建设项目、林业科研档案应符合《建设项目档案管理规范》（DA/T 28）、《科学技术研究课题档案管理规范》（DA/T 2）要求，一般按照"建设项目（科研项目）—年度或实施阶段（研究阶段）"进行分类整理。设施设备档案应按照型号进行分类，在开箱验收后及时归档。

（三）国有林场档案中的会计、照片、录音录像、实物等，应当符合《会计档案管理办法》《照片档案管理规范》（GB/T 11821）、《数码照片归档与管理规范》（DA/T 50）、《录音录像档案管理规范》（DA/T 78）等对应门类的档案管理规定。

会计档案应当按照"年度—类别（报表、账簿、凭证、其他）"分类整理，在会计年度终了后及时归档。

照片档案、录音录像档案均应为未经处理过的照片原图或录音录像等音视频原始素材，并附带文字说明，标明时间、地点、人物和事件。一般按件（张、盘）进行整理，在拍摄完成后及时归档。

实物档案可依据有关分类方案按件整理，统一编号保管。

（四）国有林场在生产经营和森林资源管理过程中形成的电子文件，按照《电子文件归档与电子档案管理规范》（GB/T 18894）进行整理归档。

电子文件和使用信息系统采集、贮存的专业性数据以及航空照片、遥感数据应采用异质异地的方式多套备份。重要的应当制成纸质拷贝同时归档保存。

第十二条　凡属归档范围的各类文件材料由国有林场各科室负责收集、整理并向场档案室移交。任何部门和人员不得将归档文件材料据为己有或拒绝归档。

第十三条　国有林场应当积极支持和加强档案信息化建设，配备能够满足电子档案管理需求的设施设备和技术力量，确保电子档案管理安全。有条件的国有林场应当及时开展档案数字化、电子档案管理系统开发应用等信息化工作。

国有林场应当将档案信息化建设纳入本场信息化建设同步实施，推进文档一体化管理，实现资源数字化、利用网络化、管理智能化。

第四章　保管与保护

第十四条　国有林场应当根据档案载体的不同要求对档案进行存储和保管。档案存储和保管应当确保实体安全和信息安全。

第十五条　国有林场档案保管期限分为永久和定期。具有重要查考利用保存价值的档案，应当永久保存；具有一般利用保存价值的档案，应当定期保存，期限为30年或者10年。

第十六条　国有林场应当加强档案基础设施建设，设置专用档案库房集中保管档案，并配备相应设施设备，采取防火、防盗、防紫外线、防有害生物、防水、防潮、防尘、防高温、防污染等安全措施，确保档案安全。档案室内禁止存放与档案无关的其他物品。有条件的国有林场应当实行档案室、阅览室和档案工作人员办公用房三分开。

档案管理人员应当定期进行档案保管状况检查，并形成安全检查记录；如有破损、霉变、虫蛀、褪色等现象，应当及时进行修补、复制或其他技术处理。档案修复应当保持档案内容的完整，尽量维持档案的原貌。对录音录像档案和电子档案，应定期检查信息记录安全性，确保档案可读可用。

档案管理人员离开档案室时，必须切断电源、关好门窗，做到安全规范。

第五章　鉴定与销毁

第十七条　国有林场应当对已达到保管期限的档案及时进行鉴定。鉴定小组由国有林杨档案工作负责人、档案管理人员、档案形成部门工作人员组成，必要时可邀请相关领域专家参与。

鉴定结束后，应当形成鉴定工作报告。对仍需继续保存的档案，应当重新划定保管期限并做出标注。

第十八条　国有林场应当建立档案销毁制度。对经鉴定已无保存价值的档案，应当清点核对并编制档案销毁清册，经必要的审批手续后，按照规定销毁，严禁擅自销毁档案。

销毁档案应手续齐全，确保无泄密事件发生。销毁档案清册应归档，作为永久保存。销毁的档案应在相应的《目录》、《登记簿》上注明"已销毁"字样，并列入"移出"档案统计。

第六章　利用与开发

第十九条　国有林场应当建立档案查阅利用制度，明确档案利用权限、利用范围和利用程序。

第二十条　国有林场保管的档案对外提供利用的，需经本单位负责人批准。

第二十一条　查阅档案要遵守利用规定、履行查阅手续，不得有篡改、损毁、调换、抽取档案等行为。档案工作人员应当对利用活动及时跟踪和监督。

第二十二条　国有林场应当积极推进档案信息开发工作，采取编制全宗介绍、组织沿革、大事记、基础数字汇编、专题文件汇集，以及举办陈列展览、拍摄专题片等多种形式，发挥档案价值。全宗介绍、组织沿革等应当纳入全宗卷管理。

第二十三条　国有林场应当积极采用数据分析、文本挖掘等新方法，扩展档案开发的力度和深度。

第七章　统计和移交

第二十四条　国有林场应当建立档案工作统计制度，对档案收进和移出、档案保管数量、借阅和利用效果等情况进行及时、准确地登记和统计。

第二十五条　国有林场应当对档案统计情况进行分析研究，努力提高档案资料的利用率。

第二十六条　国有林场应当按照国家有关规定，按时向所隶属的市、县（区）林业主管部门或同级国家综合档案馆移交档案。移交档案之前，国有林场可以保留备份或者复印件。移交时，交接双方应办理交接手续，明确档案数量、交接日期，由经办人、负责人签字，并加盖单位公章。暂不具备移交条件的，经所隶属的市、县（区）林业主管部门以及同级档案主管部门同意后，可延期移交。

国有林场撤销或合并的，应按照有关规定及时做好档案移交工作。

第八章　奖励与处罚

第二十七条　对于在国有林场档案的收集、整理、保管和开发利用等各项工作中做出显著成绩的人员，林业主管部门或档案主管部门可给予表彰和奖励。

第二十八条　违反有关法律法规规定，造成国有林场档案损毁、丢失、泄密或伪造、篡改、买卖档案的，依法追究相关人员责任。构成犯罪的，依法追究刑事责任。

第九章　附　则

第二十九条　本细则由安徽省林业局、安徽省档案局负责解释。

第三十条　本细则自 2021 年 10 月 1 日起施行。

附件：国有林场文件材料归档范围和档案保管期限表

附件

国有林场文件材料归档范围和档案保管期限表

序号	归 档 范 围	保管期限
一、综合管理类		
1	**本林场设立、变更、撤销等过程中的文件材料**	
1.1	筹办、设立的申请文件材料、政府相关部门审核或审批的相关文件材料	永久
1.2	办理事业单位法人登记、变更登记的相关文件材料	永久
1.3	分立、合并、撤销或改变隶属关系等过程的申请、政府相关部门审核或审批的相关文件材料	永久
2	**本林场党委(党总支)会议、场长会议、职工代表大会等会议文件材料**	
2.1	会议通知、议程、报告、决议、决定、总结、会议纪要、会议记录、领导讲话、参加人员名单、讨论通过的文件材料	永久
2.2	讨论未通过的文件材料	10 年
3	**本林场党群组织工作文件材料**	
3.1	党、团、工会组织设立、撤并、名称更改、人员编制、印信启用和作废的请示、上级批复、通知、决定等	永久
3.2	党、团、工会组织的年度工作计划、工作报告、总结,换届选举的通知、批复、选举结果等	永久
3.3	党组织委员会、党员大会会议记录、民主生活会报告,班子成员个人汇报材料等	永久
3.4	重要专项活动的报告、总结等	永久
3.5	党、团、工会干部任免文件,党员、团员、工会会员名册,批准加入党、团、工会组织的文件材料、年度统计表,党、团组织关系的介绍信或存根等	永久

序号	归　档　范　围	保管期限
3.6	党员、团员、工会会员缴纳党费、团费、工会费的清单、票据、收支结存表及报告等	永久
4	**本林场业务管理文件材料**	
4.1	贯彻落实上级机关下发的林业工作法律、法规、规章制度等而制发的相关文件材料	永久
4.2	代上级机关起草并被采用的重要法规性文件、专项业务文件的最后草稿	30 年
4.3	上级机关、上级领导检查、视察工作时形成的文件材料	
4.3.1	重要的	永久
4.3.2	一般的	30 年
4.4	本林场的请示和上级机关的批复;下级部门的请示和本林场的批复	
4.4.1	方针政策性等重要业务问题的文件材料	永久
4.4.2	具体业务等一般性问题的文件材料	30 年
4.5	工作计划、总结、报告、统计材料、调研等方面的文件材料	
4.5.1	本林场年度以上的、重要专题的	永久
4.5.2	本林场半年的、季度的、一般专题的	10 年
4.5.3	下级部门报送的文件材料	
4.5.3.1	重大问题的专项报告	30 年
4.5.3.2	年度和年度以上的计划、总结、统计材料等	10 年
4.6	本林场组织召开的会议材料	
4.6.1	重要会议文件材料	
4.6.1.1	请示、批复、通知、名单、议程、报告、领导讲话、讨论通过的文件、决议、会议纪要等文件材料	永久
4.6.1.2	典型材料、代表发言材料、讨论未通过的文件、小组会议记录等文件材料	30 年

序号	归 档 范 围	保管期限
4.6.2	一般会议文件材料	
4.6.2.1	请示、批复、通知、名单、议程、总结、讲话、报告、纪要等文件材料	30 年
4.6.2.2	典型材料、代表发言材料、交流材料、简报等文件材料	10 年
4.7	本林场检查下级部门工作、下级部门报送的整改情况、调查研究形成的文件材料	30 年
4.8	本林场编辑编写的文件材料	
4.8.1	大事记、组织沿革等	永久
4.8.2	简报、情况反映、工作信息、宣传材料等	10 年
5	**本林场机构编制、干部人事、职工管理等文件材料**	
5.1	机构设置及调整,人员编制,劳动工资统计年报表,职工花名册、印信启用和作废等文件材料	永久
5.2	人事工作制度、规定、办法等文件	30 年
5.3	人事任免文件,包括干部任免通知、审批表、场长离任审计报告等文件材料	永久
5.4	先进单位、劳动模范、先进工作者等文件材料	
5.4.1	受县级(含)以上表彰、奖励的	永久
5.4.2	受县级以下表彰、奖励的	30 年
5.5	对本林场有关人员的处分材料	
5.5.1	受到警告(不含)以上处分的	永久
5.5.2	受到警告处分的	30 年
5.6	职工录用、转正、聘任、定级、辞职、辞退、离退休、死亡、抚恤等文件材料	永久
5.7	人事考核、职称评定文件材料	永久
5.8	职工调动工作的行政、工资关系介绍信及存根	永久
5.9	处理人民来信、来访的文件材料	

序号	归　档　范　围	保管期限
5.9.1	有上级机关或领导重要批示和处理结果的	永久
5.9.2	需要办理的一般性来信、来访文件材料和有处理结果的	30 年
5.9.3	没有处理结果的	10 年
6	**富余职工分流安置文件材料**	
6.1	富余职工分流安置实施方案，分流到森林资源管护、公益林建设、森林培育、森林旅游、林下经济及其他分流渠道的相关材料	永久
6.2	在职职工明细、汇总表；富余职工明细、汇总表	永久
6.3	富余职工再就业培训、再就业的相关文件材料	30 年
6.4	职工内部退养、停薪留职、自谋职业等人员明细、汇总表及相关的合同书、协议书	永久
7	**社会保障和分离办社会职能文件材料**	
7.1	在职职工和离退休人员参加基本养老、医疗、失业、工伤、生育保险明细、汇总表等文件材料	永久
7.2	分离办学校、医院和乡(镇)、村等职能的执行情况材料	30 年
8	**本林场事务管理文件材料**	
8.1	财务管理规章制度	永久
8.2	年度预算及批复；各级下达的中央资金计划、地方资金计划等	永久
8.3	房产、林地、土地所有权和使用权的文件材料	永久
8.4	与有关单位或个人签订的合同、协定、协议、承诺书等文件材料	
8.4.1	重要的	永久
8.4.2	一般的	10 年
8.5	国有资产登记、核查清算、统计、交接等文件材料	
8.5.1	重要的	永久
8.5.2	一般的	10 年

序号	归 档 范 围	保管期限
8.6	物资(办公设备及用品、机动车等)采购计划、审批、招投标、购置等文件材料;机动车调拨、保险、事故、转让等文件材料	30 年
8.7	职工承租、购置本林场住房的合同、协议和有关手续	永久
8.8	职工住房分配、出售的规定、方案、细则,职工住房情况统计、调查表、职工住房申请等	30 年
9	**本林场林长制的有关文件材料**	
9.1	贯彻落实林长制而制发的相关文件材料	永久
9.2	各级林长检查、调研工作时形成的文件材料	30 年
9.3	林长制实施方案、工作制度、工作计划、总结、报告、统计材料、创新举措等方面的文件材料	永久
10	**上级机关的有关文件材料**	
10.1	上级机关印发的文件材料	
10.1.1	与本林场主管业务有关的重要文件材料	永久
10.1.2	与本林场业务有关的一般性文件材料	10 年
10.1.3	与本林场有关的出版物、简报、情况反映、工作动态等	10 年
10.2	上级机关召开的会议材料	
10.2.1	与本林场有关的通知、名单、议程、报告、讲话、讨论通过的文件、决议、纪要等	永久
10.2.2	本林场提供的典型材料、代表发言材料	30 年
11	**非隶属机关的有关文件材料**	
11.1	非本林场主管业务但要贯彻执行的文件材料	30 年
11.2	一般事务的文件材料	10 年
二、森林资源类		
1	**森林资源调查文件材料**	

续表

序号	归　档　范　围	保管期限
1.1	森林资源二类调查、三类调查及专项调查和森林资源监测等活动中形成的文件材料。主要包括：森林资源档案卡片，森林资源统计表或统计簿，森林资源消长变化统计，森林资源基本图、林相图、经营规划及资源变化图，固定样地和标准地调查记录及其计算成果，森林资源变化分析说明等	永久
1.2	因林场林业区划与规划设计、森林分类经营、建立或更新森林资源档案、更新和编制森林采伐限额等需要而进行的调查所产生的文件材料	
1.2.1	重要的	永久
1.2.2	一般的	30 年
2	森林资源动态监测文件材料。主要包括对森林资源数量、质量、空间分布及其利用状况进行定期定位的观测分析和评价形成的文件材料	永久
3	在气象观测活动中形成的记载大气中地面和高空的气压、气温和空气湿度、风向、风速、降水、蒸发、日照、云层和天气现象的观测以及气象预报等原始记录、各种报表、天气图、整编成果和其他有关的技术文件材料	
3.1	重要的	永久
3.2	一般的	10 年
4	观测、监测野生动植物活动中形成的原始记录、各种报表、统计及其他有关的技术文件材料	
4.1	重要的	永久
4.2	一般的	10 年
4.3	林场范围内的野生动物、植物、古树名木的登记材料	永久
5	对物候变化的观测、监测活动中形成的实时原始记录、各种报表、统计及其他有关的技术文件材料	
5.1	重要的	永久

序号	归　档　范　围	保管期限
5.2	一般的	10 年
6	在地质、水文监测活动中形成的原始记录、各种报表、统计、报告及其他有关的技术文件材料	
6.1	重要的	永久
6.2	一般的	10 年
7	权属证明文件材料	
7.1	林权登记申请材料、林权登记机构下发的林权登记类文件、林权证书	永久
7.2	变更经营范围等林业行政许可的申请、审核、批复、报表等文件材料	
7.2.1	重要的	永久
7.2.2	一般的	30 年
7.3	核对、落实国有林地、林木、荒山权属的登记表、合同书、协议书等	永久
7.4	本林场范围内林地、林木状况的统计、报告、图表等	永久
7.5	林地流转文件材料	永久
三、森林经营类		
1	经营管理文件材料	
1.1	编制的国有林场中长期发展规划等文件材料	永久
1.2	国有林场改革实施方案及相关请示、批复文件材料	永久
1.3	落实国有林场改革政策、发展后续产业、示范点建设和工程效益监测等形成的有关材料	10 年
1.4	森林经营方案及其编制、调整的请示、批复、招投标等文件材料	30 年
1.5	申请设立森林公园、湿地公园、自然保护区、风景名胜区、地质公园等的请示、报告、审批等文件材料;收益分配方案或合同等	永久

序号	归 档 范 围	保管期限
1.6	森林公园、湿地公园、自然保护区、风景名胜区、地质公园总体规划及编制过程中形成的相关文件材料	永久
1.7	生产经营方面的年度(含以上)计划,包括:上级下达的公益林保护和管理、森林管护、后备资源培育、森林抚育等方面的年度计划;请示及批复等文件材料	永久
1.8	纠纷调处文件材料	
1.8.1	纠纷调解申请书,纠纷当事人之间依法达成的调解或和解协议书等	永久
1.8.2	人民政府依法调解的意见、请示、批复、处理决定,人民法院送达的起诉状副本、开庭通知书、判决书、裁定书、调解书,林权界线确认书等法律文书	永久
2	**生态修复和建设文件材料**	
2.1	本林场土地面积、森林蓄积、林班概况、小班调查设计等文件材料	永久
2.2	在林木种苗生产过程中形成的文件材料	
2.2.1	年度育苗计划、完成面积及产成苗量、存苗量统计表、年度育苗报告等	30 年
2.2.2	苗圃年度施工设计方案,施工图、验收报告等	30 年
2.3	在营造林生产过程中形成的文件材料	
2.3.1	营造林、封山育林、森林抚育等项目设计;造林作业设计、封山育林作业设计、低产(效)林改造作业设计、抚育(间伐)作业设计、采伐作业设计等	30 年
2.3.2	项目投资计划、投资预算、决算,拨付资金的请示、批复等文件材料	30 年
2.3.3	上级批复的年度施工设计方案、施工图,承包协议,合同,造林登记统计表、自查报告、竣工验收报告等	30 年
2.3.4	抚育图片展示、成效监测调查汇总表等	永久

序号	归 档 范 围	保管期限
2.4	公益林保护和管理过程中形成的文件材料	
2.4.1	公益林保护和管理实施方案	30 年
2.4.2	上级单位下发的相关计划;人工造林、飞播造林、封山育林及其他公益林建设项目的作业设计、协议书、合同书、责任书,招投标过程形成的材料	30 年
2.4.3	林木种苗供应等有关文件材料	30 年
2.4.4	施工文件,检查验收材料,施工监理材料等	永久
2.4.5	公益林林权证发放情况	永久
2.4.6	公益林后期管护和经营利用情况,包括管护合同、责任书、管护记录及检查验收报告等	永久
2.4.7	公益林灾害损失和核销情况等	永久
2.4.8	公益林生态效益补偿资金收支情况等	永久
2.5	承租集体林地造林经营的合同、协议、用工安排等文件材料	永久
2.6	在造林绿化、荒山造林、义务植树等过程中形成的文件材料	30 年
3	**木材停伐减产**	
3.1	森林分类经营区划,采伐限额与年度木材生产计划、总结报告	永久
3.2	上级主管部门批复的伐区作业设计、伐区检查验收材料,采伐证等	永久
3.3	人工林采伐试点的有关文件材料等	
3.3.1	重要的	永久
3.3.2	一般的	30 年
3.4	木材生产登记台账,年度统计报表	30 年
4	**森林资源管护文件材料**	
4.1	森林管护工作(项目)文件材料	

续表

序号	归　档　范　围	保管期限
4.1.1	森林管护实施方案,年度实施计划以及相关的请示、批复、报告、招投标等文件材料	永久
4.1.2	森林管护体系的组织结构,管护人员材料,管护责任协议书、承包合同等文件材料	永久
4.1.3	森林管护相关资金的使用请示、批复、发放和使用记录等	永久
4.1.4	管护区基本情况(责任区、分布图、小班卡片等),管护人员培训、考核记录,管护站点、管护设备、管护标牌的建设、使用及维护等文件材料	30 年
4.1.5	管护日志与巡山记录,管护工作检查记录	10 年
4.1.6	人畜破坏森林资源等记录和处罚情况,乱砍滥伐林木、乱捕滥猎野生动物、非法毁林开垦和侵占林地等破坏森林资源事件的发生、报告、处理材料和损失情况统计表	永久
4.1.7	林下资源开发与利用的有关文件材料	永久
4.2	病虫害防治工作文件材料	
4.2.1	防治调查表、统计表、防治效果报告等	永久
4.2.2	年度防治施工设计方案、竣工报告、"四率"评比材料、年度预测预报材料等	30 年
4.2.3	森林病虫害的发生、报告、处理和损失情况统计等文件材料	永久
4.3	森林防火工作文件材料	
4.3.1	本林场森林防火工作的组织机构、人员配置、工作制度、应急预案等文件材料	永久
4.3.2	违章用火、森林火灾及其他自然灾害的发生、报告、处理和损失情况统计等文件材料	永久
4.4	保护森林资源宣传活动的记录	30 年
5	**基础设施建设文件材料**	
5.1	上级下达的文件、项目规划、实施计划等	永久

续表

序号	归 档 范 围	保管期限
5.2	年度工作总结、典型材料、工作简报、工程进度报表等	10年
5.3	工程(项目)可行性研究报告、立项申请书、项目批复文件等	永久
5.4	施工设计方案、扩初设计、合同书、责任书、招投标文件材料	永久
5.5	施工文件、施工卡片;设备采购、安装、检查验收材料;相关资金使用情况	永久
5.6	竣工报告、工程规划图、竣工图、竣工验收文件材料、声像、照片等	永久
5.7	施工监理等文件材料	永久
6	**林业科研文件材料**	
6.1	可行性研究报告,项目建议书,项目经费预算、申报书及相关证明、任务合同书、协议书等文件材料	永久
6.2	科研活动过程中进行的实验、观测、野外调查、考察等原始记录和整理记录,有关调查分析统计表、总结报告等	永久
6.3	中期、年度等阶段性的执行进展情况、总结、成果等文件材料	30年
6.4	项目、人员、经费等的调整、变更文件材料	永久
6.5	专家咨询、检查、评审、项目监督工作形成文件材料	永久
6.6	结题验收及绩效评价工作中形成的文件材料,包括:验收申请书、验收承诺书、工作总结报告、技术报告、项目经费决算、验收通知,验收评审、验收结论书等	永久
6.7	成果鉴定、应用、获奖、宣传推广等材料	永久
四、会计类		
1	**各类会计原始凭证、记账凭证、汇总凭证**	30年
2	**会计账簿**	
2.1	日记账、总账	30年
2.2	明细分类、分户账或登记簿	30年

序号	归　档　范　围	保管期限
3	**财务会计报告**	
3.1	年度财务报告、决算	永久
3.2	月度、季度、半年度财务报表	10 年
4	**其他会计资料**	
4.1	银行存款余额调节表、对账单	10 年
4.2	会计档案移交清册	30 年
4.3	会计档案保管清册	永久
4.4	会计档案销毁清册	永久
4.5	会计档案鉴定意见书	永久
五、特殊载体类		
1	**电子文件材料**	
1.1	森林资源管理调查、监测等业务系统中形成的电子文件	永久
1.2	在森林资源监管中形成的电子文件	永久
2	**照片和录音录像文件材料**	
2.1	党和国家领导人、上级机关领导视察、检查工作时形成的照片、录音录像	永久
2.2	林场设立、经营过程中形成的会议、培训、领导讲话、领导题词、操作现场等照片、录音录像	永久
2.3	在各项林业科研、工程建设中形成的照片、录音录像	永久
2.4	举办的各种重大活动、文化活动的照片、录音录像	永久
2.5	新闻媒体刊登的反映本林场情况的照片、录音录像	永久
2.6	外购或外单位赠送的有保存价值的照片、录音录像	永久
3	**实物**	
3.1	获得的各种荣誉证书、奖状、奖牌、奖杯、锦旗等	永久

序号	归 档 范 围	保管期限
3.2	已停用作废的旧印章、更换下来的旧牌匾等	永久
3.3	对外交流活动获得的题词字画、纪念礼品等	
3.3.1	重要的	永久
3.3.2	一般的	30 年

安徽省农业农村厅 安徽省档案局
关于印发安徽省农村集体产权制度改革
档案管理办法（试行）的通知

皖农经〔2020〕189 号

各市、县（市、区）农业农村局、档案局：

　　为规范和加强我省农村集体产权制度改革档案管理，依据《中华人民共和国档案法》、《中共中央国务院关于稳步推进农村集体产权制度改革的意见》、《安徽省档案条例》等法律法规和文件精神，省农业农村厅、省档案局联合制定了《安徽省农村集体产权制度改革档案管理办法（试行）》。现印发给你们，请认真抓好贯彻执行。

安徽省农业农村厅 安徽省档案局

2020 年 12 月 14 日

安徽省农村集体产权制度改革档案管理办法

（试行）

第一章　总　则

第一条　为规范管理农村集体产权制度改革档案，真实、完整、准确、全面记录和保存我省农村集体产权制度改革的全过程，维护好、展现好农村集体产权制度改革成果，结合我省实际，制定本办法。

第二条　本办法所称农村集体产权制度改革档案，是指在农村集体产权制度改革工作中形成的对国家和社会具有保存价值的各种文字、图表、声像等不同形式的历史记录。

第二章　组织管理

第三条　农村集体产权制度改革档案管理工作在各级党委政府的统一领导下进行，实行分级实施、分类管理，做到组织有序、种类齐全、专人管理、安全保管。

第四条　县级以上农业农村行政主管部门负责对档案管理工作的统筹谋划、组织协调、检查指导等工作。县级以上档案主管部门负责对本级农村集体产权制度改革档案管理工作的监督和指导。

第五条　县级以上农业农村行政主管部门要建立健全农村集体产权制度改革文件资料的收集、整理、归档、保管、利用等各项制度。县（市、区）、乡镇（街道）要结合工作实际制定工作方案、健全档案管理工作规章制度、落实专项工作经费、明确专人负责、配备必要设施设备，确保档案完整与安全。有条件的村（居）要设立专用档案柜或档案库房集中管理档案。

第三章　档案收集

第六条　农村集体产权制度改革档案分为综合类和登记类。综合类主要包括省、市、县（市、区）、乡镇（街道）、村（居）五级形成的综合管理类文件材料。登记类主要包括县（市、区）、乡镇（街道）、村（居）三级在清产核资、成员身份确认、股份合作制改革、集体经济组织建立、集体资产管理和发展集体经济等阶段形成的摸底调查、评估确权、民主议定、公示公开、报表台账、会议记录、章程制度、合同文件等原始资料、补充资料及其特殊载体类资料。

第七条　县（市、区）、乡镇（街道）、村（居）三级要根据《安徽省农村集体产权制度改革文件材料归档范围和档案保管期限表》（见附件）的要求，做好农村集体产权制度改革文件材料的收集归档工作，做到"应收尽收"。

第八条　各级农村集体产权制度改革涉及单位要把与农村集体产权制度改革相关的文字、图表、声像、实物、数据等各种形式和载体的档案资料收集完整，做到不遗漏、不流失，任何单位和个人不得据为己有。

第九条　凡需要归档保存的文件材料要符合以下要求：

1. 材料要真实有效，做到字迹工整、数据准确、图样清晰；

2. 必须是原件，非特殊情况不得以复印件代替原件归档，确需以复印件归档的，要由经办人核准，并注明原因以及原件存放地点；

3. 要明确形成单位或责任人，并且签字盖章手续完备，审批程序合规，文件编号及时间标注完整；

4. 使用的书写材料、纸张和装订材料等符合档案保护的要求；

5. 手写的文件材料书写时要用签字笔或钢笔，不得使用铅笔和圆珠笔；打印的文件材料必须是激光打印机打印，喷墨打印件不宜归档；

6. 照片、声像及其他非纸质材料要配以相应的目录和说明文字，并确保载体有效，重要的电子文件使用光盘并转换成纸质备份保存。

第四章　档案整理

第十条　农村集体产权制度改革档案整理标准按照农业农村部、国家档案局档案管理有关要求执行。

第十一条　村（居）集体经济组织农村集体产权制度改革档案要遵循《村级档案管理办法》规定。农村集体产权制度改革档案的整理一般采用年度——问题（综合、登记）分类进行整理。

第十二条　农村集体产权制度改革文件材料要在农村集体产权制度改革工作结束后6个月内完成整理归档工作。各级农业农村行政主管部门与档案主管部门要适时组织农村集体产权制度改革档案管理培训。

第五章 档案保管

第十三条 农村集体产权制度改革档案的保管期限设为永久和定期。具有重要凭证、依据和查考利用价值的，应当永久保存；具有一般利用保存价值的，应当定期保存，一般为 30 年或者 10 年，具体期限划定按照附件执行。

第十四条 各级有关部门要根据工作需要配备专用档案库房、档案装具及相应的设施设备，满足档案安全保管要求。

第十五条 档案管理人员要定期检查档案的保管状况，确保档案安全。对声像档案和电子档案，要定期检查信息记录的安全性，确保档案可读可用。

第十六条 县级农业农村行政主管部门、档案主管部门要积极推进农村集体产权制度改革档案信息化建设，有条件的单位可以搭建农村集体产权制度改革档案信息管理平台，配备必要的设施设备和档案管理软件，建立档案电子目录和数据库，逐步实现档案的信息资源共享。

第六章 档案移交与利用

第十七条 农村集体产权制度改革档案管理人员在工作调离前，须办理农村集体产权制度改革档案移交手续。

第十八条 县级单位形成的综合类档案规范整理后，要及时移交本单位档案机构集中保管；登记类档案定为永久和 30 年保管期限的，其纸质档案、电子档案及数据库数据在农村集体产权制度改革工作结束后 6 个月内由县级农业农村行政主管部门移交进馆。农村集体产权制度改革结束后农村集体经济组织因变更登记等后续形成的文件材料，由县级农业农村行政主管部门归档保存，随本单位档案定期向县级档案馆移交。

第十九条 村（居）级集体经济组织形成的全部农村集体产权制度改革档案原件（除登记证书原件要保留在村（居）级集体经济组织外）要移交乡镇（街道）档案机构保管，村（居）级可以保留一套复印件。乡镇（街道）级形成的农村集体产权制度改革档案要移交本级档案机构保管。县（市、区）、乡镇（街道）两级形成的相同内容的档案，不需要重复归档，可以在整理过程中进行备注。

第二十条 农村集体产权制度改革档案管理单位应当按照有关规定，及时为社会提供农村集体产权制度改革档案利用服务。在提供档案利用服务时，不得损害国家社会和其他组织及公民的合法权益。

第七章　附　则

第二十一条　本办法由安徽省农业农村厅、安徽省档案局负责解释。

第二十二条　本办法自发布之日起试行。

附件：安徽省农村集体产权制度改革文件材料归档范围和档案保管期限
　　　表

附件

安徽省农村集体产权制度改革文件材料
归档范围和档案保管期限表

级别	类别	归 档 范 围	保管期限
市级	综合类	党中央、国务院、省、市下发的有关农村集体产权制度改革的规范性文件(本单位形成的为永久,其他单位形成的为30年)	永久 30年
		党中央、国务院、省、市下发的各类农村集体产权制度改革的一般性文件	30年
		党中央、国务院、省、市下发的农村集体产权制度改革相关文字、声像资料及其他资料	30年
县级	综合类	党中央、国务院、省、市下发的有关农村集体产权制度改革的规范性文件	永久
		县(市、区)下发的有关农村集体产权制度改革的规范性文件	永久
		县(市、区)下发的农村集体产权制度改革相关文字、声像资料及其他资料	30年
	登记类	农村集体经济组织登记赋码申请表	永久
		批准农村集体经济组织成立的文件	永久
		农村集体经济组织进行赋码登记时所需要的资料(农村集体经济组织章程、成员大会或经成员大会授权的成员代表会议决议、农村集体经济组织成员名册、法定代表人身份证复印件、住所证明等)	永久
乡镇级	综合类	县(市、区)下发的有关农村集体产权制度改革的规范性文件	永久
		乡镇(街道)下发的有关农村集体产权制度改革的规范性文件	永久
		乡镇(街道)下发的有关农村集体产权制度改革相关文字、声像资料及其他资料	30年

级别	类别	归　档　范　围	保管期限
乡镇级	登记类	村(居)农村集体产权制度改革申请及上级批复	永久
		村(居)农村集体产权制度改革方案	永久
		村(居)农村集体资产清产核资报表	永久
		村(居)农村集体经济组织成员认定办法、成员名册	永久
		村(居)农村集体经济组织股权设置方案	永久
		农村集体经济组织章程	永久
		农村集体经济组织选举办法(董事会、理事会、监事会)	永久
		村级上报理事会、监事会提名候选人名单	永久
		乡镇级批复理事会、监事会候选人名单	永久
		村(居)农村集体经济组织理事会、监事会选举结果报告单	永久
		村(居)农村集体经济组织登记证复印件	永久
村级	综合类	乡镇(街道)下发的有关农村集体产权制度改革的规范性文件	永久
		村(居)农村集体产权制度改革申请及上级批复	永久
		村(居)农村集体产权制度改革方案	永久
		村(居)有关农村集体产权制度改革的相关文字、声像资料及其他资料	30年
	登记类	清产核资专卷(农村集体资产清产核资方案,成立清产核资工作小组的资料,清产核资登记台账,资产清查明细表、汇总表及账务调整,资产盘盈、盘亏及处置相关材料;公示公告、结果报告、上级批复、审查验收等相关资料)	永久

续表

级别	类别	归　档　范　围	保管期限
村级	登记类	成员确认专卷(农村集体经济组织成员确认办法,摸底调查表、确认汇总表,公示公告、往来函证相关资料,成员花名册,上级批复文件、会议记录等相关资料)	永久
		股权设置与量化专卷(农村集体经济组织股权设置、量化方案,持股花名册,股权证发放登记表,公示公告、会议记录等相关资料)	永久
		农村集体经济组织成立专卷(农村集体经济组织章程,董事会、理事会、监事会选举办法,理事会、监事会提名候选人名单及上级批复,公布正式候选人名单公告,理事会、监事会选举结果及相关资料)	永久
		农村集体经济组织登记专卷(农村集体经济组织成立申请及上级批复,注册登记时所需要的相关资料)	永久
		农村集体经济组织登记证、开户许可证原件及复印件	永久
		农村集体资产管理制度、财务管理制度、成员管理制度、股权管理制度、收益分配制度和决策管理制度等相关资料	永久
		农村集体产权制度改革遗留问题处理、纠纷调处等其他资料	永久

中共福建省委农村工作领导小组办公室

福建省农业农村厅　福建省档案局
关于印发《福建省农村集体产权
制度改革档案管理办法》的通知

闽委农办〔2021〕18号

各市、县（区）和平潭综合实验区党委（党工委）农办、农业农村局、档案局、档案馆：

为规范农村集体产权制度改革档案管理，确保农村集体产权制度改革过程中形成的档案资料真实、完整、系统和安全，省委农办、省农业农村厅、省档案局按照中央农办、农业农村部、国家档案局等10部门《关于扎实做好当前重点工作如期完成农村集体产权制度改革阶段性任务的通知》要求，研究制定《福建省农村集体产权制度改革档案管理办法》，现印发你们，请认真贯彻执行。

中共福建省委农村　福建省农业农村厅　福建省档案局
工作领导小组办公室

2021年9月29日

福建省农村集体产权制度改革档案管理办法

第一章 总 则

第一条 农村集体产权制度改革档案是农村集体产权制度改革的重要内容，其管理情况是评价农村集体产权制度改革效果和验收的重要依据。为规范农村集体产权制度改革档案管理，确保改革过程中形成的档案资料真实、完整、系统和安全，根据《中华人民共和国档案法》《福建省档案条例》《关于扎实做好当前重点工作如期完成农村集体产权制度改革阶段性任务的通知》，结合我省实际，制定本办法。

第二条 本办法适用于福建省行政区域内农村集体产权制度改革文件材料的收集、整理、归档、保管、利用等工作。

第三条 本办法所称农村集体产权制度改革档案（以下简称产权制度改革档案）是指在农村集体产权制度改革过程中形成，对国家和社会有保存价值的文字、图表、声像、实物、数据等各种形式和载体的历史记录。

第四条 产权制度改革档案管理坚持统一领导、分级实施、分类整理、集中保管的原则。

第五条 各级农业农村部门负责产权制度改革档案工作的组织实施，档案主管部门负责产权制度改革档案工作的监督与指导。

第六条 产权制度改革档案形成和保管单位要积极争取人社、财政部门支持，配备相应管理人员和适应档案管理现代化要求的设施设备，保障产权制度改革档案工作开展。

第二章 组织管理

第七条 县级农业农村部门、档案主管部门负责本辖区内的产权制度改革档案的管理工作，按照有关标准规范，指导档案形成和保管单位建立健全农村集体产权制度改革文件材料的收集、整理、归档、保管、利用等各项制度，指导乡镇（街道）和村组做好产权制度改革档案工作。

第八条 产权制度改革档案形成单位负责本单位产权制度改革档案收

集、整理、保管和移交，村组产权制度改革档案可由乡镇统一整理归档并代为保管。

第九条　乡镇（街道）和村组集体经济组织应及时将与产权制度改革密切相关的文字、图表、声像、实物、数据等各种形式和载体的档案收集齐全，确保按时归档、有效利用。

第十条　产权制度改革档案应当依法依规做到应收尽收、应归尽归，任何单位和个人不得据为己有或擅自销毁。不按国家有关规定归档或造成产权制度改革档案失真、损毁、泄密、丢失的，依法追究相关人员责任。产权制度改革档案管理人员工作调离前，必须办理档案交接手续。

第三章　整理归档

第十一条　产权制度改革文件材料按照《福建省农村集体产权制度改革文件材料归档范围及保管期限表》（以下简称《保管期限表》，见附件）执行。产权制度改革档案形成单位按照《保管期限表》确定的归档范围，分别将反映农村集体产权制度改革过程且具有查考利用价值的文件材料收集齐全。

第十二条　产权制度改革档案分为综合类和登记颁证类。综合类主要包括县（市、区）、乡镇（街道）形成的综合管理类文件材料及特殊载体类材料。登记颁证类主要包括农村集体经济组织登记赋码材料和清产核资、成员身份确认、股份合作制改革、农村集体经济组织建立、改革遗留问题处置和集体经济运行等阶段形成的摸底调查、评估确权、民主议定、公示公开、纠纷调处、报表台账、财务账目、改革方案、会议记录、章程制度、合同文件、补充材料及其它特殊载体类材料。

第十三条　产权制度改革档案整理参照《机关档案管理规定》《村级档案管理办法》等规定，由各地区农业农村部门、档案主管部门根据实际情况，共同制定产权制度改革档案管理实施细则并组织落实。文件材料类采用"全宗号-分类号-案卷号"格式编制档号，照片档案、声像档案、会计档案、电子档案等分别按照《照片档案管理规范》（GB/T 11821）《数码照片归档与管理规范》（DA/T 50）《录音录像档案管理规范》（DA/T 78）《会计档案管理办法》《电子文件归档与电子档案管理规范》（GB/T 18894）等相应标准规范进行整理。

第十四条　归档文件材料应真实有效、字迹工整、数据准确、图样清晰，签字盖章、日期等具有法律效用的标识完整齐备；使用的书写材料、纸张和装订材料等符合档案保护的要求；照片、声像及其他非纸质材料要配以相应的目录和说明文字，并确保载体有效；重要的电子档案使用不可擦写光盘，并制成纸质备份保存。

第四章　保管移交

第十五条　档案保管期限分为永久和定期，具有重要凭证依据和查考利用价值的，应当永久保存；一般利用保存价值的，应当定期保存，期限为30年、10年，具体划分标准见《保管期限表》。

第十六条　各县（市、区）、乡镇（街道）、村组应有专用档案保管设施设备，做好档案防火、防盗、防紫外线、防有害生物、防水、防潮、防尘、防高温、防污染等防护工作，定期检查档案的保管状况，确保档案安全。

第十七条　要积极推进产权制度改革档案信息化建设，建立档案电子目录和全文数据库，逐步实现档案信息网络共享。

第十八条　产权制度改革档案形成单位在改革工作结束后6个月内，将形成的经规范整理的档案资料（含数字化副本等电子数据）按国家有关规定向同级综合档案馆移交，不具备档案安全保管条件的可提前移交。移交综合档案馆的产权制度改革档案一律为原始件，因来往函件等特殊情况形成的复印件，必须在备考表上注明原因或原件存放地点。县（市、区）、乡镇（街道）、村组因工作需要可实行备份（有多份的原件或复印件）管理。

第十九条　产权制度改革档案保管单位应当按照有关规定，及时为社会提供产权制度改革档案利用服务。在提供档案利用服务时，应当严格执行产权制度改革档案安全保密管理制度，不得损害国家、社会和其他组织及公民的合法权益。

第五章　附　　则

第二十条　本办法自发布之日起施行。

附件：福建省农村集体产权制度改革文件材料归档范围及保管期限表

附件

福建省农村集体产权制度改革文件材料
归档范围及保管期限表

级别	类别	归 档 范 围	保管期限
设区市级	登记颁证类	农村集体经济组织登记赋码材料	永久
县级	综合类	本级印发的有关农村集体产权制度改革的规范性文件	永久
		上级下发的有关农村集体产权制度改革的政策性文件	30年
		上级下发的有关农村集体产权制度改革的一般性文件	10年
		农村集体经济组织成员名册	永久
		县级业务部门下发的农村集体产权制度改革的各类普通文件	30年
		县级业务部门下发的信息、通知、讲话、典型材料、宣传材料、会议纪要、有关会议签到表等	30年
		县级业务部门编写、下发的总结、计划、报告、产权统计报表、工作大事记等重要材料	永久
		与本县农村集体产权制度改革相关的重要声像资料	永久
	登记颁证类	农村集体经济组织登记赋码材料	永久
乡镇级	综合类	本级印发的农村集体经济产权制度改革方案等重要文件材料	永久
		农村集体经济组织改革有关事项申请的批复	永久
		本乡镇制发的信息、通知、讲话、总结、计划、报告、产权统计报表、典型材料、宣传材料、会议纪要、工作大事记、有关会议签到表等	10年

续表

级别	类别	归 档 范 围	保管期限
村组级	登记颁证类	本集体资产清产核资相关材料	永久
		本集体经济组织成员身份确认相关材料	永久
		本集体资产股份合作制改革相关材料	永久
		改革后成立新型集体经济组织相关材料	永久

江西省档案局　江西省民政厅　江西省农业厅
关于印发《江西省村级档案管理
实施办法》的通知

赣档字〔2018〕48 号

各设区市、省直管县（市）档案局、民政局、农业局：

　　为进一步加强和规范村级档案管理，更好地为我省实施乡村振兴战略服务，根据《中华人民共和国档案法》《中华人民共和国村民委员会组织法》《中华人民共和国农业法》《村级档案管理办法》（国家档案局　民政部　农业部令第 12 号）等法律法规，结合我省实际，省档案局、省民政厅、省农业厅制定了《江西省村级档案管理实施办法》，现印发给你们，请认真贯彻执行。

江西省档案局　江西省民政厅　江西省农业厅
2018 年 10 月 26 日

江西省村级档案管理实施办法

第一条　为进一步加强和规范村级档案管理，更好地为我省实施乡村振兴战略服务，根据《中华人民共和国档案法》《中华人民共和国村民委员会组织法》《中华人民共和国农业法》《村级档案管理办法》（国家档案局 民政部 农业部令第 12 号）等法律法规，结合我省实际，制定本实施办法。

第二条　本办法所称村级档案是指村党组织、村民委员会、村集体经济组织等（以下简称村级组织）在基层组织建设、乡村治理、生产经营、公共服务以及生态保护与建设等活动中形成的具有保存价值的文字、图表、音像等各种形式和载体的历史记录。

第三条　村级档案工作是实施乡村振兴战略，建设美丽乡村，推进基层治理，维护农民切身利益的一项重要基础性工作。村级组织应将档案工作作为村级工作的重要事项，健全相应的工作制度，明确领导、健全机制、保障经费，确保档案的真实、完整、规范和安全。

第四条　村级档案工作实行统一领导、集中管理、安全方便的原则。村级档案工作主要包括村级组织对村级档案进行的收集、整理、保管、鉴定、利用等工作。

第五条　村级档案工作在业务上接受乡镇人民政府、县级档案行政管理部门、民政部门、农业部门等相关部门的监督和指导。

第六条　村级组织应当指定专人负责档案的收集、管理和提供利用，村级档案管理人员应具备良好的政治素质，遵纪守法，忠于职守，并经过档案专业知识培训。

第七条　村级组织应设立专用档案柜集中存放档案，有条件的，可设立档案库房。档案库房应满足防火、防盗、防高温、防潮湿、防光、防尘、防虫、防鼠等要求。

第八条　不具备档案安全保管条件的，应将档案交由乡镇档案机构代管，村级组织可以保存档案目录等检索工具以便于利用。

村级财务由乡镇统一核算的，其会计档案由乡镇档案机构统一保管，村级组织可根据需要保存一套复制件。

第九条 村级组织应将记录和反映村级组织工作的、具有保存价值的各种门类和载体的文件材料收集归档，任何组织和个人不得据为己有或擅自销毁。

第十条 归档的文件材料应字迹工整、数据准确、图样清晰、签章手续完备，字迹记录材料、纸张载体和装订材料等符合档案长期保存要求，音像文件材料应配有相应的文字说明。

第十一条 村级档案一般包括文书类、基建项目类、设施设备类、音像类、会计类、实物类等档案。其保管期限分为永久和定期，定期分为30年和10年。以上各类档案的具体归档范围和保管期限划分参照《江西省村级文件材料归档范围和档案保管期限表》（附件）执行。

各地可结合本地实际，制定本地区村级文件材料归档范围和档案保管期限表。

第十二条 各类文件材料的归档时间为：

（一）文书类应于次年6月底前归档。

（二）基建项目类应于项目竣工验收后或结算完成后3个月内归档。

（三）设施设备类应在开箱验收或接收后及时归档，设施设备使用维修记录应在其使用维修后及时归档。

（四）音像类应由拍摄者在拍摄后1个月内连同文字说明等一并归档。

（五）电子、实物类应在办理完毕或活动结束后及时归档。

（六）会计类应在会计年度终了后次年3月底前归档。

第十三条 村级各门类档案整理方法如下：

（一）文书类应按照《文书档案案卷格式》（GB/T 9705—2008）或《江西省归档文件整理规范》（DB36/T 380—2016）要求，按年度、问题结合保管期限进行整理。

（二）基建项目类应按照《科学技术档案案卷构成的一般要求》（GB/T 11822—2008）和《建设项目档案管理规范》（DA/T 28—2018）要求，按单个项目进行整理。

（三）设施设备类应按照《科学技术档案案卷构成的一般要求》要求，按设施设备台套进行整理。

（四）数码格式的照片、录音和录像应刻录到光盘或复制到移动硬盘进行保存，数码照片按《数码照片归档与管理规范》（DA/T 50—2014）要求进行整理，重要的数码照片应冲洗成纸质照片进行保存，按《照片档案管理规范》（GB/T 11821—2002）要求进行整理。录音、录像应用文字标出摄像或录音的对象、时间、地点、主要内容等。

（五）会计类应按照《会计档案管理办法》（财政部 国家档案局令第79号）和《会计档案案卷格式》（DA/T 39—2008）要求进行整理。

（六）电子文件应当按照《电子文件归档与电子档案管理规范》（GB/T 18894—2016）收集归档并管理。

（七）实物类应以件为单位进行整理，按时间顺序跨年度大流水编号整理。

第十四条 各类档案质量基本要求：

（一）文件材料装订整齐，无金属物。

（二）题名简明确切，能揭示文件内容。

（三）目录填写清楚、准确。

（四）文件排列有序，凡有文字、印章等信息的页面均编有页号。

（五）年度归档文件整理说明或卷内备考表填写真实、清楚。

（六）保管期限划分准确。

第十五条 村级组织换届选举后10日内，应当履行档案交接手续。必要时可在选举前将档案暂存乡镇政府。村以及村民小组在设立、撤销、范围调整时，应将档案妥善移交。

档案管理人员离任时应进行档案移交，履行交接手续，防止档案散失。

第十六条 销毁已达到保管期限的档案，村级组织应成立档案鉴定工作小组及时进行鉴定。

鉴定工作小组由村级档案管理人员和形成档案的村级组织的人员（或者村民代表）组成，鉴定后应当形成档案鉴定报告。对仍需继续保存的档案，应当重新划定保管期限；对确无保存价值的档案，应当逐卷逐件清点核对并编制档案销毁清册，报乡镇审批，由两人以上监销。

禁止擅自销毁档案。村级档案销毁清册应当永久保存。

第十七条 村级组织应积极推进档案信息化建设，配备必要的设施设备和档案管理软件，建立档案目录数据库和全文数据库，逐步实现村级档案信息资源共享。

第十八条 村级组织应开展档案查阅利用工作，为本村各类组织及其成员、村民提供服务。查阅档案要遵守利用规定、履行查阅手续，不得有涂改、损毁、调换、抽取档案等行为。

第十九条 村级档案管理人员应围绕村中心工作或查阅者利用需求，加强档案信息资源开发工作，积极开展档案编研工作，如编写村史、村志、大事记等。

第二十条　对在村级档案工作中作出突出贡献的组织和人员，由各级人民政府、档案行政管理部门及相关单位予以表彰和奖励。

第二十一条　村各类组织和村民发现档案损毁、丢失以及涂改、伪造、出售等违法行为时，有责任上报当地政府和档案行政管理部门予以依法查处。

第二十二条　本办法由省档案局、省民政厅、省农业厅负责解释，自2019年1月1日起施行。2000年9月20日省档案局印发的《江西省行政村档案管理暂行办法》同时废止。

附件：江西省村级文件材料归档范围和档案保管期限表

附件

江西省村级文件材料归档范围和
档案保管期限表

门类		归　档　范　围		保管期限
一文书类	1党群组织工作文件材料	1.1 本村党组织(党委、党总支、党支部)委员会会议记录、党员大会会议记录、村"两委"联席(班子)会议记录		永久
		1.2 本村党组织年度工作计划、总结等材料		永久
		1.3 本村党组织关于机构设置、撤并、名称更改、启用和废止印章的请示,上级批复、通知、决定等材料		永久
		1.4 本村党务干部任免、分工、考察、奖惩等材料		永久
		1.5 本村党组织换届选举候选人的请示、批复和换届选举工作的通知、议程、报告、领导人讲话、大会发言、选举办法、选举结果、决议、上级批复等材料		永久
		1.6 本村党员教育培训、组织活动、党性分析、民主评议等方面的计划、总结、会议(活动)记录、请示及上级的批复		永久
		1.7 本村发展新党员,党员转正、延期、退党,处置不合格党员等方面的材料		永久
		1.8 本村执行上级党组织工作的决定、纪要、报告等材料	(1)重要的	永久
			(2)一般的	30 年
		1.9 本村党组织、党员名册和年报表		永久
		1.10 本村党组织关系介绍信、通知书存根		永久
		1.11 本村党员交纳党费的清单、票据等		永久
		1.12 本村先进集体、先进个人登记表,审批表,名册及各种事迹材料	(1)受到县级(含)以上表彰、奖励的	永久
			(2)受到县级以下表彰、奖励的	30 年

门类		归　档　范　围		保管期限
一文书类	1 党群组织工作文件材料	1.13 本村党员违法违纪的有关材料，处理意见和上级决定、批复等材料	（1）受到警告（不含）以上处分的	永久
			（2）受到警告处分的	30 年
		1.14 本村纪检、党风廉政工作的计划、总结、报告等材料		30 年
		1.15 本村开展政治思想、形势教育、精神文明建设工作的计划、总结等有关材料		10 年
		1.16 本村共青团组织发展、换届选举材料，团员名册、组织关系介绍信及存根、团费缴纳、年度统计表等材料		永久
		1.17 本村团代会通知、议程、代表名单、开幕词、报告、决定、选举结果、闭幕词等材料		永久
		1.18 本村团组织、团员获得表彰奖励及违法违纪受到处分的请示、报告、批复等材料		永久
		1.19 本村工会年度工作计划、总结，工会代表大会的通知、名单、议程、开幕词、报告、决议、闭幕词、选举结果等材料		永久
		1.20 本村工会干部任免的请示、批复，会议记录，工会干部、会员名册及统计年报表等材料		永久
		1.21 本村妇代会换届选举等材料		永久
		1.22 本村计划生育工作年度计划、总结、统计表等材料		永久
		1.23 本村独生子女证申请表，育龄妇女生育多胎的申请表、审批表及超生调查报告、汇报、处罚决定等材料		永久
		1.24 本村村民婚姻状况证明存根等材料		永久
		1.25 本村五好家庭、敬老爱幼模范、文明户、好婆婆、好媳妇等评选活动的材料		30 年
		1.26 上级发布的本村民兵工作需要执行的文件材料		10 年
		1.27 本村普通民兵、基干民兵登记表和花名册		永久
		1.28 本村兵役登记材料，现役军人、退伍军人情况登记表		永久

门类		归 档 范 围		保管期限
一 文 书 类	2 村 务 管 理 文 件 材 料	2.1 本村村委会会议记录、纪要、决议等材料		永久
		2.2 本村村委会年度工作计划、总结等材料		永久
		2.3 本村村史、组织沿革、大事记等材料		永久
		2.4 本村村委会换届选举工作的通知、选票、选举结果、干部任免等材料		永久
		2.5 本村各类工作的请示、报告、汇报及上级的批复等材料	(1)重要的	永久
			(2)一般的	30 年
		2.6 本村干部、村民名册,村办股份公司股民名册、各类技术人员名册等材料		永久
		2.7 本村干部的招聘、录用、定级、调配、人员任免、离退、调动介绍信存根、工资表,农业村级协管员的聘书、合同或协议等材料		永久
		2.8 本村和村内机构设置、更名、撤并及行政区划与隶属关系的变化,启用、废止印章等材料		永久
		2.9 本村关于年终分配方案、工资福利、劳动保护的各种文件材料和参加社会养老保险人员名册		永久
		2.10 本村干部、职工工资单及年终收益分配审批表、归户结算表等材料		永久
		2.11 本村关于房屋拆迁、土地征用、村民房产、地产等材料,相关人员名册等材料		永久
		2.12 本村的村规民约等各种规章制度材料		永久
		2.13 本村各种年度统计报表(包括农副工业生产年报,收益分配报表,土地、人口、户数等基本情况统计表等材料)		永久
		2.14 本村各种保险材料、综合治理、安全生产承包责任和各种案件、民事纠纷的调解协议、处理决定等材料		永久
		2.15 本村信访信件处理结果等材料	(1)有领导重要批示及处理结果的	永久
			(2)有处理结果的	30 年
			(3)没有处理结果的	10 年

门类		归　档　范　围	保管期限
一　文书类	2　村务管理文件材料	2.16 本村拥军优属、优抚救助等材料	30年
		2.17 本村开展教育、卫生、合作医疗等工作的材料	永久
		2.18 本村规划、经济建设及重大决策等材料	永久
		2.19 本村公共设施管理、维修维护的材料	永久
		2.20 本村生产管理、企业管理的年度工作计划及总结和重大决策等材料	永久
		2.21 本村财务管理的年度计划、总结,有关财务审计情况材料	永久
		2.22 本村工业、农业等相关税收征收清册和纳税变动情况等材料	永久
		2.23 本村各种经济、人口普查统计表	永久
		2.24 本村重大事故事件登记材料,调查处理意见、情况报告及善后工作中形成的材料	永久
		2.25 本村创建文明小区、爱国卫生工作形成的材料	30年
		2.26 本村农业村级协管事项公开、协查工作记录等材料	30年
	3　村级集体经济组织经营管理文件材料	3.1 本村经营管理中长期规划和专项发展计划等材料	永久
		3.2 本村企业发展重大经营决策方案、规划	永久
		3.3 本村企业董事会会议记录、纪要、决议等材料	永久
		3.4 本村企业负责人对企业承包、租赁、任期目标责任等材料	永久
		3.5 本村企业改制、转制等各种法律证书等材料	永久
		3.6 本村企业历史沿革、大事记等材料	永久
		3.7 本村集体经济组织、所属各企业年度工作计划、总结等材料	永久
		3.8 本村企业的设置、撤并、名称更改、启用和废止印章的请示、批复、通知等材料	永久

门类		归　档　范　围		保管期限
一 文 书 类	3 村 级 集 体 经 济 组 织 经 营 管 理 文 件 材 料	3.9 本村及所属各企业的产权文件、土地使用证,各种集体财产合同、协议、委任书、公证书等法律文本、证书材料		永久
		3.10 本村集体经济组织章程,换届选举工作的通知、选举结果等材料		永久
		3.11 本村集体经济组织成员(股东)名册、股权登记簿		永久
		3.12 本村新办公司、企业项目的申请和批复及可行性报告、章程、合同、验资、营业执照等材料		永久
		3.13 本村有关工商企业管理执照的申报、登记、批复以及违章违法被处理,经营不善歇业、破产等材料		永久
		3.14 本村企业年度各种统计报表及经济分析等材料		永久
		3.15 本村有关物资供销工作的合同、协议等材料		30年
		3.16 本村有关经营活动的争议、索赔、判决等材料		永久
		3.17 本村企业合资、独资、联营招商的合同、协议等材料		永久
		3.18 本村企业年度经营、销售统计等报表	(1)重要的	永久
			(2)一般的	30年
		3.19 本村企业工资计划、工资总额、奖惩、年终分配方案等表册		永久
		3.20 本村企业物资管理、安全生产检查、整改措施执行情况等材料		永久
		3.21 本村企业环境保护等材料		永久
		3.22 本村企业有关产品标准、国际质量认证等材料		永久
		3.23 本村企业有关资产评估,资金、价格管理的审查、验证材料		永久
		3.24 本村企业有关经营、审计活动中形成的各项证明和结论材料		永久
		3.25 本村有关产品市场调查、宣传、广告和用户服务等材料		30年

续表

门类		归　档　范　围	保管期限
一　文　书　类	3　村　级　集　体　经　济　组　织　经　营　管　理　文　件　材　料	3.26 本村有关产品销售等活动中形成的材料	30 年
		3.27 本村各类农业普查材料	永久
		3.28 本村农作物规划布局,粮、棉、油多种经营实种面积、产量以及采、购、留、分配等材料	永久
		3.29 本村科学种植、科学饲养的经验总结及原始记录	永久
		3.30 本村"星火""丰收""火炬"计划项目的申报、验收材料	永久
		3.31 本村农业植保、农机管理、水利建设等材料	永久
		3.32 本村副业生产及上交任务的指标(畜、禽、蛋、鱼、菌菇等)以及各项任务完成情况、年报、统计表等材料	永久
		3.33 本村村办副业项目材料	30 年
		3.34 本村关于土地批租、出让、租赁有关材料	永久
		3.35 本村农村集体产权制度改革实施方案、工作计划、总结、汇报材料	永久
		3.36 本村成立的农村集体产权制度改革工作领导小组、理事会、监事会等机构及组成人员名单	永久
		3.37 本村农村集体产权制度改革工作领导小组、理事会、监事会工作职责及工作制度	30 年
		3.38 本村研究农村集体产权制度改革工作所形成的会议记录、纪要、决议	永久
		3.39 通过协商、招标、挂牌、拍卖等方式流转农村土地承包经营权的文件材料	永久
		3.40 农村集体产权制度改革的动员会、宣传、培训,上级领导检查等形成的文件材料	10 年
		3.41 农村耕地保护、土地承包经营权、集体建设用地使用权台账	永久
		3.42 集体土地调查材料及统计表	永久

续表

门类	归 档 范 围	保管期限
3 村级集体经济组织经营管理文件材料	3.43 农村集体土地所有权、农村建设用地使用权、村民宅基地使用权等相关确权、登记、颁证的文件材料	永久
	3.44 农村土地承包经营权登记申请书、变更登记申请书、登记簿、核准文件	永久
	3.45 农村土地承包经营权流转备案申请书、登记表和备案证明等材料	永久
	3.46 农村土地承包经营权确权登记方案、登记册、花名册及审核材料	永久
	3.47 农村土地使用权确权登记注册情况公告、注册表	永久
	3.48 农村土地承包合同、土地承包经营权流转合同、耕地保护合同	永久
一 文书类 4 精准扶贫类	4.1 本村形成的精准扶贫规划、方案、责任状、报告、总结、统计以及村评议小组成立、调整文件等	永久
	4.2 贫困村建档立卡过程中形成的贫困村贫困状况调查登记文件材料,制定的贫困村结对帮扶方案、落实结对帮扶单位、帮扶计划以及公示公告等文件材料	永久
	4.3 贫困户规模分解文件材料	永久
	4.4 贫困户建档立卡过程中形成的村评议记录、贫困户名单及三次公示以及建档立卡"回头看"等文件材料	30 年
	4.5 贫困户、贫困人口分类统计表、贫困户脱贫计划表、贫困户结对帮扶方案、宣传手册等	30 年
	4.6 预脱贫村退出过程中形成的扶持、调查、公示等文件材料	永久
	4.7 预脱贫户退出过程中形成的村评议记录、贫困户退出名单及三次公示等文件材料	永久
	4.8 精准扶贫对象申请表	30 年
	4.9 身份证、户口本复印件	30 年

门类	归 档 范 围		保管期限
一 文书类	4 精准扶贫类	4.10 低保、五保、残疾人证明材料	30 年
		4.11 因病、因学、因灾等致贫证明材料	30 年
		4.12 建档立卡贫困户调查表、特困对象入户调查基本情况表	30 年
		4.13 精准扶贫对象审批表	30 年
		4.14 贫困户脱贫计划落实情况表	30 年
		4.15 贫困户信息采集表	30 年
		4.16 家庭成员自然变更调查表	30 年
		4.17 贫困户分类及分户施策表	30 年
		4.18 精准扶贫帮扶贫困户户表	30 年
		4.19 资金打入一卡通账户明细或贫困户签字确认证明等贫困户受益凭证	30 年
		4.20 贫困户信息公示卡、收入登记卡、结对帮扶及政策享受记录卡	30 年
		4.21 贫困户特色产业扶持、教育、医疗、社会保障及培训转移就业、易地搬迁、危旧房改造等帮扶措施过程中形成的抵押担保、还款承诺书、扣款委托授权书等文件材料	30 年
		4.22 贫困户与村、乡 (镇) 和各类组织、金融部门等签订的合同、协议等文件材料	30 年
		4.23 贫困户精准扶贫登记证	30 年
		4.24 贫困户退出摸底调查表	30 年
		4.25 其他文件材料	30 年
二 基建项目类	1.项目建议书、申请、报告及批复等材料		永久
	2.可行性研究报告、论证意见、项目评估、调查报告等材料		永久
	3.项目设计任务书、计划任务书或立项报告、批复等材料		永久
	4.基建项目的会议记录等材料		永久
	5.地质勘探合同、报告、记录、说明等材料		永久

门类	归 档 范 围	保管期限
二 基建项目类	6.征用土地移民申请、报告、批复、通知、许可证、使用证、用地范围等材料	永久
	7.工程建设执照、防火、环保、防疫等审核通知单	30 年
	8.工程建设招投标文件、会议纪要等材料	30 年
	9.工程初步设计图纸、概算、设计合同等材料	30 年
	10.施工设计、说明、总平面图、建设施工图、给排水图等专业图纸	30 年
	11.施工合同、协议,施工预决算,图纸会审纪要、技术核定单、工程更改、材料代用、原材料质保书和全套竣工图等材料	永久
	12.施工监理文件材料	30 年
	13.水电安装合同、协议,施工预决算,技术交底,图纸会审,材料出厂证明和竣工图等材料	永久
	14.项目竣工验收申请、批复,消防、环保、防疫、档案等验收记录,基建财务结、决算,项目审计,项目竣工验收证书等材料	永久
三 设施设备类	1.设备仪器购置可行性研究报告、申请、批复和购置仪器资金申请、批复等材料	30 年
	2.设施设备招投标文件、设备采购合同、购买协议等材料	30 年
	3.设备仪器开箱验收记录、使用说明书、操作手册、合格证、装箱清单等材料	30 年
	4.设备仪器安装调试记录、验收报告、操作保养规定等材料	30 年
	5.设备仪器运行、检修、保养、事故处理等记录材料	30 年
	6.设施设备技术改造、升级改装、革新改进等文件材料	30 年
	7.设备仪器报废申请、批复、证明等材料	30 年
四 音像类	1.上级领导来村视察、检查工作的音像材料	永久
	2.国际友人、专家、学者等知名人士前来活动的音像材料	永久
	3.本村委会各种会议、重要活动形成的音像材料	永久
	4.本村委会各种产品、奖状、证书、奖杯、锦旗等的拍摄照片	永久
	5.反映村容村貌、项目建设等的音像材料	永久
	6.新闻媒体刊登的反映本村情况的照片	永久

续表

门类	归　档　范　围			保管期限
五　实物类	1.获得的各种奖状、奖杯、奖旗、荣誉证书、证照等			永久
	2.县以上领导、知名人士题词、书画等			永久
	3.使用过的牌匾、停用的各种印章			永久
	4.公务活动中获得的纪念品、赠品			永久
	5.其它有重要保存利用价值的实物			永久
六　会　计　类	1.各类会计原始凭证、记账凭证、汇总凭证			30 年
	2.会计账簿类	2.1 银行日记账、现金日记账		30 年
		2.2 总账、明细账、辅助账簿		30 年
	3.会计报表类	3.1 年度财务报表		永久
		3.2 年度财务决算表		永久
		3.3 月、季度财务报表		10 年
	4.其他类	4.1 会计档案移交清册		永久
		4.2 会计档案保管清册		永久
		4.3 会计档案销毁清册		永久
		4.4 会计档案鉴定意见书		永久

山东省档案局　山东省档案馆
关于进一步加强农业农村档案工作的通知

鲁档字〔2022〕7号

各市档案局、档案馆，省直有关部门（单位）：

为深入贯彻落实习近平总书记关于做好新时代档案工作重要批示精神，认真贯彻执行《乡镇档案工作办法》《村级档案管理办法》，推动农业农村档案工作创新发展，有效服务打造乡村振兴齐鲁样板，现就进一步加强农业农村档案工作通知如下。

一、准确把握工作总体要求

以习近平新时代中国特色社会主义思想为指导，全面贯彻党的十九大和十九届历次全会精神，认真贯彻落实省第十二次党代会精神，锚定"走在前、开新局"，聚焦服务深入打造乡村振兴齐鲁样板，坚持依法治档、科学管理，坚持分类指导、精准施策，坚持务实有效、守正创新，记录留存好实施乡村振兴战略的生动实践，强化档案资源开发利用，努力为新时代社会主义现代化强省建设提供高质量档案保障服务。

二、推进档案资源体系建设

强化档案资源源头治理，加强前端控制，全面推行档案分类方案、文件材料归档范围、档案保管期限表三合一制度，指导乡镇、村级组织结合实际编制文件材料归档范围和档案保管期限表，制定村务管理档案基本目录（清单）。加强对文书、会计、音像、实物、基建项目、设施设备等各种门类、各种载体档案的收集，确保乡镇、村级档案材料收集齐全完整。围绕实现乡村产业、人才、文化、生态、组织全面振兴，加强美丽乡村建设、农业产业发展、优秀传统文化等方面档案的归集工作。

三、优化档案开发利用服务

提升档案利用服务能力，完善乡镇、村级档案查阅利用制度，编制多种形式的检索工具，规范利用程序，方便群众利用，充分发挥农业农村档案在助推乡村建设、保障村民合法权益、服务和支撑基层社会治理等方面的积极作用。加大档案资源开发力度，开展专题档案编研工作，编写乡村史志、举办陈列展览、拍摄专题片等。深入挖掘、统筹整合红色档案资源，充分发挥档案存史资政育人的重要作用，推动红色档案进新时代文明实践中心、进乡村和社区服务中心，传承红色基因，赓续红色血脉。

四、筑牢档案工作安全防线

强化档案安全责任落实，建立健全安全风险告知及追责机制。完善档案安全保密制度，落实档案开放利用过程中的各项安全防护措施。排查档案实体、信息、应急管理安全风险隐患，建立问题台账，抓好整改落实。加强档案库房安全管理，做好档案安全防护工作，严格执行档案交接制度。乡镇、村级档案库房应符合防火、防盗、防水（潮）、防光、防尘、防磁、防高温、防有害生物等要求。注重加强档案服务外包安全监管。对不具备档案安全保管条件的乡镇企业事业单位、村级组织，乡镇档案机构可将其档案代为保管。

五、加快档案工作转型升级

促进档案信息化与农业农村工作信息化协调发展，逐步实现档案系统与相关业务系统的有效衔接，加快融入数字乡村建设。鼓励乡镇开展档案信息化建设，为乡镇档案数字资源备份提供便利，助力乡镇传统载体档案数字化、电子文件归档与电子档案管理工作，支持乡镇、村（社区）数字档案室（馆）建设。实施档案信息资源共享工程，扎实推进互联网和移动端档案查询利用服务。推进"档案信息化提升乡村公共服务"试点工作，有序将乡镇、村（社区）档案查阅中心接入山东省档案查询利用平台，拓展延伸在线查询利用服务，不断提高档案服务水平和效率。

六、压实各方工作责任

推动全面落实档案工作责任制，督促把档案工作纳入乡镇发展规划、工作计划和考核体系，确保将档案工作作为村级工作的重要事项。健全农业农村档案管理体制，建立完善县乡村三级档案工作管理网络。主动与涉农部门沟通协调，加强档案工作规范化管理业务指导，明确档案工作职责，强化统筹规划，推动涉农部门档案工作与业务工作同部署、同落实，实现农业农村档案工作条块结合、齐抓共管。

七、因地制宜分类施策

深入调查研究，充分考虑各地区发展水平和客观差异，不搞"一刀切"，持续开展分类分层的档案业务指导。对基础薄弱的乡村，坚持底线思维，重点帮扶，配备档案人员，加大经费投入力度，夯实档案业务基础；对基础一般的乡村，聚力档案工作标准化、规范化建设，推动农业农村档案工作提档升级；对基础较好的乡村，注重提高档案开发利用水平，推动档案工作数字转型、创新发展；鼓励有条件的乡村建设档案馆，进一步规范新型农村社区建档工作。指导基层单位培育打造档案工作示范点，及时总结经验、以点带面，探索农业农村档案工作服务乡村振兴战略新路径。

八、加大支持保障力度

推动将档案事业发展经费列入各级预算，争取涉农部门在政策、资金、项目等方面，进一步加大对档案工作的支持力度。鼓励社会力量参与和支持农业农村档案事业的发展。加快形成完备、周密、系统的农业农村档案制度体系。开展常态化档案业务实战培训，大力弘扬"工匠精神"，畅通互动交流渠道，提高农业农村档案人员政治素质、专业素养和实际操作技能。积极宣传档案工作对于服务基层社会治理、保障农民合法权益的重要作用，为做好农业农村档案工作营造良好环境。

各市档案局、档案馆要结合工作实际，认真贯彻落实本通知各项要求，加大对农业农村档案工作的监督指导力度，联合有关部门对乡镇、村级档案的组织保障、制度规范、设施设备、保管利用、信息化建设等情况开展检查，并及时研究、协调解决工作中发现的突出问题。

山东省档案局　山东省档案馆

2022 年 7 月 20 日

湖南省农业农村厅　湖南省档案局
关于加强农村集体产权制度改革档案工作的通知

湘农联〔2019〕103 号

各市州农业农村局、档案局：

为贯彻落实《中共中央国务院关于稳步推进农村集体产权制度改革的意见》（中发〔2016〕37 号）、《中共湖南省委湖南省人民政府关于稳步推进农村集体产权制度改革的实施意见》（湘发〔2017〕24 号）等文件精神，加强我省农村集体产权制度改革档案工作，确保改革过程中形成的档案资料真实、完整、系统和安全，现将有关事项通知如下：

一、把握总体要求

（一）总体目标。农村集体产权制度改革档案是在推进我省农村集体产权制度改革工作中形成的对国家和社会有保存价值的各种形式和载体的历史记录。做好农村集体产权制度改革档案工作，要以建立健全农村集体产权制度改革档案工作机制为基础，规范管理农村集体产权制度改革档案为目标，强化农村集体产权制度改革档案安全、保密为保障，真实、完整、准确、全面的记录和保存我省农村集体产权制度改革的全过程，管好用好农村集体产权制度改革档案。

（二）基本原则。农村集体产权制度改革档案工作在各级党委政府的统一领导下进行，坚持统一领导、分级实施、分类管理、集中保管的原则，要求列入各级党委、政府工作的重要议事日程，层层抓管理、级级促落实。

二、明确主要任务

（三）明确工作责任。县级及以上农业农村行政管理部门为本级农村集体产权制度改革档案工作的责任主体，负责辖区内档案工作的领导、同步管理、统筹规范、组织协调、检查验收等工作。各级农业农村部门要将农村集体产权制度改革档案工作作为农村集体产权制度改革工作中的一项重要任务，同规划、同部署、同检查、同验收。各级政府要将农村集体产权制度改革档案工作经费纳入财政预算，切实提供经费保障。

同级档案行政管理部门负责对农村集体产权制度改革文件资料的形成、积累、归档和移交工作进行业务培训和监督指导，配合做好档案工作经费衔接落实、档案数字化建设和档案进馆等工作。档案馆负责农村集体产权制度改革档案的接收和保管。

（四）完善工作制度。县级以上农业农村行政管理部门（农村集体产权制度改革领导小组办公室）和档案行政管理部门要建立健全农村集体产权制度改革文件资料的收集、整理、归档、保管、利用等各项制度，确保农村集体产权制度改革档案资料的齐全、完整、真实、有效。

县、乡（镇）要结合工作实际制定相关工作方案、健全档案工作规章制度、落实专项工作经费、明确专人负责、配备必要设施设备，确保档案完整与安全。

（五）加大收集力度。要重视对农村集体产权制度改革档案的收集工作，把与农村集体产权制度改革密切相关的文字、图表、音像、实物、数据等各种形式和载体的档案收集齐全完整，不遗漏、不流失，任何单位和个人不得据为己有。对于收集不及时、不齐全，造成农村集体产权制度改革档案失真、损毁或丢失的，将依法追究相关责任。

农村集体产权制度改革文件资料在形成过程中要符合档案相关要求，要保存文件资料原件，非特殊情况不得以复印件代替原件归档；要明确文件形成单位或责任人，签字盖章手续完备，审批程序合规，时间标注清晰；书写时要用签字笔或钢笔，不得使用铅笔和圆珠笔。

以村组为单位进行改革的，登记颁证类档案资料要壹式贰份，县、村（组）各保存一份，有条件的乡镇（街道）可增加一份单独保存；以乡镇为单位进行改革的，资料应壹式贰份，县、乡镇各保存一份。

（六）规范整理归档。农村集体产权制度改革档案主要包括综合类和登记发证类，整理标准按照农业农村部、国家档案局档案管理有关要求进行统一。

综合类主要包括省、市、县、乡、村五级形成的综合管理类文件资料及其相关特殊载体类资料，规范整理后，于次年5月30日前移交本单位档案机构集中保管，随同其它档案到期移交进馆。

登记发证类主要包括清产核资、成员身份确认、集体经济组织建立和管理等阶段形成的摸底调查、评估、公示公开、报表台账、会议记录、合同等资料及其特殊载体类资料，以村（居）分阶段组卷。改革期间，县级农业农村行政管理部门在改革工作结束后3个月内，将列为30年以上保管期限的纸质档案、电子档案及数据库数据移交同级国家综合档案馆。农村集体产权制度改革结束后形成的档案资料，由县级农业农村行政管理部门保存，定期向县级国家综合档案馆移交。

农村集体产权制度改革结束后形成的变更档案，按照《村级档案管理办法》（国家档案局中华人民共和国民政部中华人民共和国农业部令第12号）有关规定进行整理和归档（农村集体产权制度改革文件资料收集清单详见附件）。

（七）提升管理水平。各级有关部门要按照档案管理要求，不断改善农村集体产权制度改革档案的安全保管条件，积极协调经费投入，抓好农村集体产权制度改革档案数字化建设，并建立档案数据库，纳入农村集体产权制度改革相关监督管理平台，实现信息化管理，提升农村集体产权制度改革档案科学管理水平。

三、强化监督保障

（八）加强组织领导。各级各部门要加强对农村集体产权制度改革档案工作的组织领导，把农村集体产权制度改革档案工作作为一项重要任务来抓，建立健全档案工作责任制和考核机制，明确任务目标，落实主体责任。要加强档案工作人、财、物等基本保障，配备专职或兼职档案员，落实专项工作经费，购置必要设施设备，为做好农村集体产权制度改革档案管理工作夯实基础保障。

（九）部门密切配合。各级农业农村行政管理部门和档案行政管理部门要通力合作，紧密配合，协同推进农村集体产权制度改革档案工作，制定工作机制和管理办法，不断提升改革档案管理水平。各相关单位要积极支持，主动作为，推动档案管理更好的为集体产权制度改革服务。

（十）强化监督指导。各级档案行政管理部门要会同同级农业农村行政管理部门，加强对农村集体产权制度改革档案工作的监督指导。要把农村集体产权制度改革档案工作纳入改革评估内容，重点检查产权制度改革档案完整收集、安全保管和有效利用情况。各主管部门要切实加强档案管理，落实农村集体产权制度改革档案监管责任分工，对重点档案明确落实监管责任主体，加大监督检查力度，定期开展农村集体产权制度改革档案管理专项检查。

附件：湖南省农村集体产权制度改革文件资料收集清单

湖南省农业农村厅　湖南省档案局

2019年11月11日

附件

湖南省农村集体产权制度改革文件资料收集清单

一、综合类

级别	工作内容	资料收集内容	备注
县、乡级	综合类	上级下发的有关农村集体产权制度改革的通知、总结、通报、意见、领导讲话、工作动态、简报、会议纪要等文件资料	
		本级制定或印发的有关农村集体产权制度改革的通知、工作方案、总结、通报、指导意见、管理办法、领导讲话、工作动态、简报、会议纪要等文件资料	
		本级成立农村集体产权制度改革工作领导小组的文件资料	
		本级农村集体产权制度改革工作领导小组会议记录、会议纪要(成立农村集体产权制度改革领导小组、动员部署、经费保障、工作总结)等相关资料(含声像、照片等)	
		本级农村集体产权制度改革考核办法、考核细则及调研、督查相关文件资料	
		本级农村集体产权制度改革工作的规划、计划、总结(含阶段性总结)、情况汇报、统计报表	
		本级农村集体产权制度改革工作宣传培训等文件资料	
		本级农村集体产权制度改革工作中形成的招投标文件资料及签订的合同、保密责任书、保密承诺书	
		本级关于农村集体产权制度改革信访、纠纷调处、仲裁结果、违纪处理等文件资料	
		本级农村集体产权制度改革重要事项的请示及上级批复	
		下级单位报送的农村集体产权制度改革工作的请示、汇报、报告及需要本级批准事项的批复、批示	
		农村集体资产监管平台建设方案、请示、招标等资料	

说明:村级产权制度改革综合类文件资料收集清单可参照县、乡级综合类进行收集

二、发证类

级别	工作内容	资料收集内容	备注
县级	改革全环节	本级清产核资实施方案、成员身份确认办法、经营性资产股份合作制改革方案	
		村级集体经济组织股权登记台账	
		各村级集体经济组织登记赋码申请、换证、变更文件资料(批准成立文件、成员大会或经成员大会授权的成员代表会议决议、成员花名册、组织章程、住所证明原件,法定代表人身份证明复印件等)	
乡镇级	改革全环节	本级清产核资实施方案、成员身份确认办法、经营性资产股份合作制改革方案	
		各村级集体经济组织清产核资实施方案、成员身份确认办法、经营性资产股份合作制改革方案等规范性审查形成的文件资料	
		各村级集体经济组织清产核资实施方案、成员身份确认办法、经营性资产股份合作制改革方案等上报的备案文件资料	
		各村级集体经济组织清产核资乡级汇总表(纸质、电子)	
		各村级集体经济组织成员汇总表(纸质、电子)	
		各村级集体经济组织股权登记台账、股权证书发放登记表	
		各村级集体经济组织章程规范性审查文件资料	
		各村级集体经济组织理事会、理事长、监事会、监事长选举结果上报资料	
村(居)级	清产核资	清产核资工作实施方案(包括草拟、公示、乡镇合规性审查、表决通过、乡镇备案5个步骤形成的档案资料)	
		清产核资工作相关制度(包括集体资产登记、保管、使用、处置、清查、定期报告制度等内容)	
		清产核资明细表、汇总表(24张基础明细表、4张汇总明细表,含工作草表和正式表)	

续表

级别	工作内容	资料收集内容	备注
村(居)级	清产核资	评估报告资料(第三方评估机构出具,未请第三方评估的,不需要归档)	
		清产核资成果公示及核实、校验等资料(纸质、声像)	
		申请乡级人民政府核实确认及乡级批复原件等资料	
		乡级人民政府对村级清产核资工作的验收报告	
		农村集体资产产权权属界定等资料	
		全国农村集体资产清产核资管理系统电子数据(光盘)	
		资源性、经营性和非经营性资产变更需要归档的资料(可参照村级清产核资归档文件收集范围)	
	成员身份确认	村级集体经济组织成员身份确认办法(包括草拟、公示、乡镇规范性审查、表决通过、乡镇备案5个步骤形成的档案资料等)	
		村级集体经济组织成员身份确认办法公告资料(纸质、照片)	
		村级集体经济组织成员身份确认摸底调查表	
		身份确认佐证等资料	
		依申请取得集体经济组织成员专题会议记录、纪要、签字表、投票统计结果等资料	
		村级集体经济组织成员身份确认逐户确认签字表	
		村级集体经济组织成员身份确认一、二、三榜公示及核实、校验等资料(纸质、声像)	
		村级集体经济组织成员名单	
		村级集体经济组织成员变更需要归档的资料(可参照村级集体经济组织成员身份确认归档文件收集范围)	
	经营性资产股份合作制改革	经营性资产股份合作制改革方案(包括草拟、公示、乡镇规范性审查、表决通过、乡镇备案5个步骤形成的档案资料)	
		股权登记表(含农户签字原件等)	
		股权登记汇总表	

续表

级别	工作内容	资料收集内容	备注
村(居)级	经营性资产股份合作制改革	股权登记公示及核实、核验等资料(纸质、声像)	
		发放股权登记台账	
		股份经济合作社章程(包括草拟、公示、乡镇合法性审查、表决通过、乡镇备案5个步骤形成的档案资料)	
		成员大会会议资料(会议记录、纪要、《章程》表决资料及结果、理事会、理事长、监事会、监事长选举及报批资料、与会成员签字表)	
		集体经济组织建立、组织章程及理事会、理事长、监事会、监事长选举结果公示等资料	
		农村集体经济组织登记赋码申请、换证、变更须提供的资料(批准成立文件、成员大会或经成员大会授权的成员代表会议决议、成员花名册、组织章程、住所证明原件,法定代表人身份证明复印件等)	

说明:1.以乡镇为单位进行农村集体产权制度改革的,文件资料收集清单参照
村级收集清单;

2.由乡镇统一制定清产核资、身份确认、经营性资产股份合作制改革方
案的,报县级人民政府进行合法性审查、备案的文件资料须由县级农业
农村行政管理部门收集归档;

3.如因工作合并,形成的档案资料涉及多个环节,不需要重复归档,在整
理过程中进行备注,设置互见号。

重庆市档案局 重庆市乡村振兴局
关于切实做好乡村振兴档案工作的通知

渝档发〔2022〕15 号

各区县（自治县）党委办公室（档案局）、乡村振兴局，两江新区党工委办公室，西部科学城重庆高新区党工委办公室、发展改革局，万盛经开区党工委办公室、农林局，市委各部委、市级国家机关各部门、各人民团体、大型企业事业单位和高等院校办公室或承担档案工作机构：

党的十九大以来，党中央作出实施乡村振兴战略重大决策部署，地方各级党委作出相应工作部署，制定具体措施，形成大量档案材料。加强和规范乡村振兴档案工作，充分发挥档案工作积极作用，对于全面真实记录我市推进实施乡村振兴战略伟大历程，存凭留证、资政惠民，具有十分重要的历史和现实意义。为切实做好全市乡村振兴档案工作，结合我市工作实际，现将有关事项通知如下。

一、提高政治站位，充分认识做好乡村振兴档案工作的重要意义

乡村振兴档案真实记录各地区各部门乡村振兴工作成果，客观反映党团结带领全国各族人民谱写"产业兴旺、生态宜居、乡风文明、治理有效、生活富裕"的新时代乡村全面振兴新篇章的奋斗历程，这是党和国家的宝贵财富。乡村振兴档案在助推乡村振兴过程中，发挥着重要的基础性、支撑性作用。做好乡村振兴档案工作，既有存史资政的历史意义，又有留存凭证、检视工作、总结宣传、维护权益等现实意义。各区县各部门各单位要以习近平新时代中国特色社会主义思想为指导，深入学习贯彻习近平总书记关于做好新时代档案工作"四个好""两个服务"的重要批示精神，切实提高政治站位，强化政治担当，以对历史负责、对人民负责的态度做好乡村振兴档案工作。

二、明确工作要求，着力提高乡村振兴档案工作规范化标准化水平

（一）抓好档案收集。收集好乡村振兴档案材料，是落实习近平总书记"把新时代党领导人民推进实现中华民族伟大复兴的奋斗历史记录好、留存好"重要批示的具体措施，是乡村振兴档案工作的起点和基础。要加强乡村振兴档案收集工作，把与实施乡村振兴战略密切相关的各类文件材料收集齐全完整，做到不遗漏、不流失。乡村振兴部门要收集本单位所有乡村振兴文件材料，各相关行业主管部门、企业事业单位和社会组织要收集本单位涉及乡村振兴工作的有关文件材料，乡镇（街道）和村（社区）要收集乡村振兴项目档案、村务公开和民主管理档案、农户档案、农村"三变"改革档案、乡村红色档案、乡村民风民俗档案、农民合法权益档案、驻乡（镇）驻村工作队等档案。注重留取、收集传统村落、村容村貌变迁的照片、音视频和有价值的实物档案，尤其是同角度的对比音像档案。要严格执行档案收集制度，加强平时收集，重视年终收集，做到应收尽收、应归尽归，确保乡村振兴文件材料收集齐全完整。要严把收集质量关，确保各种形式和载体的乡村振兴档案符合归档要求。

（二）规范档案管理。认真贯彻落实《乡镇档案工作办法》《村级档案管理办法》，做好乡村振兴档案精细化、规范化管理。做好组件（卷）、分类、排列、编号等整理工作，乡村振兴文书档案整理符合《重庆市归档文件整理规则》（渝档发〔2016〕7号）要求，项目档案整理符合《科学技术档案案卷构成的一般要求》（GB/T 11822—2008）要求，音像档案整理符合《重庆市音像档案收集整理的一般要求（试行）》（渝档发〔2015〕13号）要求，会计档案整理符合《重庆市会计档案整理规则》（渝档发〔2019〕24号）要求，电子档案整理符合《电子文件归档与电子档案管理规范》（GB/T 18894）和《数字档案室建设指南》有关要求。配备必要的档案库房、档案柜架及防火、防盗、防尘、温湿度控制等设施设备。协调推进档案实体管理和档案信息化，严防档案损毁和失泄密。要加强乡村振兴项目档案管理，建立乡村振兴项目档案台账，坚持档案工作与项目实施一体化推进，充分发挥项目档案在项目实施中的基础性、支撑性作用。

（三）优化开发利用。加强乡村振兴档案信息资源开发利用，充分发挥其记录历史、资政育人、服务社会的作用。要坚持档案收进移出登记，建立各类档案统计台账，做到档案数据准确、账实相符。建立完善档案利用制

度，严格档案利用审批、登记手续，确保利用过程的档案实体和信息安全。围绕乡村振兴档案工作需要，开展基础数据、专题档案汇编、大事记、专题研究等编研工作，为党委、政府提供决策参考，为人民群众提供档案查阅利用，为农村经济社会发展提供档案信息支持。要加强红色档案资源、乡村历史人文、民风民俗档案资源的开发利用，为乡村文化旅游、乡风文明建设注入灵魂、助力发展。

（四）打造示范样板。相关区县档案局、乡村振兴局要将 17 个市级乡村振兴重点帮扶乡镇作为全市乡村振兴档案工作示范点，着力收集乡村产业振兴、人才振兴、文化振兴、生态振兴、组织振兴等方面档案，深度挖掘档案价值，为服务基层治理、促进乡村振兴更好地发挥档案力量。其余涉农区县各确定 1 个乡镇进行示范，着力改善档案基础设施，加强档案资源收集，强化档案规范管理，探索档案服务乡村振兴的实现路径。力争通过一年左右时间，打造一批档案工作机制健全、档案资源优良、利用效果显著和组织保障得力的乡村振兴档案工作样板，为全市乡村振兴档案工作提供示范。

三、落实保障措施，有力有序推进乡村振兴档案工作

（一）加强组织领导。在各级党委、政府的领导下，有序开展乡村振兴档案工作。乡村振兴部门负责组织领导，档案主管部门负责业务监督指导，建立市级、区县、乡镇（街道）、村（社区）四级齐抓共管乡村振兴档案工作机制。各区县各部门各单位要建立完善档案工作责任制和考核机制，将乡村振兴档案工作与实施乡村振兴战略有关具体工作紧密结合，实行同步部署、同步实施、同步检查、同步验收。有关主管部门和乡镇（街道）、村（社区）要明确分管领导、责任部门和责任人员，结合各自职能职责，按照档案管理要求，认真做好乡村振兴档案的收集、整理、保管和利用工作。要认真总结推广脱贫攻坚档案工作中的宝贵经验和有效做法，加强脱贫攻坚档案工作与乡村振兴档案工作的有效衔接，建立完善乡村振兴档案工作的政策体系、制度体系、工作体系，不断提高档案工作服务乡村振兴的能力和水平。

（二）加强宣传引导。要采取多种形式强化教育培训，不断提高干部职工档案意识，普及档案工作基本知识。要坚持重心前移，从源头抓起，规范形成和保管各种形式及载体的历史记录，切实夯实乡村振兴档案资源建设基础。要及时挖掘、提炼、总结在实施乡村振兴战略中涌现出的先进人物、典型事迹、感人故事等，加强与媒体合作，通过编印故事、制作视频、巡回宣

讲等形式，用档案讲好乡村振兴的重庆故事，为实施乡村振兴战略营造良好氛围。

（三）加强经费保障。要将乡村振兴档案工作经费列入各部门各单位年度预算。在乡村振兴各类项目编制和实施过程中，要将必要的档案工作经费列入项目成本预算，加强资金使用管理，提高资金使用效益，充分发挥项目档案对项目实施的检视作用，防止档案工作与项目实施"两张皮"。

（四）加强督促检查。市档案局、市乡村振兴局将动态收集掌握工作进展情况，适时开展乡村振兴档案工作督促检查，把乡村振兴档案工作推进情况作为巩固拓展脱贫攻坚成果同乡村振兴有效衔接和区县档案工作考核、市级党政机关目标管理绩效考核的重要内容。

重庆市档案局　重庆市乡村振兴局

2022 年 8 月 29 日

四川省档案局　四川省民政厅　四川省农业厅
关于贯彻《村级档案管理办法》的意见

川档发〔2018〕12号

各市（州）档案局、民政局、农业局：

　　为贯彻落实国家档案局、民政部、农业部联合制定的《村级档案管理办法》，认真做好村级档案工作，结合我省实际，现提出如下意见。

一、统一思想，充分认识做好村级档案工作的重要意义

　　村级档案是各类村级组织在农村开展各项工作的原始记录，充分反映了农村经济社会文化发展的各个方面。做好村级档案工作，对于维护现有农村经营体制、保障农民合法权益，推动农业产业现代化、强化农村基层社会管理具有重要意义。各地要提高认识，高度重视，把贯彻落实《村级档案管理办法》作为服务乡村振兴战略的重要举措。

二、学深悟透，从实际出发抓好贯彻落实

　　各地要认真组织学习，深刻领会《村级档案管理办法》的内容，把握其原则标准，充分尊重本地区农村发展的自然规律、经济规律和社会发展规律，提出适合本地区村级档案工作的具体目标和任务，结合实际，指导制定具体可行、操作性强的村级档案管理细则或归档范围和档案保管期限表，并在实践中不断创新发展。

三、强化协作，不断提高村级档案工作发展水平

　　各级档案部门要主动加强与民政、农业、组织、财政、国土、水利、林业、环保、文化、卫生、社会保障等相关部门的协调配合，建立起长期、有效的档案工作协作机制。要通过试点示范、规范化建设等措施，不断探索和总结适应本地区农村经济社会发展的档案工作经验，以点带面，逐步形成符合农村实际、符合农民需求的村级档案工作机制与服务方式。

各级民政部门在指导乡村治理体系建设的过程中，要把做好村级档案工作纳入村民自治实践的重要内容，提出明确的要求，积极引导村民自治组织建立健全档案工作制度和工作体系，规范档案的收集与管理。

各级农业部门要将档案工作纳入农业供给侧结构性改革各项工作中，加大对村级档案工作的管理、监督和指导，不断提高村级档案工作服务农业农村现代化建设的质量和水平。

四、贯彻执行《村级档案管理办法》的具体要求

1. 完善制度机制。村级组织应建立健全档案工作管理制度，应当指定专人具体负责档案管理工作，并保持相对稳定。

2. 加强档案资源建设。凡是村党组织、村民委员会、农村集体经济组织等在各项工作、业务、生产活动中形成的，关系村民切身利益的，具有查考保存价值的各种文字、图表、照片、录音录像、实物等各种门类和载体的文件材料均属于收集的内容，确保村级档案收集齐全完整。除村务公开与民主管理档案、农业生产经营活动档案、农村城市化建设过程档案、维护农民合法权益的档案外，还应注重反映本村历史文化遗产、旅游项目、民间艺术、村规民约、家谱族谱等特色档案的收集。村级组织换届选举时，应认真做好档案资料的交接工作，防止档案资料遗失。各地可根据本地区实际制定归档范围和档案保管期限表。

3. 规范简化档案整理。村级档案整理应力求简便，操作性强。根据各地实际情况，可按件也可按卷；可按实际需要进行分类；可自行决定如何划分保管期限。

4. 强化档案安全管理。村级组织应有独立档案室，专用档案柜架，"八防"措施齐备。不具备保管条件的村，可采取村档乡管的模式。村组调整、合并、撤销时，应将档案材料及时移交有关村组。

5. 加强档案利用服务。开展多种形式的利用服务。应编制完善常用的检索工具，如案卷目录、归档文件目录、大事记、组织沿革、基础数据汇编、村史村志等。

6. 加强档案信息化建设。积极开展村级档案信息化管理，鼓励有条件的村采用计算机和档案管理软件等现代化管理手段，逐步实现村级档案目录及全文数字化管理。

四川省档案局　四川省民政厅　四川省农业厅

2018 年 5 月 29 日

陕西省农业农村厅　陕西省档案局
关于印发《陕西省农村集体产权制度
改革档案管理办法》的通知

陕农发〔2020〕62 号

各市（区）农业农村局、档案局，杨凌示范区现代农业和乡村发展局、档案局，韩城市农业农村局、档案局：

　　为规范我省农村集体产权制度改革档案管理，维护农村集体产权制度改革成果，省农业农村厅、省档案局联合制定了《陕西省农村集体产权制度改革档案管理办法》。现印发给你们，请遵照执行。

陕西省农业农村厅　陕西省档案局

2020 年 6 月 8 日

陕西省农村集体产权制度改革档案管理办法

第一章　总　则

第一条　为规范农村集体产权制度改革档案管理工作，维护农村集体产权制度改革成果，有效收集、整理、保管、利用农村集体产权制度改革档案，结合我省实际，制定本办法。

第二条　本办法所称农村集体产权制度改革（以下简称产权改革）档案，是指在农村集体产权制度改革工作中形成的对国家、集体和个人具有保存价值的文字、图表、声像、数据等各种形式和载体的历史记录。

第二章　组织机构和职责

第三条　产权改革档案管理工作在各级党委政府的统一领导下进行，实行分级实施、分类管理、集中保管，做到组织有序、种类齐全、专人管理、安全保管。

第四条　各级政府要将产权改革档案工作经费纳入财政预算，切实提供经费保障。各级农业农村行政管理部门（产权改革领导小组办公室）负责本级产权改革档案工作的管理指导、统筹规范、组织协调、检查验收等工作。同级档案行政管理部门负责产权改革档案工作业务指导，参与检查验收，配合做好档案工作经费衔接落实、档案数字化建设和档案进馆等工作。同级档案馆负责产权改革档案的接收进馆和保管工作。乡镇人民政府（街道办）承担产权改革档案管理工作主体责任。

第五条　县级以上农业农村行政管理部门（产权改革领导小组办公室）联合档案行政管理部门指导建立健全产权改革工作文件材料的收集归档、整理、保管、利用等各项制度，督促各级业务相关部门、乡镇人民政府（街道办）及时做好产改档案整理归档，确保产改档案的齐全、完整、真实、有效。县级农村经营管理机构和乡镇党委、人民政府（街道办）要结合工作实际制定相关工作方案、健全档案工作规章制度、明确专人负责、配备必要设施设备，确保档案完整与安全。

第三章　档案收集

第六条　产权改革档案分为综合类和程序类。综合类主要包括省、市、县、乡（镇）、村五级形成的综合管理类文件材料及其相关特殊载体类材料。程序类主要包括乡村组集体经济组织清产核资、成员身份确认、股份合作制改革、农村集体经济组织建立、改革遗留问题处置和集体经济运行等阶段形成的摸底调查、评估确权、民主议定、公示公开、纠纷调处、报表台账、财务账目、改革方案、会议记录、章程制度、合同文件等资料、补充资料及其特殊载体类资料。

第七条　县、乡镇、村三级要根据《陕西省农村集体产权制度改革文件材料归档范围及保管期限表》（见附件）的要求，做好产权改革文件材料的收集归档工作，做到"应收尽收"。

第八条　涉及产权改革的单位要重视对产权改革档案的收集工作，把与产权改革密切相关的文字、图表、音像、实物、数据等各种形式和载体的档案收集齐全完整，不遗漏、不流失，任何单位和个人不得据为己有。对于收集不及时、不齐全，造成产改档案失真、损毁或丢失的，将依法追究相关责任。

第九条　产权改革文件材料在形成过程中要符合档案管理相关要求，归档保存的文件材料要符合以下要求：

1. 必须是原件，非特殊情况不得以复印件代替原件归档；

2. 要明确形成单位或责任人，并且签字盖章手续完备，审批程序合规，文件编号及时间标注清晰；

3. 手写的文件材料书写时要用签字笔或钢笔，不得使用铅笔和圆珠笔；打印的文件材料必须是激光打印机打印，喷墨打印件不宜归档；

4. 程序类档案资料要一式两份。村（组）保存一份，乡镇人民政府（街道办）代管一份。以乡镇（街道办）为单位进行改革的，乡镇（街道办）集体保存一份，县农业农村行政管理部门代管一份。档案无法一式两份的，乡镇人民政府（街道办）保存原件，村组集体保存复印件。

第四章　档案整理

第十条　产权改革档案整理标准按照农业农村部、国家档案局档案管理有关要求进行统一。档案全宗号等编码，由县（市、区）档案馆统一给定。

第十一条　产权改革档案的整理一般遵照《归档文件整理规则》，采用年度—问题（综合、程序）分类；产权改革工作中形成的照片档案、声像档案、电子文件等按照《照片档案管理规范》《数码照片归档与管理办法》《电子文件归档与管理规范》等相应标准、规定进行整理。乡村组集体经济组织产权改革档案遵循《村级档案管理办法》规定。

第十二条　产权改革文件材料要在产权改革工作结束后 3 个月内完成整理归档工作。各级农业农村行政管理部门与档案行政管理部门适时组织产权改革档案管理验收。

第五章　档案保管

第十三条　产权改革档案的保管期限设为永久和定期。具有重要凭证依据作用和查考利用价值的，应当永久保存；具有一般利用保存价值的，应当定期（一般为 30 年或者 10 年）保存，具体期限划定按照附件执行。

第十四条　各市、县级农业农村行政管理部门、乡镇人民政府（街道办）、村民委员会，要有专用档案库房、档案装具及相应的设施设备，符合防火、防盗、防潮、防光、防鼠、防虫、防尘、防污染的要求，要定期检查档案的保管状况，确保档案安全。

第十五条　产权改革档案工作应当积极推进档案信息化建设，有条件的单位可以配备必要的设施设备和档案管理软件，建立档案电子目录和全文数据库，逐步实现档案的信息网络共享。

第十六条　产权改革档案管理人员在工作调离前，必须办理产权改革档案移交手续。未按要求归档或移交及造成档案损毁的，要依法追究当事人的相关责任。

第六章　档案移交与利用

第十七条　县级单位形成的综合类档案规范整理后，于次年 5 月 30 日前移交本单位档案机构集中保管，到期后随同本单位档案一并移交进馆；程序类档案定为永久和 30 年保管期限的，其纸质档案、电子档案及数据库数据在产权改革工作结束后 6 个月内由县级农业农村行政管理部门移交同级国家综合档案馆。移交国家综合档案馆的产权改革档案一律为原始件，因来往函件等特殊情况形成的复印件，必须在备考表上注明原因或原件存放地点。产权改革结束后农村集体经济组织因变更登记等后续形成的文件材料，由县级农业农村行政管理部门归档保存，随本单位档案定期向县级国家综合档案馆移交。

乡镇（街道办）形成的产权改革档案要移交本级档案机构归档。县、乡镇两级形成的相同内容的档案，不需要重复归档，可在整理过程中进行备注，设置互见号。村（组）级集体经济组织形成的产权改革档案每年要按时向村档案室归档。产权改革工作结束后，村（组）级集体经济组织形成的除农村集体经济组织登记证书原件要保留在村（组）级集体经济组织外，其余全部产权改革档案原件要移交乡镇（街道办）保管，村（组）级保留一套复印件。乡镇、村（组）级集体经济组织形成的档案要在产权改革工作结束 3 个月内完成移交和归档工作。产权改革结束后形成的变更档案，按照《村级档案管理办法》有关规定进行整理和归档。

第十八条　产权改革档案管理单位应当按照有关规定，及时为社会提供产权改革档案利用服务。在提供档案利用服务时，不得损害国家社会和其他组织及公民的合法权益。

第七章　附　则

第十九条　本办法由陕西省农业农村厅、陕西省档案局负责解释。

第二十条　本办法自发布之日起施行。

附件：陕西省农村集体产权制度改革文件材料归档范围及保管期限表

附件

陕西省农村集体产权制度改革文件材料
归档范围及保管期限表

级别	类别	归　档　范　围	保管期限
市级	综合类	中央、国务院、省、市下发的有关农村集体产权制度改革的规范性文件(本单位形成的为永久,其他单位形成的30年)	永久30年
		中央、国务院、省、市有关农村集体产权制度改革的重要规范性文件(本单位形成的为永久,其他单位形成的30年)	永久30年
		中央、国务院、省、市下发的各类农村集体产权制度改革的一般性文件	30年
		中央、国务院、省、市下发的产权动态、领导讲话、总结、通报等资料、有关声像资料	30年
县级	综合类	上级下发的有关农村集体产权制度改革的规范性文件	永久
		县(区)下发的有关农村集体产权制度改革的规范性文件	永久
		县(区)业务部门下发的有关农村集体产权制度改革的规范性文件	永久
		县(区)业务部门下发的有关农村集体产权制度改革的各类一般性文件	30年
		县(区)业务部门有关农村集体产权制度改革的动态信息资料、通知讲话、典型材料、宣传材料、会议纪要、会议签到表等	30年
		县(区)业务部门编写下发的有关农村集体产权制度改革的计划、报告、总结、统计报表、工作大事记等	永久
		本辖区有关农村集体产权制度改革工作的重要声像资料	永久

续表

级别	类别	归 档 范 围	保管期限
县级	程序类	农村集体经济组织登记赋码申请表	永久
		批准农村集体经济组织成立的文件	永久
		成员大会或经成员大会授权的成员代表会议决议	永久
		农村集体经济组织成员名册	永久
		农村集体经济组织章程	永久
		法定代表人身份证复印件	永久
		住所证明	永久
		进行赋码登记时所需要的其它资料	永久
乡镇级	综合类	县(区)下发的有关农村集体产权制度改革的规范性文件	永久
		县(区)业务部门下发的有关农村集体产权制度改革的一般性文件	30年
		乡(镇)下发的有关农村集体产权制度改革的规范性文件及计划总结、报告报表	永久
		乡(镇)下发的有关农村集体产权制度改革的一般性文件	30年
		乡(镇)有关农村集体产权制度改革的动态信息、通知讲话、典型材料、宣传材料、会议纪要、工作大事记、会议签到表等	30年
		本辖区有关农村集体产权制度改革的重要声像资料	30年
	程序类	村(组)集体产权制度改革申请及镇级批复	永久
		村(组)集体产权制度改革方案	永久
		村(组)集体资产清产核资报告	永久
		村(组)集体经济组织成员认定办法、成员名册	永久
		村(组)集体经济组织股权设置方案	永久
		农村集体经济组织章程	永久

续表

级别	类别	归　档　范　围	保管期限
乡镇级	程序类	农村集体经济组织选举办法(方案)	永久
		村级上报理事会、监事会提名候选人名单	永久
		乡(镇)级批复理事会、监事会候选人名单	永久
		农村集体经济组织理事会理事、监事会监事、理事长、监事长选举结果报告单	永久
		农村集体经济组织登记证复印件	永久
村(组)级(含乡镇集体经济组织)	综合类	乡(镇)级下发有关农村集体产权制度改革的规范性文件	永久
		乡(镇)级下发有关农村集体产权制度改革的一般性文件	30年
		村(组)农村集体产权制度改革的申请及乡(镇)级批复	永久
		村(组)农村集体产权制度改革方案及批复	永久
		村(组)农村集体产权制度改革形成的会议记录、决议等	永久
		村(组)宣传动员培训形成的文件资料	30年
		村(组)有关农村集体产权制度改革的重要声像资料、图片资料	30年
	程序类	清产核资专卷(清产核资方案、成立清产核资工作小组的资料、清查表、登记表、汇总表、账务调整、资产盘点、盘盈、盘亏和资产评估材料、公示公告、成员(代表)大会确认、结果报告、上级批复文件、审查验收等资料)	永久
		成员确认专卷(成立成员确认工作小组的资料、成员确认办法、初始登记表、登记汇总表、征求意见表、确认汇总表、公示公告、成员花名册、上级批复文件及相关会议记录等资料)	永久
		股权设置与量化专卷(农村集体经济组织股权设置、量化方案、征求意见表、确认汇总表、持股花名册、公示公告、股权证发放登记表和相关会议记录等资料)	永久

级别	类别	归　档　范　围	保管期限
村（组）级（含乡镇集体经济组织）	程序类	集体经济组织成立专卷(农村集体经济组织选举办法,理事会、监事会提名候选人名单,乡(镇)级批复理事会、监事会候选人名单,公布正式候选人名单公告,召开成立大会的会议流程、选举记录,理事会理事和监事会监事选举结果、选票,理事长和监事长选举结果、选票等选举相关的资料)	永久
		经济组织登记专卷(农村集体经济组织成立申请、乡(镇)批复文件,注册登记时所需要的其它资料)	永久
		农村集体经济组织登记证、开户许可证复印件	永久
		农村集体经济组织章程	永久
		理事会、监事会职责及工作制度	永久
		集体资产管理制度、财务管理制度、成员管理、股权管理制度、收益分配制度和决策管理制度等	永久
		产权改革遗留问题处理资料、纠纷调处资料等	永久
		集体经济组织财务账目和资产、资源台账等	永久
		集体经济合同等	永久

中共甘肃省委办公厅（甘肃省档案局）关于印发《甘肃省农业农村档案统计和报备制度》的通知

甘档发〔2020〕60号

各市、州委办公室（档案局）、兰州新区党工委办公室，省直有关部门办公室（综合处）：

现将《甘肃省农业农村档案统计和报备制度》印发给你们，请认真贯彻落实。

中共甘肃省委办公厅（甘肃省档案局）

2020 年 12 月 10 日

甘肃省农业农村档案统计和报备制度

为进一步规范农业农村档案统计和报备工作，切实提高全省农业农村档案工作的质量和水平，根据中央和省委有关部署要求，结合省情实际制定本制度。

一、总体要求

坚持以习近平新时代中国特色社会主义思想为指导，深入贯彻习近平总书记关于档案工作的重要指示精神，认真落实新修订的《中华人民共和国档案法》，通过建立农业农村档案统计和报备制度，进一步补齐农业农村档案工作短板，着力解决农业农村档案底数不清晰、收集不齐全、整理不规范、利用不充分等问题，加快推进农业农村档案工作法治化、规范化步伐，更好发挥档案工作服务中央重大决策部署落实、服务农村经济社会发展、服务农民生产生活的重要作用。

二、数据统计

县（市、区）、乡（镇）、行政村三级是农业农村档案生成、收集、整理和保管的主体。县直相关部门、乡镇党委政府、村"两委"是农业农村档案数据统计的主要责任单位。

农业农村档案数据统计范围主要包括：精准扶贫、易地搬迁、学生资助、特困供养、婚姻登记、农村低保、卫生健康、危房改造、农村水利、农村道路、土地承包、林权登记、农产品质量安全、美丽乡村、传统文化等方面。

三、工作报备

省市县乡村各有关方面都要承担农业农村档案报备任务。县（市、区）、乡（镇）、行政村主要报备农业农村档案数据，市（州）、省直部门主要报备监督指导本地区、本系统开展农业农村档案工作的有关情况。

按照"逐级报备"的原则，行政村向所属的乡（镇）报备；县直有关部门和乡（镇）向县（市、区）委办公室（档案局）报备；市（州）直有关部门和县（市、区）委办公室（档案局）向市（州）委办公室（档案局）报备；省直有关部门和市（州）委办公室（档案局）向省委办公厅（省档案局）报备；省委办公厅（省档案局）向国家档案局报备。

四、责任分工

（一）省委办公厅（省档案局）。主要承担牵头抓总相关工作职责。明确全省农业农村档案统计和报备范围，研究制定相关标准，根据形势任务的发展变化，及时进行修订和完善。梳理汇总各级各方面报送的数据和情况，建立全省农业农村档案统计台帐，全面准确掌握全省农业农村档案资源状况和工作情况，并向国家档案局报送。发挥参谋助手作用，用足用好各类数据和材料，结合开展督查调研工作，形成咨询报告服务省委决策。

（二）省直和市（州）直相关部门。主要承担专业档案相关工作职责。协同本级档案主管部门，共同研究制定相关专业档案管理办法，明确收集范围、整理方法、鉴定保管、开发利用等管理要求。根据职责权限，加强本系统（本行业）涉农档案工作的督导检查和业务指导，积极推进行业领域档案数字化、信息化，收集整理相关数据和工作情况，及时向本级党委办公部门（档案主管部门）报备。

（三）市（州）和县（市、区）委办公室（档案局）。主要承担汇总报送相关工作职责。县（市、区）委办公室（档案局）汇总本县（市、区）农业农村档案数据和工作情况，建立本级农业农村档案统计台帐，报市（州）委办公室（档案局）。市（州）委办公室（档案局）汇总所辖县（市、区）和市直有关部门报送的农业农村档案数据及工作情况，建立本级农业农村档案统计台帐，报省委办公厅（省档案局）。

（四）县（市、区）直部门、乡（镇）和行政村。主要承担数据统计相关工作职责。坚持守土有责、守土负责、守土尽责，把档案工作列入本部门、本乡（镇）、本行政村年度工作计划，强化保障措施，始终盯紧抓牢，切实提高档案工作水平。精心谋划部署和组织开展农业农村档案数据统计和报备工作，建立本部门、本乡（镇）、本行政村农业农村档案统计台帐，积极构建农业农村档案利用网络。行政村向所属的乡（镇）报送本村农业农村档案数据。县直有关部门和乡（镇）向县（市、区）委办公室（档案局）报送本部门、本乡（镇）及所辖行政村农业农村档案汇总数据。

五、注意事项

（一）各级各相关部门要高度重视农业农村档案工作，及时收集和整理农业农村档案，每年 10 月启动统计报备工作，11 月底前完成各项数据统计汇总和报备任务。

（二）省委办公厅（省档案局）把农业农村档案统计报备工作纳入年度档案工作考核体系，每年组织力量对各地各相关部门开展农业农村档案工作情况进行专项检查，及时发现问题、督促整改落实。

（三）严格实行跟踪问效，对统计报备工作不扎实、不细致，推诿扯皮、应付差事，应统未统、应报未报，甚至虚报谎报、弄虚作假的，将依照有关法规和规章进行追责。

（四）本制度自发布之日执行。2020 年度统计和报备工作任务 2021 年 3 月底前完成。制度执行中的具体问题由省委办公厅经济科技档案工作处负责解释。

附件：1. 涉农档案类别及专业主管部门列表（略）
2. 县（市、区）专业主管部门涉农档案统计表（略）
3. 县（市、区）综合档案馆涉农档案统计表（略）
4. 乡（镇）档案馆（室）基本情况统计表（略）
5. 乡（镇）档案馆（室）涉农档案统计表（略）
6. 行政村档案室基本情况统计表（略）
7. 行政村档案室涉农档案统计表（略）

关于做好乡镇站所管理体制改革中
档案工作的意见

新档发〔2017〕4号

伊犁哈萨克自治州档案局，各地（州、市）、县（市、区）档案局：

为进一步加强基层基础建设，提升基层维护社会稳定和长治久安的能力，自治区党委、自治区人民政府印发了《关于推进乡镇站所管理体制改革的指导意见》（新党发〔2015〕10号），随着乡镇站所管理体制改革的不断深化，乡镇站所档案的归属问题也将随之发生变化。为了进一步提高乡镇站所档案管理水平，有效保护和开发利用乡镇站所档案资源，使乡镇站所档案更好地为维护社会稳定和长治久安总目标提供服务，根据《中华人民共和国档案法》《新疆维吾尔自治区实施〈中华人民共和国档案法〉办法》《机关档案工作条例》《乡镇档案工作试行办法》等规定，结合我区乡镇站所管理体制改革的实际，现就加强全区乡镇站所管理体制改革中档案工作提出以下意见：

一、充分认识乡镇站所档案工作的重要性

推进乡镇站所管理体制改革是深化乡镇行政体制改革，对于完善乡镇政府职能，夯实基层基础，充分发挥乡镇在促进经济发展、维护社会稳定和长治久安中的作用具有十分重要的意义。乡镇站所档案是农村落实党的方针政策、农村经济发展和农村社会管理的真实记录，各乡镇、站所要从维护国家历史面貌，全面、完整、准确记录和反映乡镇站所工作活动和历史记录的高度，充分认识乡镇站所档案工作的重要性，增强做好乡镇站所档案工作自觉性，建立健全乡镇站所档案工作的保障机制，把乡镇站所档案工作作为维护稳定、发展经济、服务群众的一项基础性工作，周密部署，扎实推进。

二、加强乡镇站所机构改革中档案工作的组织领导

随着乡镇站所管理体制改革的深入开展，各乡镇党委、政府应切实加强

领导，把乡镇站所档案处置工作纳入乡镇站所管理体制改革的实施方案中，提出站所档案归属与流向的处置意见，报送县级档案行政管理部门审查同意，有计划、有步骤地依法做好乡镇站所档案的收集、整理、移交工作，确保国家档案资源的合理归属与流向。任何部门和个人不得擅自留存、转移、销毁档案，不得拒绝移交档案或据为己有。

站所管理体制改革中，档案人员要坚守岗位，忠于职守，注意了解和掌握站所改革中档案工作出现的新问题、新情况，认真负责地做好乡镇站所管理体制改革档案工作，加强安全保密，严防档案丢失。凡是未完成文件材料收集、整理、归档等工作的人员、未完成乡镇站所机构改革中档案处置工作部门的负责人或档案管理人员，不得提前撤离或调离工作岗位。

三、认真做好乡镇站所管理体制改革中档案处置工作

乡镇农技、农机、农经、林管、水管、畜牧兽医、草原、财政、文化、广播、民政、社保、规划建设、环境保护、统计、司法、国土资源、食品药品监督机构在体制改革之前形成的各门类、各载体档案原则上移交直属县级部门保管；改革整合之后形成的档案归口乡镇档案部门管理。乡镇公安派出所、中小学、农村"双语"幼儿园、卫生院、计划生育技术服务站档案管理工作之前归口哪个部门，现在仍然归口哪个部门管理。

四、创新管理机制，加强乡镇档案资源建设

随着乡镇站所管理体制的改革深化，乡镇形成的档案数量和门类都将大幅增加。各乡镇党委和政府要按照《档案法》的要求，加强乡镇站所档案的统一管理，规范乡镇档案管理机构的设立，按照《乡镇档案工作试行办法》（档发字〔1998〕1号）和《新疆维吾尔自治区实施<中华人民共和国档案法>办法》等有关规定，有条件的乡镇可在原乡镇档案室的基础上建立乡镇档案管理中心；档案数量较多的乡镇经县级人民政府批准可成立乡镇档案馆，报自治区档案局备案。按要求配备档案管理人员，加强档案人员的培训，配置档案专用库房和档案保管利用的设施设备，健全各项档案管理规章制度，认真做好档案的形成、积累、整理、归档工作，实现乡镇档案科学管理和有效利用。

乡镇站所机构变动后，乡镇档案管理机构要对乡镇站所各门类、载体档案进行认真梳理，确定科学、合理的乡镇档案分类方案，完成乡镇文件材料归档范围和档案保管期限表的编制工作，由县级档案行政管理部门审批后执

行，从源头解决好乡镇档案资源建设问题。

五、加强监督指导，科学推进乡镇站所档案工作

地县级档案行政管理部门要按照档案法律法规和有关文件要求，深入基层、加强研究、密切关注乡镇站所管理体制改革的进度和变化情况，加强乡镇站所机构改革前后档案管理的监督、协调和指导，完成乡镇归档文件材料和档案保管期限表的审批工作，切实保证乡镇档案的完整与安全，实现乡镇档案管理的规范化、制度化、科学化。乡镇站所管理体制改革结束后，各地、州、市档案行政管理部门将辖区内乡镇站所档案处置工作及乡镇文件材料归档范围和档案保管期限表的审批情况及时报自治区档案局。

新疆维吾尔自治区档案局（馆）

2017 年 1 月 24 日